Ausstieg aus der NATO
– oder Finis Germaniae

Katastrophen und Oasen

Essays, Briefe, Gedichte

# Ausstieg aus der NATO

## - oder Finis Germaniae

## Katastrophen und Oasen

Essays, Briefe, Gedichte

Von ROLF HOCHHUTH

1. Auflage März 2016

© Verlag zeitgeist Print & Online, Höhr-Grenzhausen 2016

Alle Rechte vorbehalten

Bei Übernahme von bereits veröffentlichten Texten:
Orthografie und Interpunktion nach den Regeln der neuen
Rechtschreibung modifiziert, einzelne Passagen überarbeitet,
gekürzt und korrigiert, Letzteres auch bei Originalzitaten.

Auswahl und Redaktion: Erik Kan

Redaktionsschluss: März 2016

Satz: Hoos Mediendienstleistung, Landau

Coverdesign: Grafikfee GmbH, Bingen

Druck und Bindearbeiten: CPI books GmbH, Ulm

Printed in Germany

ISBN 978-3-943007-11-4

www.ausstieg-aus-der-nato.de

www.zeitgeist-online.de

# Die Tendenz

Deutscher Sänger! sing und preise
Deutsche Freiheit, dass dein Lied
Unsrer Seelen sich bemeistre
Und zu Taten uns begeistre,
In Marseillerhymnenweise.
Girre nicht mehr wie ein Werther,
Welcher nur für Lotten glüht –
Was die Glocke hat geschlagen,
Sollst du deinem Volke sagen,
Rede Dolche, rede Schwerter!
Sei nicht mehr die weiche Flöte,
Das idyllische Gemüt -
Sei des Vaterlands Posaune,
Sei Kanone, sei Kartaune,
Blase, schmettre, donnre, töte!
Blase, schmettre, donnre täglich,
Bis der letzte Dränger flieht –
Singe nur in dieser Richtung,
Aber halte deine Dichtung
Nur so allgemein als möglich.

Heinrich Heine, 1842

# Inhaltsverzeichnis

Vorwort des Verlegers ............................9
Rolf Hochhuth - der zerrissene Rebell ............................ 11

Ausstieg aus der NATO - oder Finis Germaniae ............................ 19
Mahnungen im Winde
Altkanzler Schmidt warnte vor dem dritten Weltkrieg ........................ 27
BRD - Prellbock der NATO: Souveränität statt Suiziddiktat! ..................... 31
Wasser und Godot ............................37
»Nabelschau will ich nicht schreiben.« Zum Freitod von Fritz J. Raddatz ....... 79

Venedig und die Venezianer (Gedichtzyklus)
Zehn nach null Uhr ▪ Rialtobrücke, beim Juwelier ▪
Goldoni, der Venezier ▪ Carnevale ▪ Casanova ▪ Glück ▪
Ostern ▪ Hochzeitsbrief ▪ Twens ▪ Kein Abendgraun ........................ 85

Demokratie hat die Künste vernichtet ........................ 99
Aktien steigen, wenn Arbeitnehmer fallen
Genesis eines Gedichts ........................ 115
Dieter Hildebrandt, der Gründer unserer politischen Kunst ................. 149

In Dich - rette mich (Gedichtzyklus)
Weiß auch niemand genau ▪ Carpe noctem ▪ Malkasten Oktober ▪
Abraham ▪ Goethe, Jaspers hochbetagt ▪ Erst wenn er fehlt - zählt ▪
Glück - nicht oft ▪ In Berlin abends essen gehn ▪
Bauchfrei, Asbach Uralt ▪ Picasso ▪ Hat den Unfug ........................ 151

Einheit - immer auch eine Gefahr ........................ 159
Das Opfer Schleyer schon vergessen? ........................ 163
Heesters - ein Mensch und ein Jahrhundert ........................ 167
Über das Schreiben von Tagebüchern ........................ 169

Carmen – elf Variationen (Gedichtzyklus)
Carmen ▪ Bizet ▪ Carmen-Sonett ▪ Libido ▪ Südspanierin ▪
Carmen II ▪ Liebe vom Zigeuner? ▪ Mit Worten, so armen ▪
Zum Messer ▪ Goya-Bizet ▪ Brief an Carmen ........................ 187

Tell: Aufruhr in Permanenz
Schillers Leitbild für einen Che Guevara Europas ........................ 195
Der deutsche Tell: Johann Georg Elser ........................ 219
Frau Bundeskanzlerin, geben Sie Snowden Asyl! ........................ 227
Wollen Deutsche Demokratie? ........................ 231

»Nun ist die Macht an sich böse« – Gedichte zur Geschichte
Dreihundert Jahre: Die neunte Welle ▪ Dianas »Unfall« ▪
Die Mauer ▪ Ab Reichskanzlei bis Pekingente ▪
Till Eulenspiegel im BND ▪ NATO-Militärparade in Estland ▪
Die Macht des Umfangs ▪ J. P. Morgan is back! ▪
20. 7. 44: Kopfprämie ▪ Am 27. Oktober 1806 ▪ Spengler ........................ 233

Warum ging Helena nach Troja? Frauen der Antike – heute gesehen .... 247
AIDS in Venedig ........................ 251
Mutterliebe ........................ 255

»Macht macht böse« ........................ 271
»Wir dürfen die Negativa nicht für das Ganze nehmen«
Briefwechsel zwischen Dr. Peter Gauweiler und Rolf Hochhuth ........ 287
Zum Autor ........................ 305
Literatur ........................ 309
Bildquellen ........................ 310

# Vorwort des Verlegers

Ausstieg aus der NATO? Ein Titel, der irritieren mag. Man müsse sich doch, so die erste Reaktion, einem Aggressor erwehren können. – Aggressor? Denken wir wieder in Feindbildern? Die seit Jahren medial auf uns einrieselnde »Propaganda« scheint Früchte zu tragen: Ja, »der Russe« ist zurück in unseren Köpfen.

Dagegen legt Rolf Hochhuth beherzt Veto ein. Der 1931 Geborene hat erlebt, wohin politische Agitation führt. Er weiß vom Schrecken des Krieges. Sein Friedensappell ist in erster Linie ein Weckruf an die Vernunft, an die unserer Staatsmänner wie an die jedes Einzelnen, rechtzeitig die Handbremse zu ziehen. Wenigstens dieses Mal aus der Geschichte zu lernen.

Ob er gehört und damit erneut einen Coup landen wird, den wichtigsten seines Lebens vielleicht, steht in den Sternen. Ich wünsche es ihm – und uns. Sein Anliegen ist bedeutsam genug.

Hochhuth ist fraglos ein Phänomen. Sein umfangreiches literarisches Werk glänzt nicht nur durch sprachliche Schönheit, sondern vibriert durch Engagement und Mitgestaltungswillen, ja man kann getrost behaupten: Hochhuths lautstarke Einmischung hat die Welt ein Stück transparenter, ein Stück besser gemacht.

Am 1. April wird der Schriftsteller 85 Jahre alt. Glückliche Umstände führten dazu, dass er mir im Herbst letzten Jahres eine ungewöhnliche Sammlung an Texten anbot – teils unveröffentlicht, teils überarbeitet –, der ich hier, zum Buch kompiliert, gern als Geburtshelfer diene. Das Werk zeigt einmal mehr, dass es Hochhuth wie keinem Zweiten gelingt, Lob und Kritik elegant unter einen Hut zu bringen, so etwa im Falle Helmut Schmidt. Dass mancher Aufsatz ein paar Jahre auf dem Buckel hat, tut der Brisanz keinen Abbruch, im Gegenteil: Es unterstreicht Hochhuths Riecher für die Machenschaften der Mächtigen, hinter denen handfeste Skandale lauern.

Ein Beispiel: Im Jahr 2007, nur fünf Jahre nach der Veröffentlichung von »Aktien steigen, wenn Arbeitnehmer fallen« (siehe Seite 117), kamen mit Beginn der Finanzkrise erst richtig dreiste Praktiken der Banken ans Tageslicht, sodass einem der »Eklat« um Hochhuths Gedicht im Nachhinein wie eine Kleinigkeit vorkommt. Erschreckend dabei vor allem, wie rasch wir uns an den Verfall von Werten gewöhnen und ein neues Verständnis von »Normalität« erschaffen.

In diesem Sinne bleibt zu hoffen, dass uns Snowden nicht ungewollt einen Bärendienst erwiesen hat. Sein mutiges Whistleblowing hatte eine kurze Halbwertszeit. Der ganze Überwachungswahn scheint offensichtlich kaum jemanden mehr zu scheren. Ein kluger Mensch ließ einmal verlauten: Wer in einer Demokratie schläft, wacht in einer Diktatur auf. Zum Glück gibt es einen Hochhuth, bei dessen Lektüre einem das Einschlafen schwer fallen dürfte.

Mein besonderer Dank gilt Dr. Peter Gauweiler für seine bereichernde Kommentierung und Erik Kan, der die Entstehung des Buches engagiert begleitete und zudem einen intimen Blick auf Rolf Hochhuth beisteuerte.

*Thomas Röttcher*
*im März 2016*

# Rolf Hochhuth – der zerrissene Rebell

## Kritische Würdigung eines Weggefährten

*von Erik Kan*

»Ihre Energie wächst mit den Jahren«, so sprach einmal ein Handleser zu Rolf Hochhuth. Damit sollte er recht behalten – und prägnanter kann man den Entwicklungsprozess des umtriebigen Wesens von Hochhuth kaum auf den Punkt bringen.

Als ich ihm am Abend des zweiten Weihnachtsfeiertages 2004 das erste Mal über den Weg lief, konnte ich nicht ahnen, was sich aus dieser flüchtigen Begegnung entwickeln würde. An dem Tag herrschte allgemein gedrückte Stimmung – ein Tsunami im Indischen Ozean hatte morgens zehntausende Menschen in den Tod gerissen. Ich finanzierte mir damals mein Studium der Volkswirtschaftslehre durch den Nachtverkauf von Zeitungen in Berlin-Mitte. Rolf Hochhuth kam mir auf der Straße entgegen, und ich sprach ihn auf einen schon etwas länger zurückliegenden Fernsehauftritt an. Meine Anmerkungen müssen ihm wohl imponiert haben, jedenfalls schlug er spontan vor, mir sein neuestes Manuskript zur kritischen Beurteilung zu überlassen.

Damit nahm eine freundschaftliche Beziehung ihren Lauf, die durch redaktionelle Begleitung und Zuarbeit bei einer Vielzahl seiner Texte immer weiter gefestigt wurde, sodass ich die Gelegenheit erhielt, diesen extrem produktiven Autor bei der Entstehung neuer Stücke, Essays, Gedichte etc. zu beobachten und seine so komplexe, widerspruchsfreudige wie widersprüchliche Persönlichkeit kennenzulernen. Bei zahlreichen Disputen, sei es inhaltlich oder wegen einzelner Formulierungen, fliegen öfters mal ordentlich die Fetzen, was die Zusammenarbeit mit Hochhuth so lebendig wie anstrengend gestaltet. In letzter Zeit macht sich zudem eine vermutlich dem Alter geschuldete

Dickköpfigkeit bei ihm bemerkbar, was dem offenen Austausch nicht gerade zuträglich ist. Allerdings muss man ihm eines bei aller Offensivlust immer zugutehalten: Er ist nie nachtragend und zitiert nach z. T. schonungslosen Gefechten gern einen seiner Lieblingssätze, Richard Strauß zugeschrieben: »In der Werkstatt gibt es keine Beleidigungen!«

Heftige Kontroversen sind beim engen Verhältnis mit einer derart streitbaren Person natürlich vorprogrammiert. Und doch wirkt Rolf Hochhuth trotz seiner zumeist klar vorgebrachten Positionen häufig zerrissen, und hinter der Fassade kommen immer mal wieder zaghafte Selbstzweifel zum Vorschein. Darüber hinaus schafft er es problemlos, seine Haudraufmentalität mit Harmoniesucht und Ängstlichkeit zu vereinen – eine seiner vielen Ambivalenzen. Hierzu ist auch die Widersprüchlichkeit zu zählen, dass er sich einerseits im kulturellen Sinne als Royalist versteht und der Demokratie mit Verachtung begegnet, sich andererseits aber für die sozial Schwächsten, die »Underdogs«, einsetzt und soziale Missstände anprangert. Dass jedoch Armut und Elend unter Monarchien deutlich stärker verbreitet waren, wird von ihm geflissentlich bagatellisiert ...

In Hochhuths Kosmos passen eigentlich nur einer stringenten Logik folgende Figuren. Unergründliche Handlungen und Personen bleiben ihm verdächtig, sodass er hier skeptisch Distanz einhält, folglich auch zur gegenstandslosen Kunst, mit der er gar nichts anzufangen weiß. Und doch überkommen ihn immer wieder mal irrationale Anwandlungen. So verleugnet er einerseits die Existenz einer höheren Macht – was etwa im »Stellvertreter« zutage tritt: Die Frage, ob der Holocaust möglich gewesen wäre, wenn es einen Gott gäbe, gab ihm den nötigen Impetus, das Stück anzugehen. Andererseits wird ihm schnell unheimlich, wenn er sich »merkwürdigen«, gar surrealen Ereignissen konfrontiert sieht, weshalb er einer Auseinandersetzung mit allem Pythischen geradezu abergläubisch aus dem Weg geht – als könnte das irgendetwas mit ihm tun. Lieber hält er es mit Karl Marx: *»Im Wirklichen selbst ist die Idee zu suchen!«* Nichtsdestotrotz begibt er sich zu einem Handleser. Die eingangs erwähnte Anekdote geht sogar noch weiter und veranschaulicht bestens die Zwiespältigkeit seiner Persönlichkeit. Denn der Handleser traute sich nur, seine rechte Hand zu beurteilen, und verwies ihn bezüglich der linken an eine Kollegin, die sich besser auf das Deuten seiner ungewöhnlichen Linienverläufe verstehe, was Hochhuth so sehr verstörte und ängstigte, dass er diese Dame nie aufgesucht hat.

Damit er die Kontrolle behält, muss alles logisch erklärbar sein. Nur auf diesem festen Fundament fühlt er sich sicher und spottet sogleich über Jaspers »Chiffren der Transzendenz« oder die metaphysischen Ausflüge von Goethe zum Thema Entelechie und Monaden. Hochhuth thematisiert in seiner Lyrik häufig den Tod und die Angst davor. Auch in Gesprächen spielt die eigene Vergänglichkeit durchaus eine wichtige Rolle, einer Vertiefung aber widersetzt er sich (vielleicht der Garant seiner Langlebigkeit?) – es ist manchmal schon bizarr, seine Fixierung auf den eigenen Tod bei gleichzeitiger Verweigerungshaltung, sich damit wirklich auseinanderzusetzen, was ein weiteres Mal seine Zerrissenheit illustriert. Als Beispiel für diese innere Diskrepanz beim Thema Tod zitiere ich sein folgendes Gedicht, worin sich einerseits Hohn gegenüber scheinbarem Trost zeigt, andererseits die Einsicht in Verdrängungsmechanismen, die auch in ihm wirksam sind:

## Verlangst aus Todangst

– eine Religion oder Ideologie:
Menschen mussten sie zum Trost erfinden,
pure Naturnotwendigkeit, denn allein durch sie
ertragen sie ihr Verschwinden!
Auch noch *Arbeit* – mildert Leid,
einzige, mindestens letzte Waffe gegen Nihilismus ...
*Ihn* verdrängen, das Hiersein zu verlängen
– *bleibt* das unentbehrliche Muss.

Die meisten Menschen werden Hochhuth eher als extrovertierten und unerschrockenen Hitzkopf kennen, die grüblerischen und widersprüchlichen Facetten seiner Persönlichkeit aber bleiben ihnen zumeist verborgen. Für Außenstehende, selbst wenn sie ihn sehr gut kennen, ja sogar für seine Ehefrau Johanna ist häufig nicht nachvollziehbar, warum er gegenüber bestimmten Personen und Handlungen mit gnadenloser verbaler Härte vorgeht, bei anderen wiederum Einfühlungsvermögen und tiefes Verständnis zeigt: Der sonst so Rationale kann plötzlich zum reinen Bauchmenschen mutieren. Hochhuth ist eben immer wieder für Überraschungen gut, und man kann nie voraussehen, zu welchen Ergebnissen er am Ende kommt. Diese Unberechenbarkeit macht es spannend: Der Autor und sein Werk knistern permanent. Auch mir haben sich manche seiner Argumente und Ausführungen in all ihrer Dialektik nie ganz erschließen können. So ist er ein erklärter Bewunderer von Bismarck und dessen Leistungen, allem voran der Einigung des Reichs, um an anderer Stelle wieder Königsmord zu begehen, indem er fragt, ob Bismarck einen Hitler überhaupt erst ermöglicht hat. Ähnlich janusköpfig ist seine Haltung gegenüber Churchill.

▓ *Rolf Hochhuth bei der Arbeit*

Bei der Arbeit ist Hochhuth nicht selten von bestimmten Themen so besessen, dass sie ihn über Monate, manchmal Jahre fesseln können. Er verbeißt sich gern – Exbundeskanzler Ludwig Erhard bezeichnete ihn einst gar wegen seiner politischen Einmischung als »kleinen Pinscher«. Aktuell hat ihn der sich immer weiter verschärfende Konflikt zwischen NATO und Russland gepackt. Dabei sieht er die US-dominierte NATO als treibende Kraft hinter der Fehde, die seiner Ansicht nach jederzeit in einen dritten Weltkrieg münden kann. Dass Amerika keinerlei Interesse zeigt, die Bedrohung entschärfen zu wollen, sondern vielmehr mit Expansion und Aufrüstung antwortet, beunruhigt Hochhuth zutiefst.

Das Schreiben, sieben Tage die Woche, ist für Hochhuth Passion und Obsession zugleich: Als echter Workaholic kann er nicht anders, immerzu muss er schnell noch etwas notieren, selbst in der arbeitsfreien Zeit. Dass seine Energie in der Tat mit den Jahren wächst, vermag jeder, der mit ihm zu tun hat, täglich bewundern. Vermutlich ist das auch der Grund, dass bislang keine Spur von Altersmilde bei ihm zu erkennen ist – im Gegenteil: Nach wie vor will Hochhuth desavouieren, aufrütteln! So bedient er sich auch der Polemik, was legitim ist, um der Öffentlichkeit gesellschaftliche oder politische Missstände vor Augen zu führen. Allerdings passiert es bei dieser Herangehensweise manchmal, dass er ohne Not übers Ziel hinausschießt, womit seine Aussagen nur noch wie Alarmismus erscheinen. Welch ein Jammer, denn die meisten seiner Analysen sind durchaus schlüssig! Ab und an also täte die Besinnung darauf, dass weniger manchmal mehr sein kann, dem ungestümen Insurgenten ganz gut. Nichtsdestotrotz gibt es in Deutschland weit und breit keine Person, die mit fast 85 noch so auf Krawall gebürstet ist wie Rolf Hochhuth. Und gerade vor dem Hintergrund aktueller Geschehnisse und der flachen Debatte um eine fehlende Leitkultur wird deutlich, dass unkonventionelle Denker wie er diesem Land fehlen.

Hochhuths Leidenschaft stößt allerdings auch an Grenzen: So nutzt dieser unermüdliche Schreibdinosaurier nach wie vor allein seine Schreibmaschine. Computer sind ihm suspekt, folglich muss er notgedrungen alle Texte diktieren, damit sie digitalisiert werden können. Dabei beeindruckt es immer wieder, wie er aus dem Stehgreif lange, verschachtelte Sätze druckreif ausformuliert. Und wenn ihm etwas trotzdem noch nicht stimmig genug erscheint, dann ist es für ihn ein Leichtes, ganze Passagen komplett neu zu kompilieren, als sei das nichts. Hochhuth ist ein wahrer Wortakrobat, ein Feinmechaniker der Sprache. Tagelang feilt er, wenn nötig, mit einer Schafsgeduld, an einem einzigen Kurzgedicht von zehn Zeilen. Neben seiner Arbeitsdisziplin imponiert er durch sein Wissen und die Erinnerungsgabe, die sich auf weite Teile der Kunst und Geschichte über alle Epochen hinweg erstreckt. Führt man sich vor Augen, dass er sich all das ebenso wie seine Sprachfertigkeit autodidaktisch angeeignet hat – denn zum Abitur brachte er es nie –, wird seine Kämpfernatur erst richtig klar. Im elitären Literaturbetrieb dürfte es ihm als Nichtakademiker nicht leicht gefallen sein, sich derart nachhaltig zu etablieren. Hochhuths bewusster Verzicht auf die Hochschulreife gründete darauf, dass er sich seiner Berufung als Schriftsteller gewiss war – nur zum Schreiben glaubte er fähig zu sein. Besonders ermutigte den jungen Hochhuth die Tatsache, dass die drei deutschen Literaturnobelpreisträger Gerhart Hauptmann, Thomas Mann und Hermann Hesse ebenfalls ohne Abitur zum Erfolg kamen. Heute bezeichnet er seinen Alles-oder-nichts-Entschluss als Resultat einer Mischung aus Größenwahn und Zerknirschtheit.

Inzwischen aber macht Hochhuth der gesellschaftliche Wandel merklich zu schaffen. Die Verlage sind entpolitisiert, die wenigsten entziehen sich dem Kommerzialisierungsdiktat und lehnen eine deutliche, gesellschaftspolitisch unbequeme Positionierung der Autoren ab. Gewünscht ist Massentaugliches, gern auch seichte Ware, am liebsten natürlich gleich mit Bestsellergarantie – also genau das Gegenteil von Hochhuths Verständnis von Literatur. Natürlich erstreckt sich die Entpolitisierung nicht nur auf die Verlagswelt, sondern reicht sehr viel weiter. Die blind-kritiklose Hinnahme unserer, wie er sagt, *»kriegsverschonten und dadurch glückverdummten Generation«*, etwa bei

Sozialthemen wie dem Lokführerstreik oder der weltweiten atomaren Aufrüstung, sieht Hochhuth als Konsequenz eines Softiezeitgeists, in den auch die neue Political Correctness passt: Im Vergleich zu früher wirken heute alle öffentlich geführten Debatten, sei es in Talkshows oder Parlamenten, wie weichgespült. Das Credo lautet: Bloß nicht anecken. Jede kritische Einstellung, die vom Mainstream abweicht, wird durch Attribute wie »intolerant«, »radikal« oder »feindlich« gebrandmarkt. Jemand wie Hochhuth ist da ein störendes Sandkorn im Getriebe. Der Konsenszwang aber verhindert eine echte Streitkultur und damit genau das, wofür ein alter Haudegen wie er einsteht.

Beim vorliegenden Werk mit seinen unterschiedlichsten literarischen Gattungen handelt es sich um ein kontrastreiches Potpourri aus verschiedenen Schaffensphasen: Neben Erstveröffentlichungen versammelt es bereits publizierte Texte, die es wert erschienen, nochmals in Erinnerung gerufen zu werden – sei es, weil die Themen im öffentlichen Diskurs zu wenig repräsentiert oder weil die Bücher mit den abgedruckten Texten längst vergriffen sind. Auf einen der inhaltlichen Schwerpunkte möchte ich hier den Blick lenken: Helden, vor allem des Dritten Reichs. Hochhuth stellt sich gern auf die Seite der Schwächeren, sein Faible für Einzelkämpfer und Märtyrer zieht sich durchs gesamte Werk. Genannt seien Elser, Turing, Bavaud, Tell, Fontana, Gerstein oder Snowden. Rolf Hochhuth war bei Kriegsende gerade 14 Jahre alt. Dennoch zeigt sich bei ihm ein gewisses Schuldgefühl, das in seiner, wie Günter Gaus es für Helmut Kohl formulierte, »Gnade der späten Geburt« gründet. Er schreibt Deutschland eine Kollektivschuld zu, auch uns heutigen Bewohnern, und ist davon überzeugt, dass wir dereinst für die Verbrechen in einem dritten Weltkrieg zur Rechenschaft gezogen werden. Hochhuths latent schlechtes Gewissen wurzelt wohl darin, dass er sich, einige Jahre früher geboren, an dem System in irgendeiner womöglich fragwürdigen Form hätte beteiligen müssen. Dass einfache Leute wie Elser oder Bavaud sich nicht manipulieren ließen und bereit waren, ihr Leben zu opfern, erfüllt ihn mit Scham. Die Aufarbeitung und Publikation solcher Schicksale bedeutet für Hochhuth eine Art der persönlichen Vergangenheitsbewältigung, die Abtragung einer fiktiven Schuld, die dank seines Geburtsjahres nie zur Realität wurde.

Abschließend möchte ich noch auf eine spezielle Form der Hochhuth'schen Poesie eingehen, der sich der Autor seit einigen Jahren passioniert widmet: Liebesgedichten mit deutlich pornografischer Note. Mithilfe plakativ derber Sprachelemente feiert er den Frauenkörper wie den Liebesakt, teilweise in hemmungslos wollüstigen Versen – herausgefordert dadurch, wie er sagt, dass der Akt in der Dichtkunst über viele Generationen hinweg nur in keuschen Andeutungen umschrieben wurde. Diesem Biedermeier-Puritanismus sucht er mit seiner Art der Anbetung des Weiblichen etwas entgegenzusetzen, um verkrustete Lyrikkonventionen radikal aufzubrechen.

Über diese gezielten Provokationen ließe sich ebenso wie über fast jeden einzelnen Text im Buch, vermutlich sogar über das ganze Hochhuth'sche Werk ausgiebig wie kontrovers diskutieren, weil die kämpferisch vorgetragenen Thesen jeden Leser in ihrer Sprachgewalt dezidiert wie verstörend herausfordern. – Das genau ist die Absicht! Vielleicht erspürt man in der Folge sogar die von Evelyn Finger in der »Zeit« hervorgehobene Faszination: die *»Schönheit dialektischen Denkens«,* vermittelt durch Rolf Hochhuth.

## Wer sich kennt, durchschaut

> – weiß, dieser Trend im Abgang in allen:
> Durch Plackerei lange Jahre seelisch-leiblich abgebaut,
> macht Alterspanik Angst, ins Nichts zu fallen ...
> Dagegen erfindet Goethe Monaden,
> Jaspers »sieht« Chiffren der Transzendenz.
> Beides nichts als ausgedacht, doch da von Großen, nicht verlacht.
> Kann ja auch nichts schaden.
> Sogar hilfreich gegen geistige Inkontinenz.
> Umso »bedeutender« formulieren Erfinder – je weniger dahinter.

# Ausstieg aus der NATO
# – oder Finis Gemaniae

(Offener Brief vom August 2015)

Verehrte Frau Bundeskanzlerin, geehrter Herr Bundespräsident,

ich vermute, die Bekanntgabe, die NATO stelle jetzt »schwere« Waffen in fast alle Staaten des an seiner Überflüssigkeit verendeten Warschauer Paktes, wird wie viele meiner Landsleute auch Sie alarmiert haben. Umso mehr, als die Antwort Herrn Putins keine 24 Stunden auf sich warten ließ: Er werde jetzt seine *»atomare Streitmacht in Bereitschaft setzen«* – meines Wissens das erste Mal seit Hiroshima, dass *verbal* ein Staatsoberhaupt dermaßen eindeutig mit Atomwaffen droht. *»Mindestens 40 atomwaffenfähige Interkontinentalraketen modernster Bauart«* solle seine Truppe noch in diesem Jahr geliefert bekommen!

Darf ich hoffen, dass Sie mich nicht für einen Panikmacher halten: Fast alles, was ich hier schreibe, basiert auf der Kritik, die US-Außenminister Henry Kissinger am 19. August in einem Interview in dem Magazin »The National Interest« geäußert hat. *»Es besteht kein Zweifel, dass aus Moskauer Sicht es so ausgesehen haben muss, dass die Ukraine – bisher ein Heimspiel für Russland – aus dem Orbit Russlands herausgerissen werden soll: Danach hat Putin wie ein russischer Zar agiert, wie Nikolaus I. vor hundert Jahren. Ich entschuldige dieses Vorgehen nicht, aber ich setze es in den Kontext.«* Und auch Theo Sommer schrieb zeitgleich in der »Zeit« von *»den pausenlosen Demütigungen Russlands durch den Westen seit Ende der Sowjetunion«*.

So maße ich mir an zu warnen: Allein Deutschlands *Ausstieg aus der NATO* verhindert Finis Germaniae!

Nachfolgend Begründungen, um die maßlose Provokation Moskaus durch die NATO zu belegen: Die Militärparade in Narva, 100 Meter – nicht Kilometer! – vor der russischen Grenze. Sie, Frau Bundeskanzlerin, konnten Gott sei Dank eine Teilnahme der Deutschen in der NATO noch verbieten. Ebenso wie Sie dankenswerterweise beim NATO-Manöver vor der Krim nur erlaubt haben, dass ein deutsches Versorgungsschiff, kein bewaffnetes, mitmachte. Ich möchte dazu einen beängstigenden Vergleich anstellen: Wie würde die gesamte amerikanische Nation zu Recht aufschreien, manövrierten russische Schiffe zwischen Kuba und der US-Küste?

Darf ich Ihnen empfehlen, in das Buch von Willy Wimmer zu sehen, 33 Jahre CDU-Mitglied im Bundestag, lange Zeit parlamentarischer Staatssekretär und Sprecher des Verteidigungsministeriums. Sein Titel: »Wiederkehr der Hasardeure«. Herr Wimmer berichtet unter anderem vom Entsetzen des Bundeskanzlers Kohl, als der Staatssekretär ihm 1989 melden musste, dass anlässlich der NATO-Übung »Wintex-Cimex 89« (exakt 100 Jahre nach Hitlers Geburt, der kein Deutscher war) Dresden und Potsdam nuklear weggemacht werden sollten, auf amerikanischen Befehl – wohlgemerkt aber von Deutschen selbst ...! Kohl befahl, sofort aus der Übung auszusteigen: »Lasst diesen Unsinn!«

Dazu meine Frage, denn dergleichen steht ja nicht mehr in der ach so freien deutschen Presse: Ist das Bundeskanzleramt von der NATO-Führung derart entmündigt worden, dass die NATO solch selbstmörderischen Unsinn in der BRD veranstalten darf? Hat Kohls Befehl, dergleichen nicht mitzumachen – zur Folge gehabt, dass Ähnliches seither unterblieb – oder geht es weiter so? Muss die deutsche Regierung weitere NATO-Veranstaltungen im gleichen Stil, mit ähnlichen Vorhaben auf deutschem Boden zulassen? *Erfährt* sie überhaupt vorab davon? Fühlen sich Deutsche – als NATO-Offiziere – nicht der deutschen Regierung, dem deutschen Volk verantwortlich, sondern der NATO?

Wie harmlos noch im 19. Jahrhundert Jacob Burckhardts Warnung: »*Von allen Völkern sind die Deutschen die am raschesten assimilierbaren.*« Sprich, abzurichten durch die *Macht,* die bei uns mehr imponiert als irgendwo sonst auf der Welt, wie pawlowsche Hunde. Sie wissen, ich kann nicht als Politiker sprechen, nur als Normalverbrauchter, wiederhole aber Herrn Kohls Befürchtungen, über die ausführlich in Wimmers Buch nachzulesen ist. Wimmer spricht da wörtlich vom »Toben in der NATO« anlässlich Kanzler Kohls Befehl zum deutschen Ausstieg aus dem kriminellen Manöver – das aber ganz offensichtlich, dort nachzulesen, allein Herr Kohl kriminell, weil selbstmörderisch fand! Keineswegs auch einer der Unterlinge in der NATO-Generalität, sprich in der des Pentagons... Was ist *dem* noch zu entnehmen als die absolute Entmündigung des deutschen Kontingents innerhalb der NATO?

Lesen wir heute, dass General Domröse die NATO-Manöver ausgerechnet in Polen – ohne jede Selbstironie »Noble Jump« genannt – selbstgefällig als den »Auftakt« weiterer Provokationen des Kremls ankündigt, dann ist allein dies der Beweis: Dem Mann wurde in keiner Minute zum Problem, dass nicht *irgendwelche* Europäer sich als Handlanger der USA gegen Russland missbrauchen lassen, sondern wir Deutsche allen voran, die wir aber doch die Einzigen sind, die bereits zweimal zur Krim stiefelten in nur 24 Jahren! Wem diese Ungeheuerlichkeit nicht einmal zum *Problem* wird – da werden Sie mir zustimmen, Frau Bundeskanzlerin, Herr Bundespräsident –, der sollte Mercedes-Verkäufer werden, aber doch nicht NATO-Stratege! Ich sage das, weil ich vermute, dass Sie beide, unsere verehrten Staatsoberhäupter, nicht anders denken *dürfen.* Zweifellos wird das hier schon erwähnte »Toben in der NATO«, sollten Sie, Frau Bundeskanzlerin, Sie, Herr Bundespräsident, das Bündnis verlassen, zu heute noch unvorhersehbaren Aufständen führen – möglicherweise sogar zur Zerstörung der NATO – und Sie, Frau Bundeskanzlerin, in höchste Lebensgefahr bringen. Sie wissen, auf General de Gaulle wurden drei (!) Attentate verübt, als er Frankreichs Ausstieg aus der NATO erklärt hat.

Missverstehen Sie mich nicht: Als mit 14 von den Amerikanern befreiter Hesse habe ich nie aufgehört, den USA dankbar hoch anzurechnen, erstens dass ihre Luftbrücke Westberlin vor Stalin gerettet hat, zweitens dass nur der Marshallplan das Wirtschaftswunder ermöglichte. Doch beide Leistungen zur Rettung der Freiheit sind, wenigstens in Westdeutschland, nun älter als ein halbes Jahrhundert. Staaten und ihr Verhalten aber bleiben so wenig wie jeder Einzelne sich immer gleich über Jahrzehnte hinweg, können das gar nicht, ob bewusst, ob nicht.

Die neue Tatsache: Es ist gar nicht zu leugnen beim Gewicht sogar schon der bestimmt nur sehr lückenhaften Informationen, die uns vorliegen – das Pentagon, bestimmt mehr als das Weiße Haus, ist als Auftraggeber der US-Rüstungsindustrie *genötigt,* einen Kriegsgrund ausfindig zu machen. Denn inzwischen gehen über 50 % (!) des US-Budgets in die Rüstung. (Vergleich: Bismarck gab selbst während seiner drei Kriege nie mehr als 25 % des Haushalts für sein Militär aus.) Natürlich fragt das Repräsentantenhaus, wo der Feind sein soll, der eine solche Aufrüstung rechtfertigt. So erfanden die US-Militärs die »Notwendigkeit«, Russland aufzuteilen – wogegen Altkanzler Schmidt neulich feststellte, dass die Ukraine niemals ein selbstständiges Staatswesen war, so wenig wie die Krim!

Auch muss ja gefragt werden: Wie hätten die Zaren reagiert (vier waren mit deutschen Fürstinnen verheiratet), wäre das Baltikum – dem Herr Putin zu Recht die Freiheit überließ, in die EU einzutreten, doch ist es nun sogar in der NATO! –, wie hätten Russen früher reagiert, würden die Balten sich Bismarcks Militärbündnis mit Wien angeschlossen haben? Durfte neulich die deutsche Verteidigungsministerin ausgerechnet den Balten für eine halbe Milliarde Waffen verkaufen – konnte sie den Bundeswehrschrott nicht an irgendeinen Staat in Lateinamerika entsorgen?

Sie beide wissen ungleich genauer als ich, ein nur durch die deutsche Einheitspresse an der Nase herumgeführter, wie die Presse selbst ziemlich Ahnungsloser: Es ist der feste Vorsatz des Pentagons, mit entscheidender Hilfe der NATO die Russen demnächst zum Angriff zu zwingen! Zweifellos hat auch Sie beide, Frau Bundeskanzlerin, Herr Bundespräsident, Scholl-Latours ausführliches Buch »Russland im Zangengriff« tief erschreckt. Das zwingt zur Güterabwägung.

Wer die drei Bände der Gespräche Bismarcks gelesen hat, der weiß, wie oft verjährte Bündnisabkommen zu Nasenringen werden. Was aber zu Bismarcks Zeiten noch völlig undenkbar war, beispiellos zynisch, ist – wie Sie wissen – *Tatsache* in der Gegenwart, obgleich noch vor Bundeskanzler Adenauer verschwiegen: Das Geheimabkommen Kreml-Weißes Haus von 1959, demzufolge allein »Germany« weggemacht wird: Sollte der Kalte in einen heißen Krieg »ausarten«, werde garantiert bei den vier Siegern von 1945, Russland, England, Frankreich, USA, keine Fensterscheibe kaputt gehen, sondern lediglich »Germany« atomar weggemacht! Henry Kissinger erwähnt solch ein Geheimabkommen auch in seinen Memoiren 1979. Diese Ruchlosigkeit ist noch in Kraft.

Entschuldigen Sie, dass ich hier an Absprachen erinnere, über die ja Sie beide unvergleichlich genauer informiert sind als ich – doch keineswegs der Bundesbürger. Ebenso wenig wie vom Ehrenwort Kanzler Kohls an Herrn Gorbatschow: Rücke er die Ostzone heraus – werde die NATO keinen Meter ostwärts vorrücken! Sie ist, wie Sie beide wissen, *tausend* Kilometer weitergerückt nach Osten – das ist ein Drittel des Weges nach Stalingrad...

Herr Gorbatschow war genötigt, das am 2. April 2009 zu kommentieren. Er gab Herrn Diekmann für die Bild-Zeitung folgendes Interview, das »natürlich« keine Zeitung erwähnte: »*Kohl, US-Außenminister James Baker und andere sicherten mir zu, dass die NATO sich keinen Zentimeter nach Osten bewege würde. Daran haben sich die Amerikaner nicht gehalten, und den Deutschen war es gleichgültig. Vielleicht haben sie sich sogar die Hände gerieben, wie toll man die Russen über den Tisch gezogen hat. Was hat es gebracht? Nur, dass die Russen westlichen Versprechungen nun nicht mehr trauen...«* Diese Tatsache wurde auch von Ray McGovern bestätigt, der 27 Jahre lang Berater der CIA bei immerhin sieben Präsidenten der USA war. Die Angst also, dass Deutschland gemäß Brechts Voraussage von 1951 bald verschwunden sein wird, wenn nicht Sie, Frau Kanzlerin, und Sie, Herr Präsident, die sehr große Last des deutschen Austritts aus der NATO auf sich laden – doch, wie gesagt, auch Präsident General de Gaulle musste das einst riskieren –, ist mein einziger Grund für diese Petition. Und Sie beide noch mit dieser völlig sachlichen Diagnose Brechts zu belästigen:

> *»Das große Karthago führte drei Kriege.*
> *Nach dem ersten war es noch mächtig,*
> *nach dem zweiten noch bewohnbar,*
> *nach dem dritten nicht mehr aufzufinden.«*

Sie wissen, wenn Sie nicht sofort handeln – das heißt, unseren Austritt aus der NATO erklären –, werden diese Brecht-Zeilen zum Nekrolog auf Deutschland!

# Finis Germaniae

– Deutschland, trojanischer Esel der NATO,
wird vorgeschickt in Amerikas Krieg gegen Russland!
Geplant vom Pentagon: Was *Bedenken* sowieso,

Germany atomar wegzustrahlen, *nie* empfand:
Rechnung für Hitlers Judenmord! Gibt ein Abkommen,
geheim, artet der *Kalte* Krieg aus in einen *heißen*

– Infameres von Bündnis-»Partnern« *nie* vernommen –,
wird man »nur« auf Deutschland A-Bomben schmeißen!
Ist dann wie Sodom, Babylon, Gomorra – nicht mehr da.

Im Alten Testament sind diese drei Belege zu finden,
exakt nachzulesen: Schon bevor Atombomben dagewesen
– konnten Weltreiche spurlos verschwinden.

*Hiroshima, 1945*

# Mahnungen im Winde

## Altkanzler Schmidt warnte vor dem dritten Weltkrieg

> *Bild:* »*Sehen Sie Europa am Abgrund wie 1914?*«
> *Schmidt:* »*Die Situation scheint mir zunehmend*
> *vergleichbar. Europa, die Amerikaner, auch die Russen*
> *verhalten sich so, wie es der Autor Christopher Clark*
> *in seinem lesenswerten Buch über den Beginn*
> *des 1. Weltkriegs beschrieben hat: wie ›Schlafwandler‹.*«
>
> »Bild«-Interview am 16. Mai 2015

Der jüngst verstorbene Altkanzler Schmidt verwies noch im letzten Jahr auf die Gefahr eines neuen Weltkriegs, und zwar mit genau denselben Argumenten wie schon vor drei Jahren Peter Scholl-Latour in seinem »Spiegel«-Bestseller »Russland im Zangengriff«, in welchem er seine Befürchtungen zusammengetragen hat. Es sind sehr viele Ängste, und sie werden von Jahr zu Jahr berechtigter. Um vorab die erschreckendste zu nennen: Die USA hatten laut Pentagon schon im Jahre 2009 in 130 von 193 Staaten auf der Welt 716 Militärstützpunkte (ZDF-Doku »Standing Army«, 10. Oktober 2012). Wie könnte die der Kreml *nicht* fürchten?

Um eine Groteske vorwegzunehmen, die für die angebliche »Meinungsfreiheit« in der BRD exemplarisch ist: Nicht nur das ZDF hat, auf wessen Veranlassung auch immer, diese alarmierende Aufzählung – die jedoch im glückverdummten Deutschland keinen Menschen aufschrecken ließ – aus seiner Mediathek eiligst beseitigt, sondern Altkanzler Schmidt konnte offenbar seine nur zu berechtigte Angst nicht in der Gazette, deren Mitherausgeber er ist, der »Zeit«, an die Öffentlichkeit bringen, sondern allein bei

»Bild« sowie im Gespräch mit der Moderatorin Sandra Maischberger.

Die Unterschlagung ist deutsche Tradition, wie eine lange Zeit verschollene, doch höchst aktuelle Anekdote belegt: Als die Bonner sich 1956 dazu hinreißen ließen, dem Sieger über Hitler und Literaturnobelpreisträger Winston Churchill in Aachen den Karlspreis zu geben, machte der in seiner Dankrede den total Bonn-*widrigen* Vorschlag, NATO und Warschauer Pakt müssten jetzt einen Nichtangriffspakt schließen. Adenauer in der ersten Reihe – wie damals jeder führende Wessi durch berechtigten Ekel vor der Ostzone sowie auch durch Kreml-Hass entstellt und folglich dem »Geist« des Kalten Krieges anheimgefallen – bekam fast einen Herzschlag und mit ihm all seine gehorsamen Unterlinge im Kabinett. Churchills Rede wurde in unserem Zensurstaat radikal gekürzt, bevor die Presse sie drucken durfte, und, um das Herausfordernde zu beschwichtigen, mehr als nur angedeutet, Churchill sei senil und sein Vorschlag daher nicht ernst zu nehmen. (Und tatsächlich war der Brite und Halbamerikaner auch schon volle 13 Monate älter als der amtie-

▨ *Zwei »Elder Statesmen«: Winston Churchill (li., im Jahr 1961) und Helmut Schmidt zwei Jahre vor seinem Tod*

rende Bundeskanzler.) Doch hätte man auf diesen Giganten gehört, wäre am nächsten Tag der Kalte Krieg zu Ende gewesen, der, weil man Churchills Rat für albern erklärte, noch volle 40 Jahre andauerte – und der jetzt wieder aufflammt.

Und ganz genauso erging es Helmut Schmidt, dessen hochbedeutende Warnrufe – immerhin drei – von der vermeintlich seriösen BRD-Einheitspresse unterschlagen wurden, weil »man« »Bild« nicht zitiert. Dazu kommt bei halb so Alten, die in den Redaktionen herrschen – Herr Schmidt war 96 –, dass sie ihn offenbar auch deshalb nicht mehr für zitierbar hielten, weil er der Nestor war. Wer die Antike kennt, zum Beispiel den Homer, der weiß, Alte wurden *stets* überhört, mussten meist am Katzentisch essen. Bei Waldwild werden sie ins Dickicht verscheucht.

Auch sind unsere Redaktionen ganz sicher, dass kein deutscher Politiker, der seine Karriere noch vor sich statt hinter sich hat, es jemals riskieren würde, Bundestag und Öffentlichkeit mit derart *aufregenden* Mitteilungen zu belästigen, wie Helmut Schmidt es tat. Nur einige Zitate: »*Dass aus dem Konflikt um die Ukraine sogar ein heißer Krieg wird, ist nicht völlig ausgeschlossen. Und das muss nicht an Herrn Putin, an Frau Merkel oder Herrn Hollande liegen. Der Grundfehler wurde vor einem Vierteljahrhundert in Maastricht gemacht... Für die Ausdehnung der EU nach Osten... ohne jede Rücksicht auf Geschichte. Es wurde selbst Ländern wie der Ukraine oder dem fernen Georgien angeboten, sich der EU anzuschließen... In den Augen eines nationalbewussten Russen eine Provokation. Hinzu kommt, dass die Nato sich Richtung Osten ausbreitet... Die Russen selbst nennen es die Wild-West-Periode.*« Zu Frau Maischberger sagte Schmidt noch am 28. April 2015: »*Der Versuch, die EU auszudehnen auf die Ukraine, gleichzeitig auf Georgien, am liebsten auch auf Armenien – alles das ist ein ziemlicher Blödsinn, eine geopolitische Kinderei.*«

Die Deutschen sind der Trojanische Esel der NATO – vorgespannt vom Pentagon, damit sie als weitaus stärkster »Partner«, sprich Untertan des Weißen Hauses, die USA bei deren Ziel, die zweitstärkste Weltmacht nach ihnen zu zerlegen, sie unterstützen, die Ukraine und Georgien unter der so oft missbrauchten Flagge »Selbstbestimmung« via EU in die NATO zu über*führen* – auch Hitler hatte schon propagiert, er »befreie« die Ukraine vom Kreml.

Das Neueste, von der deutschen Presse, versteht sich, mehr unterdrückt als gedruckt: Unsere geschäftstüchtigen »Freunde«, die USA, die uns Kontinentalen befohlen hatten, Herrn Putin wirtschaftlichen Sanktionen zu unterwerfen, haben dank dieser Zwangsmaßnahme jetzt ihre Wirtschaftsbeziehungen gesteigert. Und zudem den Chinesen ein Riesengeschäft mit Russland ermöglicht, das ursprünglich Siemens geplant hatte: Damit ging der Firma einen Milliardenauftrag für moderne Züge und der Bau einer Hochgeschwindigkeitsstrecke von Moskau in die boomende Provinzhauptstadt Kasan verloren.

BRD – Prellbock der NATO:

# Souveränität statt Suiziddiktat!

Als Millionen Fernsehzuschauer am 22. September 2015 das ZDF-Magazin »Frontal21« einschalteten, dürften sie ihren Augen und Ohren nicht getraut haben: Da stimmte die Frau Bundeskanzlerin doch allen Ernstes dem Vorhaben des Pentagons zu, neue Nuklearwaffen nach Deutschland zu bringen – atomare Aufrüstung in der NATO ist also wieder angesagt, entgegen der einstigen Vereinbarung zwischen CDU und FDP eines kompletten Abzugs von deutschem Boden. Diese Vertragsklausel diente ohnehin nur der Beschwichtigung des Koalitionspartners, wenn man weiß, dass Merkel – kaum war die Tinte trocken – der US-Botschaft signalisierte, die Umsetzung sei nie ernsthaft angedacht gewesen. Höchst erstaunlich, bedenkt man, dass sie doch als gebildete Pfarrerstochter die Warnung des Sophokles in der »Antigone« kennen dürfte: »*Wen Gott verderben will, den schlägt er mit Blindheit!*«

Nachdem Kiew 2014 mehrfach ankündigte, man wolle die »*mächtigste Armee Europas*« gründen, um das Staatsgebiet der Ukraine einschließlich Krim zurückzuerobern, antwortete der Duma-Abgeordnete Jewgenij Alexejewitsch Fjodorow ganz unverhohlen, Russland würde einen Angriff als direkte Aggression vonseiten der NATO betrachten, was automatisch zur Folge hätte – und dabei gab er wohl Putins Worte wieder –, dass Washington und Berlin durch Atomraketen »*eingeäschert*« würden. Eine derart deutliche Warnung in Richtung Westen war bis dahin seit Jahrzehnten nicht mehr zu hören gewesen. Und doch wurde sie leider ignoriert, dabei ist sie nicht weniger drastisch als die von Chruschtschow aus dem Jahre 1963: »*Am ersten Tag des Dritten Weltkrieges verbrennt die Bundesrepublik!*« Statt die von höchster Gefahr zeugende Drohung Putins ernst zu nehmen, lässt Angela Merkel zu, dass im Fliegerhorst

Büchel in der Eifel seit Herbst 2015 lenkbare Atombomben in deutsche Tornado-Jagdbomber eingebaut werden, welche dann im Falle einer Zuspitzung des Ukrainekonflikts durch deutsche (!) Piloten auf Russland abgefeuert würden. Was geht uns überhaupt die Krim an?, muss ich hier erneut scharf fragen.

Weil unsere Medien aber verspätet und dann fast so kärglich wie überhaupt nicht davon berichteten, hatte hierzulande kaum jemand Kenntnis davon, dass vonseiten des Kremls so drastisch vor einer thermonuklearen Vernichtung gewarnt wurde – und zwar schon *vor* Bekanntgabe der Aufrüstung allein bei uns, in keinem anderem NATO-Land sonst. Als atomar am modernsten ausgestattet, ist Deutschland damit im Kriegsfall erstes und dringlichstes Angriffsziel. Sein oder Nichtsein – die Hamlet-Frage erweist sich beim USA-Satellit »Germany« als höchst aktuell, denn die BRD ist den Amerikanern, die sich sarkastisch als unsere »Schutzmacht« aufspielen, gerade noch so viel wert, in einem dritten Weltkrieg als Prellbock zermalmt zu werden. Frau Merkels Bundeskabinett aber ließ »sein« Volk mit keiner Silbe wissen, was das Pentagon mit Deutschland als Kriegsschauplatz vorhat. Dass die Regierung hierzu schweigt, statt sich der aufgezwungenen Suizidstrategie zu erwehren, darauf kann man nur mit Entsetzen reagieren. Bedarf es noch einer weiteren Bestätigung, dass die BRD seit 1945 nicht eine Stunde souverän war? Finanzminister Schäuble wagte es als einer von wenigen, dies 2011 auf einem Bankenkongress einmal ehrlich auszusprechen.

Dass die europäischen Staaten nicht unabhängig sind, beweist auch die US-diktierte Weigerung von Frankreich, Italien, Spanien und Portugal, dem bolivianischen Präsidenten Evo Morales die Überflugrechte zu gewähren, weil man in Washington mutmaßte, Edward Snowden könnte an Bord der Maschine sein. Österreich setzte dem Ganzen noch die Krone auf, indem es den Staatschef unter Missachtung seiner Immunität zu einem zwölfstündigen Zwischenaufenthalt in Wien samt Durchsuchung seiner Maschine zwang.

Den Zusatzprotokollen des Roten Kreuzes zu den Genfer Konventionen ist zu entnehmen, dass ein uneingeschränkter, also auch nuklearer Krieg auf unserem Territorium vom so sich ohne Ironie nennenden »Völkerrecht« hingenommen werde, während jenseits der BRD-Westgrenze ein Atomkrieg *nicht* zulässig sei – das ist eine völlig *unbekannte* Infamie, die allein ausreicht, das tägliche Gequatsche von einem »Vereinten Europa« als Zynismus zu entlarven, als schwärzesten Humor. Der Beamte aber, Ministerialrat Reinhard Schneider, der die deutsche Todesklausel bereits 1984 entdeckte und meldete, wurde umgehend durch den damaligen Verteidigungsminister Manfred Wörner rausgeschmissen, obgleich er ohne Übertreibung als einer von wenigen den Ehrentitel »Deutscher mit Zivilcourage« tragen darf...

Und Gorbatschow warnte 2015 im »Tagesspiegel« vor der *»Seuche USA«*. Gegenüber der Agentur Interfax äußerte er: *»Einfach gesagt, die USA haben uns bereits in einen neuen Kalten Krieg gezogen und versuchen offen, Ihre Vorstellung von Triumphalismus durchzusetzen. Was kommt als Nächstes? Leider bin ich mir nicht mehr sicher, dass der Kalte Krieg nicht ›heiß‹ werden könnte. Ich befürchte, die USA könnten*

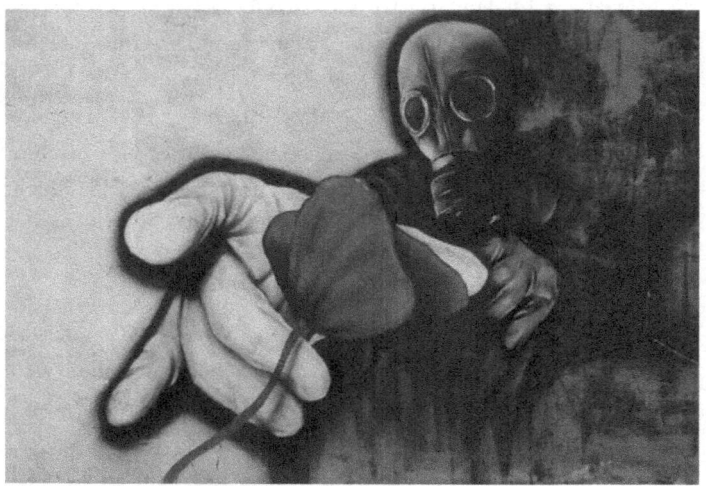

Graffiti im Schlesischen Park, Polen

*das Risiko eingehen.*« Das macht eine ernste Frage unvermeidbar, die noch niemand gestellt hat: Kann es sein, dass die *eine* unvergleichliche Großmacht – so muss man die USA leider nennen, weil sie in 80 % aller Länder dieses Planeten über einen Militärstützpunkt verfügen – deshalb jedes Augenmaß verloren haben, weil weder die zwei Weltkriege 1914–18 und 1939–45 noch die Kriege gegen Japan, Korea, Vietnam, Irak etc. eine Ziegel vom Dach eines amerikanischen Hauses fallen ließen? Zugegeben, einige hunderttausend verloren einen Sohn, Bruder oder Ehemann, aber welcher Amerikaner sonst hat Krieg außer im Kino erlebt? Und warum sollte man ihn auf dem einzigen Kontinent der Erde, auf dem seit über 150 Jahren kein Schuss fiel, *fürchten?* Im Gegenteil – man zielt ihn an, geschützt durch Atlantik und Pazifik, wie schon im Zweiten Weltkrieg. Ja, die USA *brauchen* Kriege, denn 51 % ihres Budgets fließen in die Rüstungsindustrie, wo die *Vorgesetzten* des Weißen Hauses regieren und dies dem Kongress befehlen – unter der Drohung, sonst gäbe es neue Arbeitslose!

Aktueller denn je die Fragen: Warum ist Deutschland noch immer Mitglied der NATO? Wie kann es sein, dass es laut Bundeskanzlerin Merkel am 14. Januar 2016 seinen NATO-Beitrag auf Geheiß Washingtons um 25 Milliarden Euro erhöht hat? Die Gründung des westlichen Bündnisses geschah 1949. Dem folgte, zum Ziele der Abwehr, 1955 der Zusammenschluss zum Warschauer Pakt. Letzterer wurde 1991 wieder aufgelöst – nachdem der Russe Gorbatschow Osteuropa von Russland befreit hatte. Warum wird die NATO nicht ebenso preisgegeben, sondern allein auf Wunsch der Amerikaner sogar noch verstärkt?

So fordern neuerdings Maßgebende innerhalb der NATO, doch sogar auch in Wien, energisch, Österreich solle endlich ebenfalls dem Bündnis beitreten. Seine Neutralität sei *»eher unsolidarisch und halbseiden«,* las ich in »Die Presse«, der maßgebenden Tageszeitung des Landes. Da ich nicht weiß, was »halbseiden« hier meint, könnte ich auch die »Begründungen« eines Autors, der so nebulös redet, nicht nachvollziehen, lieferte er überhaupt einen Grund für seine Ansicht, die Neutralität eines kleinen Staates zwischen zwei erdrückenden Großmächten sei nicht klug. Meine erste Frage: Ist denn Österreich, seit nunmehr 60 Jahren bündnisfrei, nicht *sehr* gut damit gefahren? Hat seine Neutralität seinen wirtschaftlichen Wohlstand und seine militärische Sicherheit nicht nur gefördert?

Was hätte Österreich denn davon, wenn es sich plötzlich nach Jahrzehnten, in denen niemand seine Souveränität bedroht hat, von der NATO einverleiben ließe? Brächte das die kleine Republik nicht sogar in Lebensgefahr? Könnte ihm nicht dasselbe widerfahren wie der BRD, wenn seine Regierung mit der gleichen Fahrlässigkeit, ja Wurschtigkeit wie in Berlin die Regierung Merkel wortlos zuguckte, während von jenseits des Ozeans das Land mit Raketen vollgestellt wird, welche den Kreml gradezu *zwingen*, eine »atomare Antwort« gegen diese Territorium zu richten? Für Österreich als engem Nachbarn des russischen Riesenreichs ist es mit höchster Existenzbedrohung verbunden, ließe es sich trotz friedlicher Beziehungen zu Moskau aus Washington einreden, seine *Zukunft* stehe auf dem Spiel, trete es der NATO nicht bei. – *Wodurch* denn? Wahr ist: Für diese Befürchtung gibt es nicht den Hauch einer Begründung.

Bedrohlich ist doch allein die Option – und dafür sprechen tausend Fakten –, dass die USA gegen alle Vernunft tatsächlich ihr Vorhaben durchsetzen, Russland anzugreifen. Die Welt kennt ihren Vorwand: Ukraine und Krim seien von Moskau zu »befreien«. Altbundeskanzler Helmut Schmidt aber mahnte, dass die Politik des Westens auf dem Irrtum basiere, es gäbe ein Volk der Ukrainer. Er sah die Ukraine nicht einmal als eigenständigen Nationalstaat an. Tatsächlich, so Schmidt, habe der Westen »*bis Anfang der 1990er-Jahre ... nicht daran gezweifelt, dass die Krim und die Ukraine – beide – Teil Russlands seien*«. Abgesehen davon hat der schlaue Putin durch eine Volksbefragung öffentlich belegt, dass die Krimrussen in ganz großer Mehrheit bei Moskau bleiben wollen. Die Standardantwort der deprimierend *einstimmigen* Westpresse, in Russland würden doch alle

Wahlen gefälscht, ist ja zweifellos teilweise wahr. Doch so maßstablos kann keine Fälschung sein, zu behaupten, wenn es offiziell hieß, über 90 % seien für Russland, dass dann weniger als die Hälfte dafür gestimmt habe ...

Fazit: Für die Österreicher gibt es ebenso wenig wie für die BRD eine Veranlassung, Russland als Bedrohung empfinden zu müssen. Warum also sollte der Alpenstaat sich jetzt von einem »Schutzbündnis« einverleiben lassen, zumal an dessen Existenz längst schon ein Fragezeichen hängt: Wozu gibt es das überhaupt noch? Dass die Überrüstung in den USA, sprich bei den tüchtigsten Kapitalisten, vor denen man je Angst haben musste, so wenig zur Debatte steht, heißt ja nicht, dass wir in Europa die NATO nicht infrage stellen dürften!

# Wasser und Godot

Körperliche Entbehrungen töten rascher als geistige: Keinen Gott zu haben hat noch keinen umgebracht, kein Wasser – jeden.

»*Warum sind diese Seeleute nicht dem Kannibalismus verfallen?*«, fragte einmal eine Fernsehreporterin den Chronisten J. Revell Carr. Dieser schaute in die Kamera, als spreche ein Chirurg betrübt über eine noch gestern erhoffte, doch heute als unmöglich erachtete Operation. »*Weil ihnen die Flüssigkeit fehlte; ohne Flüssigkeit kann man kein Fleisch essen! Am Anfang der Reise hatten diese Schiffbrüchigen gerade mal vier Gallonen Wasser – für sieben Menschen, drei davon schwer verwundet. Das hieß, für jeden von ihnen zwei Unzen Wasser am Morgen und zwei Unzen Wasser am Ende des Tages... knapp 60 Milliliter. Das war einfach nicht genug Flüssigkeit, um ihre Nahrungsmittel – sie hatten drei Büchsen Fleisch und auch Schiffszwieback in ihrem Rettungsboot – verdauen zu können.*«

Nur zwei von sieben Matrosen überlebten, fünf andere waren nach einer zehnwöchigen Seefahrt tot. Ihr Frachter »Anglo Saxon« war am 21. August 1940 durch den deutschen Hilfskreuzer »Widder«, getarnt als neutrales Handelsschiff, im Nordatlantik versenkt worden. Die Deutschen hatten das englische Schiff ohne jede Vorwarnung mit Geschützfeuer in Brand geschossen, dann mit einem Torpedo versenkt, auch die Rettungsboote zerstört bis auf ein einziges – und endlich sogar jene, die noch von Bord gekommen waren, im Wasser beschossen, statt zu versuchen, die Schiffbrüchigen an Bord zu nehmen.

Rogge, der ehrlose Kommandant, während des Krieges vom Auschwitzer durch höchste Orden am Halse gebrandmarkt und später leider von den alliierten Befreiern nicht aufgehängt, sondern nur zu Gefängnis verurteilt, hatte schon 1918 ins neutrale Schweden fliehen müssen, weil er als U-Boot-Kommandant im Ersten Weltkrieg auf schwimmende Franzosen im Wasser schießen ließ, nachdem er deren Segelschiff 1916 versenkt hatte. Keinen anderen Kommandanten eines der acht deutschen Hilfskreuzer im Zweiten Weltkrieg haben die Briten je als Kriegsverbrecher angeklagt ... Die Tarnung des Schiffes verstieß international nicht gegen Kriegsrecht. Der im Ersten Weltkrieg populärste Kapitän eines solchen Schiffes war Felix Graf Luckner, dessen Memoiren »Seeteufel« – so hieß sein Schiff – auch in England ein Bestseller wurden. Luckner war der Letzte der Geschichte, der noch mit einem Segelschiff Jagd auf Handelsdampfer machte, seine Tarnung war perfekt.

Hilfskreuzer – so muss man Menschen erläutern, die zu ihrem Glück so spät geboren sind, dass sie von keinem der beiden Weltkriege noch Einzelheiten wissen – waren üblich in allen kriegführenden Nationen: Fracht- oder Passagierdampfer, die man mit getarnten Geschützen rüstete, damit sie Handelsschiffe des Gegners überfallen und möglichst als Beute in die eigenen Häfen verschleppen konnten. War das, wie meist, nicht möglich, versenkten sie diese Prisen, wie man erbeutete Schiffe nannte.

Siebzig Tage in einem Rettungsboot, fast ohne Wasser, ohne Funkgerät, ohne Motor – doch mit einem Segel. Sind dies nun, hier die Frage, *Menschenreste* – weil fast schon verdurstet und *deshalb* an gestorbenen Kameraden nicht zu Kannibalen geworden – in einer weniger absurden Situation als die »Bewohner« von Mülltonnen in Becketts Drama »Endspiel«? Ebenso wie die 23 Männer im untergegangenen Atom-U-Boot »Kursk«, deren einer aus seinem Meergrab, bevor er starb, seiner Frau noch den Kassiber schrieb, den dann ein Taucher in dessen Hosentasche fand: *»Es sind 23 Leute hier ... Keiner von uns kann nach oben aussteigen.«* Wie lange dauerte es, bis sie alle erstickten ...?

Herbert Marcuse, der beherrschende Philosoph jener wenigen Jahre, in denen Beckett der meistgefeierte Autor der Welt war und mein »Stellvertreter« das umlärmteste Stück, schrieb in seinem Buch »Der eindimensionale Mensch«: *»Der wirkliche Geist unserer Zeit zeigt sich in Samuel Becketts Romanen; ihre wirkliche Geschichte wird in Rolf Hochhuths Stück ›Der Stellvertreter‹ geschrieben«* – eine *unergiebige* Unterscheidung, wie ich finde! Ist denn Geist *nicht*, ebenso wie die Absurdität, *gerade auch* in der Geschichte? Goethe allerdings nannte Geschichte hinsichtlich der trostlosen böhmischen Historie *»das Absurdeste, was es gibt«* – und lehnte deshalb ab, sich überhaupt mit Geschichte noch zu beschäftigen. Und sind denn »Insassen« von Mülleimern in einer *absurderen* Situation – sofern absurd eine Steigerungsform hat – als in einem untergegangenen Schiff, in dem Menschen viele Tage noch leben, ehe sie verhungern oder ersticken? Sind Familien nicht ebenso schilderungs-»würdig« wie Einzelne, die auf Godot warten, wenn da Kinder, Frauen, Männer, aber auch jede Maus in einem Stadtbezirk umzingelt sind von einem durch Menschen hergestellten Feuersturm, sodass sie ihre Bombenkeller nicht mehr verlassen können, also ihrem Verbrennungs- oder Erstickungstod »entgegensehen«?

Dies war *mir* das Hauptproblem in meinen Unterhaltungen mit Beckett, als wir gleichzeitig in der Berliner Akademie am Hanseatenweg wohnten und gemeinsam frühstückten. Er probte eines seiner Stücke im Schillertheater; ich guckte zu, wie mein Churchill-Drama »Soldaten« in der Westberliner Volksbühne zur Uraufführung geprobt wurde. Aber Beckett hätte natürlich nicht Beckett *werden* können – warum weiß man nicht, aber so ist das! –, würde er es nicht für obsolet, da nicht mehr zeitgemäß gehalten haben (ohne das so drastisch zu sagen: dazu war er viel zu mitfühlend), einem Premierminister und seinem Luftmarschall noch zuzutrauen, die hätten durchaus die freie Entscheidungsmöglichkeit, die Verbrennung von *60 %* der Werftarbeiterfamilien in Hamburg-Hammerbrook *anzuordnen* – oder diese Anordnung zu *unterlassen*.

Vielleicht die heikelste aller Fragen an die Kunst des 20. wie auch des 21. Jahrhunderts: Ob sie Menschen – nicht allen, oh, bei weitem nicht allen, aber eben manchen doch! – noch die *Freiheit* zubilligt, Entscheidungen zu treffen, wie ich das durchaus denke und schreibe. Oder ob die Literatur unseren Zeitgenossen generell *aberkennt*, noch handeln zu können oder auch nur handeln zu *wollen*, wie Beckett die Chance dazu seinen Figuren abspricht – und damit den Menschen überhaupt, denn andere als seine kaum mehr artikulationsfähigen Bühnengestalten hat dieser Dichter ja nie auch nur wahrgenommen ... Nicht jeder aber lebt in einer Zwangsjacke – höchstens vorübergehend, beispielsweise noch während der allgemeinen Wehrpflicht, wenn man auch darauf dressiert war, sich selber einzureden, hier sei gar kein Zwang, sondern freiwilliges, ja begeistertes Mitmarschieren. Was andererseits mindestens dort keine Selbsttäuschung war, wo ein Volk kämpfte, um sich gegen Eroberer zu wehren, die, würden sie siegen, seine Unterdrücker wären – unauslotbare Fragen. Und keineswegs nur literarisch – nein, auch juristisch das Hauptproblem für jeden, der über den zweiten Dreißigjährigen Krieg (1914 bis '45) schreibt: Ist der Einzelne, wenn er für seinen Staat Verbrechen begeht, ebenso haftbar, als begehe er die für sich selbst? (Sicher *nicht:* Ohne den Staat hätte er keine Möglichkeit gehabt, im Durchschnitt auch keine Lust, Mörder zu werden.)

Hannah Arendt hat zwei Jahre nach dem Jerusalemer Eichmann-Prozess, dessen Zuschauerin und höchst bedeutende Chronistin sie gewesen ist, in »Fragen der Ethik« betont, dass Schuld niemals abwälzbar, ablösbar ist von den Personen, die Verbrechen begangen oder zu ihnen geschwiegen haben, obgleich sie die Macht gehabt hätten, zu reden statt sie »nach Befehl« auszuführen. Dass Schuld nie *übertragbar* sei von den Tätern auf allgemeine Begriffe wie »das ganze Menschengeschlecht« oder »das Zeitalter«. Hannah Arendt schreibt: »*Sie erinnern sich an den Sturm der Entrüstung anläßlich Hochhuths Anklage gegen Papst Pius XII. und auch anläßlich meines Buches über den Eichmann-Prozeß ... Es gab einen ganzen Chor von Stimmen, die mir versicherten, daß es ›einen Eichmann in jedem von uns‹ gäbe, ebenso wie da ein Chor war, der Hochhuth sagte, daß nicht Papst Pius XII. – also lediglich ein Mann und ein Papst – schuldig war, sondern die ganze Christenheit, ja sogar das ganze Menschengeschlecht. Die einzigen wirklich Schuldigen, so glaubte man häufig und sagte es sogar, wären Leute wie Hochhuth und ich, die sich ein Urteil erlaubten; denn keiner könnte urteilen, der nicht in der gleichen Lage gewesen sei, in welcher ein jeder sich vermutlich genauso verhalten hätte wie alle anderen. Dieser Standpunkt übrigens deckte sich auf eigenartige Weise mit Eichmanns Sicht dieser Dinge. Mit anderen Worten, während man moralische Fragen leidenschaftlich debattierte, wich man ihnen gleichzeitig aus und vermied sie mit gleichem Eifer.*« An anderer Stelle sagt Hannah Arendt, der Standpunkt, bei Nacht sind alle Katzen grau, wäre nie der ihre gewesen, sonst wäre sie gar nicht zum Prozess nach Jerusalem geflogen. Sie hat natürlich recht, es kommt meist doch auf den Einzelnen an und auf das, was *der* aus der Institution *macht,* von der er die Macht hat, zu reden oder nur zu schweigen, zu handeln oder tatenlos zuzugucken – was, wo Unrecht geschieht, allemal Beihilfe ist. Und die Menschen, die entscheiden könnten, wenn sie nur wollen, sind *nie* austauschbar wie Biersorten. Sind auch übrigens gar nicht so wenige...

Joachim Fest umkreist dieselbe Problematik, die deutsche Marine betreffend. Und auch er bezieht sich auf Hannah Arendt: Die Angehörigen der deutschen Marine im Hitlerkrieg wurden in Schrecken gesetzt durch eine terroristische Gerichtsbarkeit: Gefallen sind 138 000 Marinesoldaten, verurteilt zu den verschiedensten Strafen wurden 101 000 Mann, davon 1300 zum Tode. Dem Historiker Lothar Walmrath zufolge sind ca. 90 % dieser Todesurteile vollstreckt worden. Die noch ehrenhafte kaiserliche Marine hatte im Ersten Weltkrieg 50 Matrosen zum Tode verurteilt, nur zwei wurden hingerichtet. Und in Churchills und Roosevelts Kriegsflotten wurde niemand zum Tode verurteilt. Doch nur noch einer derer, die an deutschen Seeleuten schuldig wurden, ist heute neben dem erwähnten Rogge – wenigstens dem Namen nach – noch bekannt: Marinestabsrichter Hans Filbinger. Und auch der allein deshalb, weil er mich *maßlos* »zur Rechenschaft ziehen« wollte, denn ich hatte in der »Zeit« geschrieben, sogar noch in britischer Kriegsgefangenschaft habe er Mitgefangene durch Hitler-Gesetze terrorisiert. Das war – heute nicht mehr vorstellbar – tatsächlich möglich, weil die Briten ihren gefangenen Nazioffizieren in den Camps die Gerichtsbarkeit überlassen hatten – pervers, aber wahr. So kam es dort zu Todesurteilen deutscher Gefangener gegen deutsche Mitgefangene – absurd! Dann gab die britische »Gewahrsamsmacht« ihren Gefangenen, die natürlich bei Beginn der Gefangenschaft entwaffnet worden waren, ihre Gewehre wieder heraus, damit die zum Tode Verurteilten von ihren Mitgefangenen standrechtlich erschossen werden konnten – obwohl doch der Krieg schon seit Monaten zu Ende war und die Wehrmacht in corpore längst restlos kapituliert hatte! Ob je eine andere Nation eine solch perverse Justiz hervorgebracht hat? Ob selbst die absurde Literatur irgendeines Volkes eine derartige Absurdität je produzierte? So auch die Absurdität, dass während des Hitlerkrieges jene deutschen und österreichischen Juden als alte Männer vergast wurden, die als junge Frontsoldaten dieser beiden Völker im Ersten Weltkrieg auf den Schlachtfeldern verwundet worden sind.

Sich die Ermordeten vor Augen zu führen – was ja kaum irgendein Mensch heute noch tut, denn deren Angehörige sind auch längst tot; niemand *weiß* mehr von ihnen –, heißt die Frage verneinen, ob Becketts Wladimir und Estragon unsere einzigen literarischen Türöffner in die Welt der Absurdität sind. Sind nicht ebenso bedrückend auch die zur Ermordung »Selektierten« wie die oben Gezeichneten? Filbinger, während er mich im Februar 1978 anzeigte, amtierender Ministerpräsident in Stuttgart, hatte für diese Äußerung in meiner Erzählung »Eine Liebe in Deutschland«, aus der die »Zeit« ein Kapitel vorabgedruckt hatte, von mir »*Ordnungsgeld in Höhe bis zu 500 000 DM*« verlangt, »*ersatzweise Haft*«, wenn ich nicht unterschriebe, erstens über diese seine Drohung niemals öffentlich zu sprechen, zweitens in der »Zeit« zu versichern, mein Satz über ihn sei absolut unwahr. Filbinger hatte dessen Besitzer mit verklagt, den Hamburger CDU-VIP Bucerius. Nur deshalb konnte ich finanziell den Prozess durchhalten: Gerd Bucerius zahlte meinen Anwalt Heinrich Senfft, weil der auch seiner war ... Joachim Fest schrieb – zum Glück für den Angeklagten Rolf Hochhuth schrieb er das dort, wo allein festgelegt wird, *wie* »man« in der BRD denken darf, in der FAZ: »*... hat Filbinger sich unlängst zur Frage der Schuld erklärt. Aber er hat es auf eine Weise getan, die Epplers Wort vom ,pathologisch guten Gewissen‹ nachträglich rechtfertigt. Ins Theologische ausweichend, hat er sein eigenes Verhalten einem sehr allgemeinen, in Schicksalsnebeln verschwimmenden Schuldbegriff unterworfen: ›Wir alle sind an allem für alles schuldig.‹ Wiederum kein Wort betroffener Einsicht. Statt dessen der Versuch, alles denkbare Verschulden, das stets an die einzelne Person gebunden ist, in einer universalen Komplizenschaft aufzulösen. Hannah Arendt hat in kleinem Kreis erzählt, wie sie kurz nach dem Krieg, erstmals wieder in Deutschland, von einer einfachen Frau, die über Jahre hin einer jüdischen Mitbürgerin beigestanden hatte, das weinend vorgebrachte Eingeständnis gehört habe, am unerträglichsten sei das Gefühl, schuldig geworden zu sein. Damals, so bemerkte sie, sei ihr aufgegangen, daß die Kollektivschuld-These nichts anderes sei als die grandiose Vertuschungschance für die wahrhaft Schuldigen.*«

29 Jahre nachdem Rogge schiffbrüchige Franzosen ermordete, hat er als Admiral und oberster Gerichtsherr der Hitler-Marine im besetzten Skandinavien deutsche Matrosen in britischer Gefangenschaft

ermordet. Durch Rogge zu Sadisten gemacht, mussten Matrosen am 10. und 11. Mai 1945, also Tage nach der totalen Kapitulation, zwei Kameraden erschießen. Ewig unbegreiflich, dass normale Deutsche – keineswegs nur ein durch Nazigeist vertierter Admiral – die Schandtat ausführten! Auch diese trübselige Verbrechergeschichte verdanke ich dem Historiker Lothar Walmrath, der mit »Iustitia et disciplina. Strafgerichtsbarkeit in der deutschen Kriegsmarine 1939–1945« eine der schauerlichsten Chroniken des NS-Terrors schrieb. Als kleinste Waffengattung innerhalb der Wehrmacht nur 7 % ihrer Soldaten umfassend – die Luftwaffe hatte 14 % und das Heer 79 % –, zählte die Marine ca. 1 200 000 Angehörige. Walmrath schreibt, die Zahl derer, die der NS-Marinejustiz durch Tod oder Haft zum Opfer fielen, sei leider repräsentativ auch für die in Heer und Luftwaffe Entrechteten. Für Hinrichtungen noch nach Kriegsende nennt er zwei weitere Beispiele: Am 11. Mai wurde ein Matrose wegen tätlichen Angriffs auf einen Vorgesetzten erschossen, ein zweiter wegen »Untergrabung der Mannszucht«.

* * *

Zu Samuel Becketts 100. Geburtstag im Jahr 2006 befreite ihn das »Zeit«-Feuilleton aus der Tiefkühltruhe »Klassiker«, wo er ziemlich weit in die Ecke abgeschoben worden war, womit der unangreifbar gewordene und daher auch von keinem mehr diskutierte oder gespielte Dichter neu entdeckt wurde: als »zeitgemäßester« aller Autoren, schreibt Evelyn Finger am 12. April 2006. Denn seine Helden säßen heute werktags ab sieben im Arbeitsamt und warteten auf die Zukunft, als glaubten sie an ein rettendes Ereignis namens Godot. Das stimmt, aber Finger hat unrecht, wenn sie meint, allein solche Kaputtgemachten seien heute noch bühnenfähig. Nicht auch deren *Kaputtmacher?* Die Beckett leider verschont, da stets ignoriert hat, jene Zeitgenossen nämlich, die manche Mitmenschen vorsätzlich oder gleichgültig erst zu *»Pennern und streunenden Hunden«* machen.

»*Wozu gerade jetzt den Mut aufgeben*«, fragt Wladimir in »Warten auf Godot«, »*man hätte vor einer Ewigkeit daran denken sollen, so um 1900. Hand in Hand hätten wir uns vom Eiffelturm gestürzt.*« Ich frage: Waren Verlorene 1900 noch »verlorener« als heute? Tatsächlich fragt man, warum Beckett dieses und nicht irgendein anderes Datum nennt. Warum hat er für die von *Geschichte* Vernichteten niemals Augen gehabt, selber Zeitgenosse immerhin der beiden Welt- und Wirtschaftskriege 1914 bis '45? Für Menschen zum Beispiel, die *nicht »in Mülltonnen leben«*, sondern für Matrosen, die nach der Versenkung ihres Frachtschiffs durch ein deutsches U-Boot in einem Rettungsboot siebzig Tage lang im Atlantik herumliegen, genarrt von der Hoffnung und idiotisiert durch Verfolgungswahn: Als nämlich endlich ein Schiff sie entdeckt und auf sie zusteuern will, ziehen sie das Segel ein – das Einzige, was aus dem Wasser herausragt – und geben kein Signalfeuer, weil sie sich einbilden, das könnten verdammte Deutsche sein, die sie töten wollen. Und so bleiben sie unentdeckt und werden vor Durst verrückt, sofern sie nicht noch den »Elan« hatten, sich zu ertränken. Und kommen um, fünf von sieben... Das war doch eine Situation, wie sie den Dichter von »Endspiel« oder »Godot« hätte interessieren können! Doch Beckett hatte keinen Blick für sie, weil er seine Augen auf Menschen in Mülltonnen richtete – seine *produktive* Blindheit!

Doch bleibt erstaunlich, dass Beckett seine Aussichts- und Auswegslosen nur dann für darstellenswert hielt, wenn sie fast artikulationsunfähige Clowns

Becketts »Warten auf Godot« zeitgemäßer denn je? (Im Bild: Set einer Aufführung am Theatre Royal Haymarket, London 2009)

waren oder Halbdebile. Ist nicht ein gesellschaftlich »normal« ver-
unglückter Aussichts- und Auswegloser *mehr* leidend als ein Halb-
debiler? Auch dieser

## Hartz-IV-Klomann

Mein letzter Job: »In vollen Zügen«
– wie doppeldeutig die drei Worte –
Müll sammeln, Aschenbecher leeren,
Putzmann im ICE, auch der Aborte.

Gekriegt nur diesen Job, weil ich
den Pass des jüngeren Bruders habe.
Entfernte Vettern hielten mich
für ihn! An seinem Grabe

Kam dann der Einfall, mich für *ihn,*
für einundsechzig auszugeben!
Bin längst schon Rentner,
doch von dieser Rente *leben?*

Deklassiert: Selbstständig einst,
zu wenig Beitragsjahre – im Vertrauen
auf mein Geschäft, das mich ernährte.
Doch die den Mittelstand abbauen,

liquidierten auch mich:
steigerten die Ladenmiete,
die endlich unerschwinglich war...
Geschäftlich keine Niete,

hielt ich mich bis zum weißen Haar
als eigener Herr.
Nun achtundsechzig – *Klomann:*
Absturz ins unterste Parterre.

46

Dass ich's dem Sohn verschweigen kann
– bin Witwer –, ist mein letztes Glück.
Lebt in den USA, Vertreter.
Ein rührendes Familienstück:

»Sohn, der den Vater mit ernährt«
– das Einzige, was ich nicht ertrüge!
Klomänner müssen sein.
So putze halt auch ich noch Züge.

Unbegreifliches Unberührtsein Becketts als Dichter gegenüber allen von »Geschichte« Normalverbrauchten. Und angesichts der Tatsache, dass es immerhin nahezu 220 000 000 waren, die seit 1914 durch Ideologie und Kriege verstümmelt – die »nur« geistig Verstümmelten nicht gezählt – oder getötet worden sind ... Und dass diese Menschen, mit Ausnahme derer, die ihnen das angetan, anbefohlen hatten, *durchschnittliche* Lebewesen waren. Sofern es »durchschnittlich« ist, nicht nur hündisch gehorsam, wenn die Mehrheit der Männer im nationalistischen Europa um 1900 sich enthusiastisch der Wehrpflicht keineswegs nur unterwirft, sondern sie, im Gegenteil, »patriotisch« in allen Völkern hysterisiert begrüßt und mit durchsetzt, um selber in ihr verheizt zu werden wie Briketts, speziell auch zur See, in Marinekriegen, in Großbritannien und Kaiser-Deutschland.

Evelyn Fingers Erkenntnis, dass Becketts Helden wartend im Arbeitsamt sitzen – auf Arbeit wartend, nicht auf Godot! –, schließt unbewusst an eine entscheidende Verordnung von Karl Marx an: »*Im Wirklichen selbst ist die Idee zu suchen!*« Eben deshalb weil ja Gott so wenig taugt wie sein Erfinder, der Mensch. Denn, so entdeckte Marx: »*Der Mensch macht die Religion, die Religion macht nicht den Menschen.*« Becketts Gestalten: für sie alle, ausnahmslos, ja vielleicht auch für Beckett selbst ist Herman Melvilles »Bartleby, der Schreiber« das Vorbild, jener »*einst kleine Beamte des Amtes für*

*unzustellbare Briefe in Washington ... Ich sehe seine Gestalt noch heu-*
*te vor mir – farblos ordentlich, erbarmungswürdig ehrbar, unendlich*
*einsam.«* Doch als der Erzähler, ein Anwalt, den Mann als Kopisten
einstellt – noch hundert Jahre lang dauerte es, bis es Durchschlagpa-
pier oder gar Kopiergeräte gab – und ihn bat, diesen sehr fleißigen,
zuverlässigen Mitarbeiter, der fast nie redete, fast nie ein Wort sagte,
ein Schriftstück mit ihm zu vergleichen, erlebte er zu seiner *»Bestür-*
*zung, daß Bartleby mit eigentümlich sanfter, fester Stimme erwiderte:*
*›Ich möchte lieber nicht.‹«* Monatelang so, bis zu seiner Entlassung
– und bis zu seinem Verenden im Armenhaus. Mit dieser Novellenfi-
gur hat Melville vorweggenommen, was dann die Gestalten Becketts
bewegt – sofern man derart Bewegungslosen noch Beweggründe unterstellen kann.

Evelyn Finger schreibt weiter: *»Was wir heute als absurd empfinden,*
*definiert sich noch immer am genauesten durch Szenen, Wortwechsel,*
*Episoden aus Becketts Texten. Je mehr der Gesellschaftsvertrag sich als*
*Chimäre erweist, je geringer die Chancen, in die so genannte Mitte der*
*Gesellschaft zu gelangen, desto tiefer die Verachtung der Außenseiter für*
*die Tricks, mit denen man es doch schaffen könnte – und desto bri-*
*santer Beckett. Seine Underdogs sind Sozialverweigerer. Sie sitzen in*
*ihrer Einöde, unterm Bäumchen, in der Mülltonne, im Rollstuhl und*
*signalisieren, dass sie nicht nur nicht wegkönnen – raus zu den anderen*
*Menschen –, sondern auch nicht wegwollen. ... Hier wird klar, warum*
*der absurde Mensch kein Revolutionär ist und warum die heutige Gene-*
*ration Praktikant nicht in den Streik tritt: weil sie vermeiden will, einen*
*festen Platz in dem gottverlassenen Loch Marktwirtschaft zu erstreben.*
*Wladimir und Estragon jedenfalls schicken die Abgesandten der gesell-*
*schaftlichen Verhältnisse, Lucky und Pozzo, allein nach Hause zurück.*
*Diese Weltverachtung teilen sie mit vielen Figuren der zeitgenössischen*
*Literatur.«*

Weltverachtung – ihr zugrunde liegt stets Snobismus aus Unsi-
cherheit. Auch ich habe mich zu bezichtigen, sie nicht selten »elitär gepflegt« zu haben in meiner Jugend, die ein bisschen zu lange

anhielt, was ja amoralisch ist, wenn man dieser Gesellschaft schon Kinder ausgeliefert hat. Und deshalb habe ich auch Mitmenschen, die nichts anderes tun, als dem (Über-)Lebenswillen nachzugeben – demnach das nur Natürliche tun, einfach deshalb, weil sie es *müssen* –, verächtlich verglichen mit weißen Mäusen. Unbesorgt um die Tatsache, dass ich selber infolge des Triebs zum Beruf – überhaupt: zum Mitmachen, schon um unsere Brut und mich zu ernähren – im gleichen Maß zu einer Maus geworden war wie alle jene, denen ich das Makel anhing, eine zu sein. Als Beispiel wählte ich die Aufdringlichsten aller Selbstdarsteller, die Politiker.

## Weiße Mäuse oder
## Politik als Ursache ihrer Notwendigkeit

Aus Piranesis Carceri stammt das Gehäuse
des Tretrads in den Zoogeschäften:
Modell der Politik – wie weiße Mäuse
sich folge-»richtig« auf dem Rad entkräften.

Die Mäuse – scheinbar – haben keine Wahl,
als hilflos dem Rad zu folgen, seinem Drehen...
In Wahrheit wird der Motor ihrer Qual,
auch ihrer Lust: das Rad, dem sie nicht widerstehen,

doch nur bewegt, weil sie es selber treiben!
*Kann*, wer den Tiger reitet, nie herab?
*Will* nicht der »Mann der Tat« im Tretrad *bleiben*?
So setzt auch die Chemie Produkte ab,

an denen In- und Umwelt so erkranken,
dass man Chemie benötigt, sie zu dämpfen.
Oh, Herren, die ihre Jobs dem Zwang verdanken,
die Folgen ihrer »Taten« zu bekämpfen!

Wenn Evelyn Finger, sozusagen wertneutral, nur *konstatiert,* Becketts Absurde seien keine Revolutionäre, stimmt sie doch – zweifellos gegen ihren Willen – den Repräsentanten unserer Gesellschaft zu, die Hartz-IV erfunden haben und damit die *Empfänger* dieser menschenverachtenden Rente, die Ausgebooteten, – übrigens erstmals seit dem Zweiten Weltkrieg sogar *per Gesetz* – zu Underdogs machten. Statt Entrechtete mit Artikulationsunfähigen zu vergleichen – warum hetzt Frau Finger nicht dagegen auf, Hartz-Geschädigte so komisch zu finden, wie Beckett seine Geschöpfe gesehen haben wollte: Menschen, die sich parodierend wie parodiert nur entziehen? Ist sie schon selber angesteckt von den Figuren, da begreiflicherweise *poetisch* von ihnen berauscht? Wer von uns allen hatte nicht seine Momente, da er der intellektuellen Lustseuche verfallen war – oder ihr erneut verfällt –, mit der »großen Gebärde der Verneinung« gegenüber der jeweils herrschenden Gesellschaft, obgleich glänzend von ihr und *zwischen* ihr lebend, aus dem Wege zu gehen? Übrigens meist nur eine Scheingebärde ...

So genau auch die Neigung, die Welt »nicht einmal mit dem Arsch anzugucken«, einige Beckett-Menschen charakterisiert – sie *generell* auf die Hartz-IV-Verwundeten zu übertragen ist nicht sachlich, ja denunzierend! Eher ist manchen »Künstlern« vorzuhalten – allerdings nur jenen, die der Staat sehr gut versorgt hat als seine beamteten Gehaltsempfänger, selten den so verhöhnten »freien« –, dass sie so drastisch wie noch nirgendwo in jenen Jahrzehnten der Welt aus dem Wege gingen, als in der Bildenden Kunst fast allein das nur *Gegenstandslose* noch »zugelassen« war, jedenfalls in den drei deutschsprachigen Ländern. Das oft höchst Dekorative, das dem ja niemand abspricht, ist jedoch nur ein *Surrogat.* Wo es allein herrscht, weil es vorsätzlich jeden Bezug zum Menschlichen meidet und damit auch die Verordnung Goethes: »*Das eigentliche Studium des Menschen ist der Mensch«,* da meidet es auch das Wesentlichste, was der Mensch macht: Kunst. Zum Sichentziehen gehört auch die abgründige Einsicht von Jaspers: »*Es ist der Geist selber, der nicht an die Macht will.« Warum* ist er verantwortungsscheu? Das Pathos der Distanz ist schließlich auch nur pathetisch.

Ich halte das in diesem Zusammenhang deshalb so widerwillig fest, weil es ja Evelyn Finger gewesen ist, die meinesgleichen und unsre Machart unter dem Stichwort »Belletristik« kanonisiert hat in der »Zeit«. »*Es ist das Schicksal aller politischen Dichter, nicht nach ihrem literarischen Vermögen, sondern ihrer politischen Meinung beurteilt zu werden. Dagegen dürften sie nichts einzuwenden haben, aber leider fußt das einseitige Urteil meist auf einem fatalen Vorurteil, daß nämlich der politische Dichter von Hause aus unfähig sei zu dichten, und dieses angebliche Unvermögen wird dann ins Feld geführt, um die politische Meinung des betreffenden Dichters zu diskreditieren. Rolf Hochhuth hat das seit dem Erscheinen seines Stellvertreters oft erfahren – wer Hochhuths renitenten Moralismus angreifen wollte, bestritt seine literarische Satisfaktionsfähigkeit. Tatsächlich lieferte er in seinem gerechten Zorn den Gegnern immer wieder Argumente. Auch in einem neuen Sammelband finden sich genügend polterige Sittenpredigten – daneben jedoch eindrucksvolle Belege für die Geschicklichkeit und Verehrungswürdigkeit dieses Dramatikers. Vor allem der Fünfakter Nietzsches Spazierstock, eine tragische Groteske aus dem ›Dritten Reich‹, zeigt die Schönheit konsequent dialektischen Denkens.*«

»Schönheit« in der Dialektik – hat sie vor dieser Autorin überhaupt schon jemand in Deutschland entdeckt? Sicher nie! Wie ja ebenfalls eine Frau, Hannah Arendt, endlich festhielt in »Vita activa oder vom tätigen Leben«, das Drama lebe von Politik: »*So ist das Theater denn in der Tat die politische Kunst par excellence; nur auf ihm, im lebendigen Verlauf der Vorführung, kann die politische Sphäre menschlichen Lebens überhaupt so weit transfiguriert werden, daß sie sich der Kunst eignet. Zugleich ist das Schauspiel die einzige Kunstgattung, deren alleinigen Gegenstand der Mensch in seinem Bezug zur Mitwelt bildet.*«

Beckett war immerhin schon in der Pubertät, als – wieder einmal – die Not in seinem Vaterland weitaus schlimmer war als in den meisten anderen Ländern Europas. Darf man dann sagen, Beckett schreibe die Wahrheit? Da er doch, Zuschauer der ganzen, nur die halbe schreibt? (Was allerdings schon sehr *viel* ist!) Was *berechtigt* einen Autor, noch einmal gefragt, Opfer zu zeichnen, ohne auch *die* an die Wand zu stellen, verbal, die diese Menschen dorthin gebracht haben? Warum beanstandet Evelyn Finger nicht, dass Beckett es sich so viel leichter macht als sein genialer Landsmann Bernard Shaw, der sich natürlich *nicht* davor gedrückt hat, die Gangster beim Namen zu nennen, die Mitmenschen derart entwürdigt haben?

Es ist doch präservative – die Kriminellen schützende – Mythologie, dem »Schicksal« in die Schuhe zu schieben, was eine Handvoll *Bürgerkriegsgewinner*, steuerlich vom Staat gehätschelt wie sonst keine Kaste, über Mitmenschen verhängt! Wenn's noch etwas zu bestaunen gibt, dann allenfalls die Tatsache, dass eine solche Oberschicht, die neuerdings das inhumanste aller Worte, »Entlassungsproduktivität«, gesellschaftsfähig findet, nicht *ermordet* wird! Denn eine Herrenkaste, so allmächtig wie die der BRD, wo allein die Wirtschaft noch anordnet, was ihre Hiwis in den Parlamenten zum Gesetz machen, lässt sich *freiwillig* keinesfalls mehr demokratisieren, erst 2007 demonstriert beim vergeblichen Versuch der Einführung des Referendums.

Übrigens hat *Absolutismus* des heutigen BRD-Ausmaßes in der Geschichte niemals *gewaltlos* auch nur auf einen Teil seiner Privilegien verzichtet. Auch 1918 nicht die deutschen Fürsten: Ihre Armee war auf dem Schlachtfeld geschlagen, als sie dann den Rest ihrer verlorenen Macht noch an die Republik verloren haben. Aber die Underdogs hatten davon keinerlei Gewinn. Denn der Nutznießer des Verschwindens der Fürsten war nicht das Volk, sondern dessen *neue*, keineswegs bessere Obrigkeit: die Parteienoligarchie. Das Volk kann Nutznießer von Revolutionen nur sein, wenn die Fünf-Prozent-Klausel wieder gestrichen wird, erst Jahre nach Gründung der BRD in ihre Verfassung hineingemogelt, ohne dass die Wähler mitentscheiden durften. Doch Neugründungen, die sofort auf 5 % kommen, wären möglich nur dann, wenn Großindustrie und Banken sie schmieren... Weiterhin ist wahre Demokratie nur möglich, wenn Eigentum in persönlichen Besitz jedes Individuums übergeht,

Volksaktien oder wie immer benannt, was 1918 nirgendwo der Fall war, auch nicht in Russland. Denn Eigentum ist nur, was ich persönlich verkaufen kann – und ohne Eigentum keine Freiheit in einer Gesellschaft, die Geld zum Maß aller Dinge macht.

* * *

Beckett war persönlich der liebenswerteste Zeitgenosse, der vorstellbar ist. Und Schopenhauerianer – also voller Mitleid (sogar noch mit mir, als er las, wie meine »Soldaten« von der deutschen Presse vernichtet wurden, bevor die Inszenierungen in London und am Broadway das Stück rehabilitierten). Auf meine Frage, wieso er – zwar sehr langsam, bedächtig, aber fließend – Deutsch spreche: »Ihren Schopenhauer musste ich doch im Original lesen.« Seine unvergesslich durchdringenden, aber ganz sanften Augen waren vergissmeinnichtblau. Hätte Beckett, der Mitleidige, Marx gelesen, er hätte nicht dem *Eskapismus* als Stil gehuldigt, sondern das Elend seiner Gestalten in der so sich nennenden »Geschichte« gesucht, wo es seinen Ursprung hat, seine Verwirklichung zeigt, im 20. Jahrhundert noch apokalyptischer als irgendwann zuvor und sogar *gefilmt*, beispielsweise – und es gibt ungezählte solcher unbegreiflicher Beispiele – an den »Leichendünen« (Aischylos) von Bergen-Belsen.

Zwar konnte Beckett natürlich *begreifen*, hätte selber aber nie eine literarische Aufgabe *für sich* darin gesehen, etwa Menschen auf die Bühne zu stellen, die gut schlafen, wenn sie in *einer* Nacht im Hamburger Arbeiterviertel Hammerbrook 44000 Kinder, Frauen, Werftarbeiter verbrennen, die meisten lebend, umzingelt von einem »Feuersturm«, wie er den Engländern viermal während des ganzen Krieges »geglückt« ist: in Hamburg, Kassel, Pforzheim und Dresden. Da »erreicht« durch Wind die Hitze höhere Grade als im Krematorium, umzingelt ganze Stadtteile. Beckett gestaltete nur jene, die aus Verkümmertsein schon fast keine Mündigen mehr sind. Doch da er in jenen Jahren der weitaus meistrespektierte aller Autoren war, verfiel ein Bühnenschreiber wie ich dem Verdikt, obsolet zu sein, »von gestern«. Weil ich – so die stehende Redensart 30 Jahre lang in allen deutschen Feuilletons, wörtlich-einheitlich – »Konflikte personalisiert« habe. Das war verboten, denn angeblich, so legte »man« Marx aus, verursachten nicht Personen Konflikte, sondern nur die, wie Marx-Mitläufer das nannten, »gesellschaftlichen Bedingtheiten«. Was deshalb speziell nach dem Hitlerkrieg der Modespleen war, um die beliebte sogenannte »Kollektiv«-Schuld-These zu untermauern, denn wo alle schuld sind, wie Hannah Arendt sarkastisch höhnt, da kann's ja keiner gewesen sein ... Folglich war auch meine Dramaturgie, die Einzelne oft haftbar macht, »von gestern«!

So unbedingt schlachten nur deutsche, da immer orthodoxe Feuilletonmachthaber Künstler ab, die »ästhetisch« nicht linientreu schaffen – nie aber in Frankreich, Italien, den USA oder in England. Das Quantum von Intelligenz bleibt konstant in allen Generationen. Was wechselt, und zwar *unbedingt,* ist die »Auffassung«, sprich Anordnung, *was* momentan allein als Kunst noch zugelassen, noch staatlich-finanziell gefördert werden darf. Oder welche Künstler dem Hungertode auszuliefern sind: oft nicht »nur« dem geistigen ... Deren Tragödie ist nie geschrieben worden. Zweifellos mehr als hundert in den drei deutschsprachigen Ländern erlitten den Hungertod, allein zwischen 1950 und 1980. (Die meisten Künstler, die nicht beamtet sind, leben *heimlich* von ihren berufstätigen Ehefrauen.)

Man muss sich nur vorstellen, dass 2007, als Johannes Grützke 70 wurde, einer der Schwerpunkte in den wohlverdienten Huldigungen der Anerkennung gewidmet war, Grützke sei jahrzehntelang nahezu der Einzige unter den höchst Namhaften gewesen, der riskiert habe, in Deutschland nicht *gegenstandslos* zu malen: »*In der Bundesrepublik wurde nach dem Krieg fast ausschließlich abstrakt gemalt, nur einer machte nicht mit: der Berliner Johannes Grützke. Mit seinem Werk hat der Künstler ein Sittenpanorama der jüngeren Geschichte geschaffen, analytisch, satirisch und mit der technischen Brillanz der großen Meister.*« So leitete die FAZ den gründlichen Essay ihres Eduard Beaucamp ein. Folglich wurde Grützke in die Berliner Akademie nie aufgenommen. Nur wer selber zumindest zeitweise, wenn nicht immer wegen seines Stils oder auch seiner Sichtweise auf Menschen und Dinge *alleingestanden* hat, nur der kann ermessen, dass die Charaktergröße eines Künstlers wie Grützke seiner Meisterschaft als Maler nicht nachsteht. Denn Alleinstehen ist das Schlimmste, das Öffentlichkeit einem »*Frei*«-Schaffenden, also einem ohne festes Einkommen, antun kann. Einer, der so »in«, dass er Professor an einer Hochschule werden konnte, hat sich dem natürlich im Wortsinne nie »ausgesetzt«.

Dekretiert werden diese Aushungerungsexzesse, denn Geringere als Grützke gingen daran kaputt, indem ihnen von Behörden einfach keine Aufträge mehr gegeben wurden, folglich sehr oft auch von Privaten nicht mehr, nach dem fürchterlichen, meist unbewusst praktizierten Terror der allüberall sich stillschweigend durchsetzenden »normativen Kraft des Faktischen«. Von Zeitungen rüde belehrt, was in der Kunst noch zulässig sei, wehren sich nur in edlen Ausnahmen die über die Etats Verfügungsermächtigten gegen solche verharmlosend »Strömung« genannten Tendenzen, die meist sogar länger anhalten als die Wirkungsdauer eines Produktiven... Dieser Terrorismus gegen »Frei«-Schaffende hat stets eine sehr solide Basis: die finanzielle. Kunstbeamte urteilen stets ohne Haftung, »dank« persönlicher Risikolosigkeit. Erstens stellen sie sich nie bloß, weil sie nie anderes »hinstellen« als nur Worte in Reden, die schon morgen keiner mehr liest, zweitens gehören sie als Professoren, Akademiechefs oder Feuilletongeneralissimi zu den Höchstdotierten mit Pensionsanspruch. Und allzu viel Sicherheit macht bekanntlich *jeden* dumm und dreist. Hat doch das Materielle, was ideeller Stolz nie wahrhaben will, ein viel drastischeres Mitbestimmungsrecht über den Geist als – umgekehrt – Geist über Geld.

\* \* \*

Im Frühjahr 2009 machten sich Franzosen auf die Suche nach den »authentischen Quellen« von »Warten auf Godot« – und fielen aus allen Wolken, als sie entdeckten, dass Beckett seine Gestalten frei erfunden hatte, dass also auch er wie noch *jeder* Klassiker nach Thomas Manns Devise gearbeitet hat: *»Fantasie haben heißt nicht, sich etwas ausdenken; es heißt, sich aus den Dingen etwas machen.«* Als Brecht durch den Mailänder Regisseur Strehler Beckett fragen ließ, wo denn seine Gestalten während des Hitlerkrieges »gesteckt« hätten, da bekam er zur Antwort: »In der Resistance!« Ja, wie er *selbst*, der Wladimir und Estragon geschrieben hat. Tatsächlich hocken die da wie jene damals von Beckett beobachteten Juden, die im besetzten Frankreich vor uns Deutschen in die Wälder abgehauen waren – die sehr wenigen, die das konnten, in der Hoffnung, noch Schleuser zu finden über die Grenze nach Savoyen, weil Mussolinis faschistisches Italien zwar ideologisch-antisemitisch auf Berlin-Kurs eingeschwenkt war, jedoch mit dem Abtransport der Juden Richtung Auschwitz erst im Oktober 1943 anfing. Bald von den Amerikanern aus Italien verjagt, vermochten die Deutschen dort immerhin noch 8000 Juden zu ermorden... Einige der in den Untergrund Weggescheuchten hat Beckett zweifellos selber so eindringlich erlebt, dass er zwischen ihnen seine Bühnengestalten fand.

Nur muss man sich heute erdreisten zu fragen, so unmöglich man sich mit dieser Frage auch macht, ob ein *Mehr* oder ob ein *Weniger* an menschlicher Erkenntnis übrig bleibt, wenn man aus normalen Leuten – wie Beckett das tut – dehydrierte, kaum mehr artikulierende Vagabunden macht? Denn so wie er sie als völlig Reduzierte zeichnet, hat ja scheinbar ihre Verfolgung sie bereits – tröstlich – in einen Zustand verwandelt, der sie gradezu davor *bewahrt,* überhaupt noch mitzukriegen, was ihre Peiniger mit ihnen vorhaben, nämlich dass sie demnächst samt Familien – aber sogar davor bewahrt Beckett sie noch: Familie zu haben und Kinderelend vor Augen – vergast und verbrannt werden sollen. Ist genau dies: Menschen erst in *jeder Hinsicht* bis nahe ans Bewusstlose zu reduzieren, sie als empfindungsunfähig zu zeichnen, das *überzeugende* Mittel, zu Tode Verfolgte unserer friedeverwöhnten, glückverdummten Nachwelt noch vor Augen zu führen? Ganz bestimmt *nicht!* Schon deshalb nicht, weil so ja auch die Verfolger, die Terroristen, unerkannt – wenigstens hier auf der Bühne – davonkommen!

Ich vermute, Beckett, Jahrgang 1906, hat noch persönlich von den zwei Weltkriegen so viel abgekriegt, dass er, aus verständlichem *Ekel* vor Politik, sie wegließ in seinem Werk – doch damit auch deren Opfer, die Täter sowieso! So hätte ich Beckett zum Beispiel den Kriegsverbrecher Harris, den Chef der britischen Bomberkommandos, gern in unseren Gesprächen als literarisch noch satisfaktionsfähig und historisch relevant *vorgestellt.* Aber *wie?* Dieser Dichter hat genau deshalb *seine* nicht zu vergessenden Gestalten geschaffen – doch nur *solche! –,* weil er für Leute wie Harris blind war. »Butcher« war der »Kosename«, den seine Piloten dem Gnadenlosen anhingen, weil er brutal 55 000 von ihnen, meist zwangsrekrutiert, in seinen Bombern über dem Kontinent *verheizt* hat. Und diese Flugzeugbesatzungen wiederum haben 750 000 deutsche Städter – in der Mehrzahl Frauen, Kinder und Alte, denn junge und gesunde Männer waren ja fast nie mehr unter den Städtern, sondern draußen an den Fronten – durch ihr sogenanntes »unterschiedsloses Flächenbombardement« zerschmettert. Dass Beckett nichts fernerlag, als einen solchen Luftmarshall auch nur *wahrzunehmen,* der immerhin für die Kriegszeit exemplarisch war, was immer das ist bei einem so sehr großen Dichter, *einäugig* ist das doch auch. Denn durch diese seine bewusste Sichtverengung hat Beckett, Schüler Schopenhauers, keinem einzigen durch Krieg menschlich Reduzierten oder Verstümmelten sein Mitleid bekundet… Darf man einen so Repräsentativen fragen, warum er *die* zwei Traumata seines Jahrhunderts, ihre Weltkriege, obgleich deren Zeitgenosse, keines Blickes »gewürdigt« hat?

* * *

Es gibt vermutlich keine andere Chronik – mindestens auf unserem Kontinent –, für die auch die Tragödien der *Handels*flotten, in *allen* Geschichtsbüchern sträflich vernachlässigt, so bedrückend eindrucksvoll und genau recherchiert wurden, wie in der abgründigen

Saga des Briten J. Revell Carr, »13 Millionen Tonnen, 2500 Schiffe, 50 000 Leben«, worin er sozusagen nur »wiederholt«, was schon Odysseus im 8. Gesang erklärt: »*Denn nichts Schrecklicheres ist mir bekannt, als die Schrecken des Meeres, einen Mann zu verwüsten, und wär er auch noch so gewaltig… So über die Maßen entkräftet hat mich das stürmende Meer! Denn ich saß nicht eben mit Zehrung reichlich versorgt im Schiff…*« Noch eine schockierende Zahl: »*Sowohl in der britischen als auch in der amerikanischen Handelsmarine kamen prozentual mehr Männer ums Leben als in jeder Waffengattung: 32.000 Engländer (also jeder sechste in ihrer Handelsmarine) – kamen im Zweiten Weltkrieg um auf See; dazu 8.000 Amerikaner; und noch etwa zehntausend aus den kleineren Handelsflotten ihrer Alliierten.*« Die absolute, die endgültige Ausschaltung der U-Boote Hitlers – es gab ab 1943 keine mehr – war das Werk des Computererfinders, damals noch »Twen«, Alan Turing. Er entschlüsselte die deutsche Chiffriermaschine »Enigma«, was Briten und Amerikanern zuerst ihren Sieg im Atlantik brachte, später ihnen auch ungezählte Opfer zu Lande erspart hat. (Ein tiefer Schatten, menschlich verächtlich, fällt auf Turings Kriegspremier Churchill, weil der in seinen zwölf Bänden über den Zweiten Weltkrieg, für die er den Nobelpreis erhielt, Alan Turing mit keiner Silbe erwähnt; Turing nahm sich zehn Jahre nach dem Krieg, als Churchills zwölfter Band vorlag, mit einem vergifteten Apfel das Leben.) Die deutschen *Überwasser*streitkräfte waren schon wenige Monate nach Beginn des Krieges von den Weltmeeren verschwunden: versenkt, oder sie lagen, wie Hitlers tonnagestärkstes Kriegsschiff, die alsbald schon nicht mehr auslauffähige »Tirpitz«, seit 1943 in Nordnorwegen – jedenfalls ohne Gefahr für die alliierten Handelsdampfer.

Deutsche Flugzeuge waren, bis auf Kampfflugzeuge, speziell in Russland – dort meist gegen Panzer, kleine Ortschaften oder Bodentruppen kämpfend –, durch die erdrückende Übermacht britischer wie amerikanischer Jagdflugzeuge im Westen so gut wie verjagt vom Himmel, außer über Deutschland, wo sie noch immer den alliierten Bombern und deren Begleitjägern, wenn sie Städter und Industrie zerschlugen, einschneidende Verluste zufügten: 57 000 Briten sowie 44 000 Amerikaner starben in ihren Bombern über »dem Reich« und über Westeuropa ... Die schwerste britische Fliegerbombe, groß wie eine Litfaßsäule und so massig, dass nur *eine* in einen Vierpropeller-»Liberator« hineinpasste, hatte – anrüchiger »Humor« der Briten – die auch in England auf Deutsch gesprochene Bezeichnung »Wohnblockknacker« ... 38 900 deutsche Jagdflugzeuge sind im Kampf mit den alliierten Bombern abgeschossen worden. Bei Tage starben 8500 deutsche Piloten, bei Nacht 2800. Vermisst blieben 900 Piloten. Wie immer: Verluste bei Verteidigern geringer als bei Angreifern. Wenn schon im ersten Drama, das den Menschen noch erhalten ist aus der Antike, die Zahl der so wenigen Kriegsschiffe der Griechen – nur 300 gegen 1207 der Perser –, so müssen auch wir uns hier um die Genauigkeit bemühen, deren Aischylos sich befleißigte, als er 472 v. u. Z. »Die Perser« schrieb.

Wie Chroniken nur dann anschaulich werden, wenn sie vorstellbar sind auch für persönlich Nichtbetroffene, wenn sie also nicht nur Zahlen, Statistiken, Daten liefern, sondern Einzelne und deren »Geschick« vermelden, so hat der 1939 geborene Carr, einst Leutnant der US-Navy, Nachkomme zahlreicher Kapitäne der Handelsmarine, sich den denkbar anrührendsten Leidensweg von sieben Schiffbrüchigen ausgesucht, um die unbarmherzige *Grausamkeit* des Seekrieges – wie er immer war und sein wird – so exemplarisch-drastisch zu berichten, dass es unsere von Krieg verschonte Generation gradezu *erschauern* lässt! So ist es durchaus verächtlich, dass Sartre schrieb, weil nie persönlich durch Krieg oder Wirtschaftskrieg verwundet: *»Krieg, dieses Heldenlied der Mittelmäßigkeit«,* so wie Schopenhauer, zeitlebens körperlich wie finanziell von Krieg zu unberührt, um ihn sich überhaupt vorstellen zu *wollen* – er hätte ja Mitkämpfer der Napoleon-Zeit befragen können! –, den Mut eine *»Unteroffizierstugend«* beschimpft hat, in verwerflicher intellektueller Hochnasigkeit. In Wahrheit ist Krieg der Verursacher der fürchterlichsten Verelendung, aber auch *das* – wenn meist auch unfreiwillige – Hohelied auf Mut und Opferbereitschaft. Da aber stets »unser gesellschaftliches

Sein unser Bewusstsein« bestimmt, so haben Chronisten die Pflicht, kamen sie selber schon ungeschädigt durch ihre Epoche wie meine Generation, den anderen Glückverdummten drastisch zu überliefern, *was Krieg anrichten* kann mit Menschen...

Dass deutsch schreibende Literaten nach Hitlers Tod aus verständlichem Widerwillen gegen Politik und Krieg der 56 Millionen Opfer an allen Fronten relativ selten gedacht haben, misst man es an der Erfahrung einer ganzen Generation, das lässt ihre Prosa rasch verwelken, denn sie reduziert sich nur zu oft auf private »Nachrichten aus der Provinz«, daher, gemessen an interessierenden Weltbegebenheiten, auch *literarisch* nie sehr lange haltbar... Wenn Krieg »der Vater aller Dinge ist«, was dem Heraklit keiner bestreitet, der Vater von Epos und Drama ist er nachweislich.

Carr erzählt: »... *nahm ich meine Arbeit als Forschungsassistent im Marinemuseum der USA, in Mystic, Connecticut, auf. Wenige Tage nach meiner Ankunft stieß ich auf ein robustes Holzboot... Was über die Jolle berichtet wurde, berührte mich tief, und als ich die Verwandten jener Männer, Angehörige der Handelsmarine, kennen lernte, deren Schicksal mit dem Boot verbunden war, faszinierte sie mich umso mehr. Mein Großvater war Offizier der Handelsmarine und hatte im Ersten Weltkrieg gedient, und so war ich mir der bedeutenden Rolle, die diese Seeleute in beiden Weltkriegen gespielt haben, durchaus bewusst. Deutschland war – abgesehen von schwedischem Eisenerz – in weit geringerem Umfang als Großbritannien vom Gütertransport auf Schiffen abhängig, und so war die Rolle der deutschen Handelsmarine nicht ganz so bedeutend wie die der britischen. Dennoch dienten auch die deutschen Handelsseeleute ihrem Land bei zahlreichen riskanten Einsätzen. Viele von ihnen wurden zur Kriegsmarine eingezogen, andere fuhren weiter auf deutschen Frachtschiffen, luden in Häfen befreundeter oder neutraler Länder Fracht und versuchten, die alliierte Blockade Deutschlands und des von Deutschland besetzten Europas zu durchbrechen. Zu Beginn des Krieges befand sich etwa ein Drittel der deutschen Handelsschiffs-Tonnage von 4,5 Millionen Bruttoregistertonnen auf den Weltmeeren.*

*Im Laufe der folgenden acht Monate kehrten nur 76 Schiffe, etwa 28 Prozent der Tonnage, zurück. Der Rest war für den weiteren Einsatz verloren: Die Schiffe blieben in neutralen Häfen interniert, wurden von den Engländern aufgebracht, versenkt, oder von der eigenen Mannschaft versenkt.«* »Aufgebracht« heißt: geentert, erobert …

Noch zwei Seiten aus Carrs Buch, dem zwölften Kapitel, das einfach »Wasser!« heißt. Zwei der einst sieben Männer sind gerade noch »am Leben«, also im Boot. *»Gleichzeitig schlafen war riskant, doch sie waren so erschöpft, dass ihnen nichts anderes übrig blieb. Plötzlich wurden sie durch einen strahlend hellen Blitz, gefolgt von rumpelndem Donner, aus ihrem Dämmer gerissen. Einundzwanzig Tage lang waren sie ab und zu von in der Ferne auftauchenden Wolken genarrt worden. Nun befanden sie sich inmitten eines scheinbar endlosen Feuerwerks aus Blitzen und ohrenbetäubendem Donner. Hoffnung wollte dennoch nicht aufkeimen, zu oft schon waren sie enttäuscht worden. Vielleicht zog auch dieses Gewitter vorüber. Da fielen die ersten Regentropfen.*
*Sie beeilten sich, unter der Plane hervorzukommen. Regen war das Einzige, vor dem sie keinen Schutz brauchten, und sie legten ihre Köpfe in den Nacken, um die kostbaren Tropfen mit dem Mund aufzufangen. Die Bootsplane wurde zum Auffangbassin, und schnell bildete sich eine kleine Pfütze Regenwasser an ihrer tiefsten Stelle. Die Männer packten ihre Dosen und schöpften, um sich möglichst rasch das erlösende Nass durch die Kehlen rinnen zu lassen.*
*Ein Schluck jedoch, und sie hielten enttäuscht inne. Das Wasser war ungenießbar, reines Salz, das sie sofort wieder zum Würgen brachte. Die Plane hatte derart viel salzige Gischt abbekommen, dass sie nun ganz mit getrocknetem Salz bedeckt war. Sie mussten warten, bis der Regen das Salz von der Plane gespült hatte. Sie hatten gerade einen kleinen Schluck frisches Wasser genießen können, als der Regen schon wieder aufhörte. Der kurze Schauer zog weiter, und die beiden Matrosen hockten verwirrt und wie erstarrt in ihrem Boot.*
*Bei Tagesanbruch gab es keinen Schauer, sondern einen tropischen Regenguss, der die Männer und all ihre Habe durchnässte. Ihr Auffangbecken funktionierte nun wie erhofft, und sie konnten frisches Süßwasser*

aus der Plane schöpfen, durch ihre Kehlen rinnen lassen und ihre Körper erfrischen. Mit dem Wasser drang neues Leben in das ausgedörrte Gewebe. Trotz all ihrer Unterhaltungen und Träumereien über Getränke: Was konnte es Befriedigenderes und Schöneres geben als dieses kühle, klare Wasser? Tapscott trank zu viel und zu schnell. Sein Körper war eine solche Flüssigkeitsmenge nicht mehr gewohnt, verweigerte die Aufnahme und gab alles wieder von sich. Doch immer noch fiel Regen, und Tapscott begann einfach von neuem, nun etwas vorsichtiger.

Zum allerersten Mal, seit sie die Anglo-Saxon hatten verlassen müssen, konnten sie ihren Durst stillen. Als sie nach einer Möglichkeit suchten, einen Teil dieses Leben spendenden Wassers aufzubewahren, holten sie die Folgen von Widdicombes impulsiven Ausbrüchen der vergangenen Woche wieder ein. Er hatte das beste Behältnis, ihr Wasserfass, über Bord geworfen, dazu die Axt, die sie nun hätten brauchen können, um einen der wasserdichten kupfernen Schwimmtanks zu öffnen, den Tapscott unter dem Bugsitz hervorholte.

Glücklicherweise gab das weiche Kupfer unter der Spitze von Dennys scharfem Messer nach, und Tapscott schnitt ein Spundloch in den Tank und ließ das Wasser von der Plane in diesen Vorratsbehälter laufen. Dann schnitzten sie aus dem Griff eines Riemens einen Spund und sicherten so ihren kostbaren Wasservorrat von etwa 23 Litern. Ein ungeheurer Reichtum! Zwei Männer verfügten nun über fast die doppelte Wassermenge, die sie zu siebt zu Beginn der Reise besessen hatten. Noch wenige Stunden zuvor war die Lage völlig aussichtslos gewesen. Nun kehrte mit dem Wasser Leben zurück.

Im Verlauf der vorherigen Wochen hatten ihre Körper mit sinkendem Flüssigkeitsaufkommen immer weniger Nahrung verlangt, ja sogar Nahrung verweigert. Seit den Schmerzen, die sie nach dem Verzehr des Hammelfleischs erleiden mussten, hatten sie absolut nichts mehr zu sich genommen. Nachdem sie nun aber ihren Durst hatten stillen können, meldete sich zum ersten Mal seit vielen Tagen wieder der Hunger. Sie hatten noch Schiffszwieback, wie geschaffen für eine erste Mahlzeit: salz- und gewürzlos, ein wenig nahrhaft und, da sie jetzt auch Wasser hatten, um ihn einzuweichen, sogar essbar. Die beiden genossen ihr Festmahl aus einem Zwieback und hatten das Gefühl, ihr Schicksal habe sich gewendet. Sie hatten unerträgliche Härten erduldet und grausame Erlebnisse hinter sich...

Auch mit einem vollen Wasserbehälter hatten die Männer immer noch alle erdenklichen Strapazen zu erdulden, darunter die Salzwasserblasen, die besonders dort schmerzten, wo ihre Knochen nicht länger von festem Fleisch gepolstert waren. Aber sie hatten Wasser. Der neuerliche Regen führte zu einem weiteren Logbucheintrag, der sich ein wenig wie ein Schlusswort liest, da beide unterzeichneten: ›20. Sept. Wieder vier Tage Regen. Werden sehr schwach aber vertrauen in Gott uns durchzubringen. R. Widdicombe, R.Tapscott.‹ Vielleicht glaubten sie, dem Land so nahe zu sein, dass sie dies für den letzten Eintrag hielten, vielleicht wollten sie ihre Namen für die Nachwelt festhalten. In jedem Fall vergingen die nächsten vier Tage, in denen sie überreichlich Wasser hatten, ohne weiteren Eintrag. Der Wind war schwach, brachte sie aber tagsüber weiter in Richtung der fernen Inseln voran.

Wenn sie gen Horizont schauten, konnten sie unter den Wolkenformationen deutlich Land erkennen. Ihr Lebensmut stieg, und sie glaubten schon, Sand unter den Füßen zu spüren. Doch immer wieder wurden sie bitter enttäuscht, denn eine ›Insel‹ nach der anderen löste sich in Wolken auf. Jede Fata Morgana ließ sie in umso größere Verzweiflung sinken. Sie waren den Anweisungen des Ersten Offiziers gefolgt und westwärts gesegelt, und sie näherten sich dem Längengrad der Inseln über dem Winde, ohne zu ahnen, dass sie sich mehrere hundert Meilen nördlich befanden. Und immer noch steuerten sie weiter westwärts.

Diese Enttäuschungen verblassten angesichts der ernüchternden Realität, die am 24. September über sie hereinbrach. Sie hatten ihr Wasser aufgebraucht, der Tank war wieder leer. Sie hatten schon einmal acht Tage ohne jedes Wasser hinter sich gebracht und kannten die Qual der Austrocknung. Nun drohte ihnen noch einmal dasselbe Schicksal, und sie hatten auch den letzten Schiffszwieback gegessen.

Es gibt zahlreiche Berichte von Schiffbrüchigen, die zu Kannibalen wurden und sich entweder vom Fleisch der verstorbenen Kameraden ernährten oder einen in der Gruppe töteten, um die anderen durchzubringen. So stellt sich die Frage, ob es auf der Jolle der Anglo-Saxon zu Kannibalismus kam. Die Antwort darauf lautet schlicht nein. Als die

Besatzung von sieben auf sechs, fünf, drei und schließlich zwei Mann schrumpfte, hatte es so wenig Wasser gegeben, dass die Verbliebenen schon die vorhandene Nahrung, den Zwieback und das Hammelfleisch, nicht verdauen konnten. Erst der Regen hatte dafür gesorgt, dass Tapscott und Widdicombe wieder Nahrung zu sich nehmen konnten. Sie waren seit 34 Tagen auf dem Boot und hatten damit gerade knapp die Hälfte ihrer Reise hinter sich gebracht. Sie mussten noch weitere 36 Tage aushalten. Zwei Tage später füllte ein nächtlicher Sturzregen den Wassertank und überschwemmte das Boot derart, dass sie das überschüssige Frischwasser über Bord putzen mussten, eine Tat, die geradezu kriminell wirkte nach aller Ausdörrung und Verzweiflung, die sie erlitten hatten. Der Überfluss an Wasser verstärkte ihren Hunger. Zu Beginn der Reise waren beide Männer körperlich gesund gewesen und hatten jeweils etwa 75 Kilo gewogen. Wenn sie sich jetzt gegenseitig betrachteten, erschien ihnen ihre Verwandlung auf morbide Weise faszinierend. Ihre eingefallenen Wangen und kräftigen Kinnpartien waren von struppigen Bärten überwuchert. Sie waren dürr, und ihre Schädelknochen zeichneten sich deutlich unter der dünnen Schicht sonnengebräunter, von Blasen und Schorf übersäter Haut ab. Ihre Körper waren bis auf die Knochen abgemagert. Wenn sie tranken, amüsierten sie sich über ihre deutlich hervorstehenden Bäuche. Es war ihnen vollkommen klar, wie hinfällig sie waren. Ohne Nahrung würden sie langsam, aber sicher auszehren und Muskeln abbauen, bis sie zugrunde gingen…

Tapscott war schlagartig hellwach, Adrenalin jagte durch seinen Körper, und er hielt Ausschau nach dem Land, auf das sie nun zufällig gestoßen waren. Dabei hatten sie keinerlei Spur von Land bemerkt, keine Wellen, die sich in der Ferne brachen, keine Vögel, kein Landgeruch hatte in der Luft gelegen. Und tatsächlich war kein Land zu sehen; doch war das Boot gegen etwas gestoßen. Tapscott ging nach vorn, um nachzuschauen. Die Jolle hob sich und glitt rückwärts vom Rücken eines riesigen Tieres. Sie hatten die Nachtruhe eines Wals gestört, und dieser erwiderte die Unfreundlichkeit mit einem heftigen Schlag der breiten Schwanzflosse, als er in die Tiefe glitt.«

Wie sollte erfundene »Belletristik« – wenn sie nicht unredlich nur kopiert – geschrieben sein, die es an Intensität aufnehmen könnte mit Carrs Darstellung des Kostbarsten, was der Mensch noch oder eben *nicht mehr* hat in Seenot: des Trinkwassers? Dieses existenziell alle Schiffbrüchigen Meistbeschäftigende – eine *absurdere* Situation ist ja nicht vorstellbar: inmitten des Weltmeeres von nichts anderem so fürchterlich *bedroht* zu sein wie vom *Mangel* an Wasser –, wie Carr das beschreibt, bedichtet, das macht nur »frei« erfundene Meergeschichten gradezu albern-leichtfertig. Und setzt ein sehr ernstes Fragezeichen hinter Romanliteratur überhaupt: *Können* frei erfundene Erzählungen Tatsachenberichten zu gleichen Themen noch gewachsen sein? *Müssen* sie nicht hinter ihnen zurückbleiben, sogar *künstlerisch*, wenn denn Kunst – *eine* ihrer Definitionen – komprimiertes Erleben, verifiziertes Erleiden ist? Nein, ich bin der Ansicht, Romane können das nicht mehr – ja, sie haben das trotz Melville nie gekonnt, wenn Reporte etwas taugten. Und »Moby Dick«, erschienen 1851, ist selbstverständlich auch vom langjährigen Seemann Melville nicht nur dank *eigener* Erlebnisse geschrieben worden, sondern auch durch Ausbeutung fremder Walfängerberichte. 1821 war – nur *ein* Beispiel – der Bericht über den Untergang der »Exeter« publiziert worden. So meinte das auch Golo Mann, als er die Frage umkreiste, warum es kein Napoleon-Drama gebe: Es gibt Berichte über ihn, Gespräche mit ihm, *»die sich lesen wie eine Szene von Schiller... ein Dichter hätte da nur abschreiben können...«*

Eklektizismus ist folglich nicht nur, wie heute hier *meine* Machart, unvermeidlich die eines Spätgeborenen, sondern *war stets* ein zeitlos bindendes Gebot geistiger Redlichkeit: Deshalb schuf Kempowski sein »Echolot« genanntes Krieg-und-Frieden-Epos nicht mehr wie 120 Jahre zuvor Tolstoi als Familiensaga, sondern stückte Zeitzeugnisse zusammen, deren keines ursprünglich als Belletristik geschrieben worden war. Doch genau *deshalb* wurden diese Dokumente zum integrierenden Bestandteil einer *neuen* Literatur. Die Fülle des schriftlich und filmisch Vorhandenen, weitaus größer als aus früheren Jahrhunderten, zwang den Autor des 20. zu dieser Erzählweise – vermutlich in seiner Zeit die einzig legitime.

Abgesangs-Epik, auch sich selbst kommentierend, so auch diese zunehmend eklektizistische Prosa: Nur zur Hälfte Eigenes, ständig sich bereichernd an Fremden, ist sie die einer nachklassischen, einer Erbenepoche, die nur überlebt, wenn sie sich ergänzt durch Überliefertes, ja sich festmacht an ihm. So wie Karl Marx, erst neunzehnjährig, dazu aufrief, die Idee *»im Wirklichen selbst«* zu suchen, müssen wir – wahrhaftig nicht erst heute! – die Dichtung im Wirklichen suchen, jedenfalls dort, wo eine *»ideelle Transparenz«* (Thomas Mann, 1926) hinter ihm aufscheint oder auch die Absurdität alles Realen, ein Sinn der Existenz oder eben auch die *Abwesenheit* jeglichen Sinns – wie hinter *diesen* Figuren à la Beckett: sieben Schiffbrüchigen, von denen fünf umkommen aus Mangel an Wasser oder blödsinnig werden inmitten von Wasser: Sie sind in keiner weniger absurden Situation als Männer in Mülltonnen; auch wenn sie im Gegensatz zu jenen noch artikulationsfähig sind, also *mehr* leidend als die, weil sie die Hoffnungslosigkeit – jede Stunde erneut *genarrt* von immer trügerischen Land-»Visionen« –, noch artikulieren können. Und müssen.

\* \* \*

Seenotreportagen – die früheste ist die »Odyssee«, eine der grausamsten »Das Floß der Medusa« – beschäftigen offenbar die Fantasie der Menschen deshalb noch rigoroser, weil *Land*ereignisse immerhin auf festem Boden stattfinden, weil Land auch jedermann bekannt ist, ja vertraut – *das Meer jedoch das vielen Menschen ganz Unbekannte!* Das bodenlos Wegsackende per se, das *immer* Beängstigende, Unberechenbare, sogar in kriegsverschonten Zeiten. Das *Meer*, nicht das Land, tritt uns als Gleichnis vor Augen, wenn wir in der Natur – wo auch sonst! – Sinnbilder für Kommen und Gehen des Menschen suchen, was unvermeidbar zur »*Weisheit der Schwermut*« führen muss, wie Hannah Arendt schreibt, denn auch sie ruft das Meer als eindrucksvollstes aller Bilder mit dem Prediger Salomo herauf: *»Es ist alles ganz eitel... Ein Geschlecht vergehet, das andre kommt... Alle Wasser laufen ins Meer, doch wird das Meer nicht voller... Was* *ist's, das geschehen ist? Eben das hernach geschehen wird ... und geschieht nichts Neues unter der Sonne.* « Jacob Burckhardt: *»Ein erstaunliches, im Grunde ziemlich gottloses Buch!*« Wer war's, dem wir danken müssen, den Urnihilisten Salomo hineingeschmuggelt zu haben in die Bibel, die doch der »Erbauung« dienen sollte?

## Strand

Nacht – jetzt schweigt sogar der Wind,
die Flut ist zurückgewichen.
Alle, die mir wichtig sind:
Menschen, Fragen – ausgestrichen
hat sie, wie mich,
die Gleichgültigkeit,
mit der das Meer
Muscheln, Teer
– und sich
ausspeit.

Dagegen die Erde als das Statische, fast überall auch von Erdbeben Verschonte, das Bewegungslose, die uns und die Tiere ernährt, nur durch unser Grab sich aufdrängt oder durch die vier Jahreszeiten, wenn wir sie nach Gleichnissen menschlichen Daseins oder Wegseins absuchen ...

Das Meer, weitaus die größere Hälfte der Oberfläche unseres Planeten, kommt in der deutschen Philosophie allein bei dem Friesen Karl Jaspers vor; sieht man ab von Georg Friedrich Wilhelm Hegels dümmlicher Feststellung: *»Die Nordsee gesehen, das deutsche Meer.«* Das *deutsche!* Für Jaspers dagegen, Oldenburger, Nachkomme von Bauern aus Jeverland und Butjadingen an der Nordsee, ist *»das Meer der selbstverständliche Hintergrund des Lebens überhaupt, die anschauliche Gegenwart des Unendlichen ... Das Wohnen, das Geborgensein ist* *uns unentbehrlich und wohltuend. Aber es genügt uns nicht. Es gibt dieses andere. Das Meer ist seine leibhaftige Gegenwart. Es befreit im Hinausgehen über die Geborgenheit, bringt dorthin, wo zwar alle Festigkeit aufhört, wir aber nicht ins Bodenlose versinken. ... Das Meer ist Gleichnis von Freiheit und Transzendenz... eine leibhaftige Offenbarung aus dem Grund der Dinge. Das Philosophieren wird ergriffen von der Forderung, es aushalten zu können, daß nirgends der feste Boden ist, aber gerade dadurch der Grund der Dinge spricht.«* (Noch genauer hätte Jaspers sagen können: ihr *Un*grund.)

Wir haben sogar erleben müssen aus der eigenen Geschichte: Ein Volk, nicht von Küsten umgeben, erlernt schwerlich Weltpolitik. Und noch seine Dichtung bleibt provinziell, wenn es unter seinen Autoren fast keine Meerfahrer gibt. Grotesk, dass Hegel als Exponent der Deutschen, der das Meer nicht kannte, *irrsinnig* resümierte: *»Die Welt ist umschifft und für die Europäer ein Rundes. Was noch nicht von ihnen beherrscht wird, ist entweder nicht der Mühe wert oder noch bestimmt, beherrscht zu werden.«* Als ich Jaspers, der das zitiert, fragte, ob überhaupt ein Kopf von Rang sein *könne,* der solche historische Ahnungslosigkeit schriftlich gibt, da lachte Jaspers so erhellend, wie nur er gelacht hat, und sagte: *»Sie ahnen nicht, wie viel Dummheit in einen genialen Kopf passt!«* Die Ursache: eine uns Deutschen – woher auch immer – eingefleischte Abneigung gegen Politik, die unter Intellektuellen zu allen Zeiten derart überschwappt, sie auch noch aus der Dichtung hochnasig zu verbannen, ja den genuin politischen Autoren und Texten abzusprechen – wir sprachen schon davon –, dass die literarisch überhaupt »dazugehören«!

Dazu Belege in einer Stefan-George-Biografie: Thomas Karlauf weist nach, wie sehr *»die polemische Distanzierung von allem Politischen ins Repertoire des rechten Irrationalismus gehörte«.* So trug der Kreis um Stefan George auch dazu bei, *»den Boden für die braune Saat zu bereiten«.* Schon zehn Jahre zuvor, um 1920, wurde die blindbornierte Wegwendung von Politik, das heißt auch immer: von der *Geschichte,* durch die Groteske deutlich, dass George *»keiner anderen*

Publikation mit solchem Nachdruck ihre Bedeutung absprechen wollte wie dem ›Untergang des Abendlandes‹ ... Irritiert hat ihn wohl vor allem der enorme Publikumserfolg ... Im September 1919 sah George bei Gundolf Druckfahnen einer Spengler-Rezension von Edgar Salin. ›Man müsse sich fragen, stellte er den Rezensenten wenig später während einer Zugfahrt zur Rede, ob das Werk die Kritik durch einen der Unsern überhaupt lohne – der Massenerfolg des Buches besage doch für uns nichts über seine Bedeutung.‹ Als drei Monate später Kurt Hildebrandt für ein geplantes neues Jahrbuch eine Besprechung vorschlug, warnte ihn George, Spengler irgendwie wichtig zu nehmen. Auch Gundolf, der den ersten Band mit Zurückhaltung aufgenommen und offensichtlich nur die Stellen über Caesar exzerpiert hatte, wurde von George heftig getadelt, als er sich für den 1922 erschienenen zweiten Band mehr erwärmte. Er lasse sich durch einen Platzregen von neuen schlechten Begriffen verblüffen, das Ganze gehöre doch durchweg zur nihilistischen Literatur.« So urteilte George in jenen Jahren, in denen Thomas Mann mehrfach dem »Snob« Spengler, wie er ihn schimpfte, trotzdem zu Recht »das wichtigste Buch« zuschrieb! Für Benn war ohnehin Spengler, seit der anfing, immer der Maßgebende nach Nietzsche. Noch ein Vierteljahrhundert später, am 21. November 1946, schrieb Benn: »Übrigens der interessanteste Denker seit Nietzsche: nicht Keyserling, nicht Klages, nicht Bergson, sondern Spengler wäre heute genau so unerwünscht u. schwarzbelistet, wie er es bei den Nazis war.«

»Natürlich« hatte George, verzerrt von Dünkel, in den Spengler nie hineingesehen – sonst wäre er geschmeichelt gewesen, im »Untergang« als einziger Poet seit Baudelaire genannt worden zu sein ... So komischer Literatenwahn geht immer Arm in Arm mit politischer Dummheit aus Ignoranz: Fritz J. Raddatz belegt, dass der Argwohn des genialen Klaus Mann Hellsicht war! Der erst 27-Jährige kommentierte schon öffentlich Georges Stummsein zu Hitlers Einzug in die Reichskanzlei, als George gerade noch lebte, 1933: »Wir hoffen, daß sein Schweigen Abwehr bedeutet ...« Klaus Mann schrieb das, weil er vermutlich im Innersten längst vom Gegenteil überzeugt war und deshalb George warnen wollte! Weil er womöglich schon ahnte, was

Raddatz jetzt aufzeigt: »*Auch das schmählich Weihevolle wusste ein Dichter zu rhythmisieren, dem Goebbels zum 65. Geburtstag ein Glückwunschtelegramm schickte und über den Brecht sagte:* ›*Die Säule, die sich dieser Heilige ausgesucht hat, ist mit zu viel Schlauheit ausgesucht, sie steht an einer zu volkreichen Stelle*‹*; auch übel riechenden Dunst konnte George uns zufächern:*

*Der sprengt die ketten fegt auf trümmerstätten*
*Die ordnung, geisselt die verlaufnen heim*
*Ins ewige recht wo grosses wiederum gross ist*
*Herr wiederum herr, zucht wiederum zucht, er heftet*
*Das wahre sinnbild auf das völkische banner*
*Er führt durch sturm und grausige signale*
*Des frührots einer treuen schar zum werk*
*Des wachen tags und pflanzt das Neue Reich*«

Wann immer verfasst, dieses Porträt – es *bleibt,* gleichviel wie von George benannt: *der* Preisgesang auf Adolf Hitler. Rettendes Glück dieses Dichters, nur wenige Monate später zu sterben. Hätte er sich doch den Umarmungen durch den späteren Auschwitzer so wenig entziehen *können,* wie der »Führer« sich der Umarmung durch Georges Huldigungspoem. Zu »verdanken« ist das sicher nicht der Person des Braunauers, sondern Georges eingefleischtem Widerwillen gegen Demokratie – der ganz zweifellos das »Deutscheste« an George war, wie an seinem ganzen »Kreis«.

Wie *wahr* kann Dichtung sein, von Liebesliedern abgesehen, die vorsätzlich alle Politik weglässt, das heißt gezielt unterschlägt? Allein schon aus geografischer Sicht war das poetisch oft als »grenzenlos« verbrämte Meer nie weniger auch *politisch* als begrenzte Länder! *Meer*-Politik, beispielsweise der Bau der deutschen Schlachtflotte ausgerechnet unter dem Enkel der Queen, Wilhelm dem Letzten, hat die jahrhundertlange Freundschaft der Engländer mit den Deutschen – einst familiär in ihren Herrscherfamilien ebenso bewährt wie

zwischen den Völkern auf zahllosen Schlachtfeldern – in Rivalität
verkehrt und beendet. Und den ersten der Weltkriege verschuldet:

## Lemminge

> *»Was ein Volk am häufigsten zur Teilnahme an einem Krieg treibt,*
> *ist nicht Politik oder Eigennutz, sondern das Gefühl;*
> *und wenn ein solcher Konflikt entstünde,*
> *würden die Engländer gefühlsmäßig so heftig Partei ergreifen,*
> *daß sie keine Neutralität duldeten.«*
>
> Der britische Außenminister Grey 1906
> zum deutschen Botschafter Metternich

Die Briten, die Deutschen – noch neunzehnhundert
als *die* zwei Weltmächte verhasst, weil bewundert –
folgten ökologisch-*blind* dem Zwang,
sich zu ruinieren, denn ihr Drang,
Ideale, »Glauben«, Volksvermögen, Blut
(jedes ihrer Schiffe »ruht«

längst als Schrott, meist ohne Kampf vertan)
an die Flotten zu vergeuden, war vom Wahn
gegenseitiger Bedrohung angeheizt.

Die war gar nicht möglich, doch gereizt
schuf der Wahn zum Schluss die Möglichkeiten,
Kieler Wochen, Cowes-Regatten zu Konflikten auszuweiten.

König Edward, Neffe »William« – ständig eingeladen;
ehenaher Überdruss, Eifersucht bei Schiffsparaden ...
Dreadnoughts, Feuerkraft, Tonnagen eskalieren.

Technische Triumphe – so verlieren
dank Ententen Angst sich und Vernunft auf beiden Fronten,
bis ein Krieg doch allen, die sich sonnten

dort im Treibhaus vierzigjähriger Friedenszeit,
die gefürchtete Erlösung schien: »Zum Streit«,
steht in »Troilus«, »reizt allzu langer Frieden.«

Churchill, siebzigjährig, resümiert: »Vermieden
werden konnte dieser Krieg von vierzehn nicht.«
Ist der *Wunsch* nur casus belli, bricht

sich der Todestrieb, im Glück nicht zu entladen,
Bahn zum Mord in Aggressionskaskaden.
Nicht die Vorteilsucht, nein: die Natur

der Gerüsteten, *sie* stellt die Uhr
auf die Stunde, da die Bombe explodiert!
Ratio, selbst Gelegenheit verführt

nur sehr selten, weil aus gleichen »Gründen«
Kriege oft jahrzehntelang *nicht* zünden.
Erst der Angriffs*trieb* schlägt Völker blind:

Zuzuschlagen; kaum zu rechnen, wer gewinnt.
Hybris? Erkrankung des Geistes ohne Schuld?
*Strategem* diese Flotten – nur Katapult,

zwei Weltmächte um die Macht zu bringen?
Wer verhängt das – *Verhängnis*? Wer lässt misslingen,
was noch jede Großmacht erstrebte:

Expandierend zu *dauern* – und nie überlebte?

Dies abermals zur »*polemischen Distanzierung von allem Politischem*«, das Georges Biograf seinem Helden so oft ankreidet als folgenreiches Erbübel speziell der *deutschen* Literatur, die ja den *welt*feindlich dummen Vers von Generation zu Generation als Schlummerlied weitergibt: »Politisch Lied – ein garstig Lied.«

Angepasst dem Zeit-»Geist« wie auf jeder Beerdigung ein Zylinder dem anderen, hat denn auch der FAZ-Ranicki – was er nur vermochte, weil er's eben in der FAZ tun durfte – kein Ziel »aufs Innigste zu wünschen« so borniert verfolgt wie die Beseitigung aller Politik aus den deutschen Dichtungen seit Ende des Hitlerkrieges. Der hat Ranickis Familie fast total ausgerottet, was eventuell erklärt, dass Ranicki noch zum Rilke-Zentenarium schrieb, nach Jahren der »*einseitigen Politisierung... besinnt man sich endlich wieder auf die Kunst des Wortes... Die Politisierung unserer Literatur hat nicht nur der Politik nichts genützt, sondern unsere Literatur ruiniert.*« Geistkrank!

Noch wenn Ranicki erzählt, als Deportierte im Ghetto hätten seine Frau und er fast als letzten Trost ein Bändchen Kästner-Gedichte gehabt, glaubt er beflissen in ordinärster Anpassung an die »christlichen« Maßstäbe der Adenauer-Republik, das entschuldigen zu müssen: »Natürlich« wisse er, Kästner sei »*keine große Lyrik*«. In Wahrheit sind doch das von ihm zitierte »*Als sich die beiden acht Jahre kannten*« und Brechts »*Wirklich, ich lebe in finsteren Zeiten!*« die zwei vielleicht anrührendsten Gedichte von Jahrgängern um 1900, höchst bedeutende Lyrik! Doch für Reich-Ranicki sind Aufklärung und Ironie fast schon Synonyme für Politik – und ihm demnach in der Literatur das unzugänglich Verhassteste...

Ebenso ist Heutigen kaum mehr begreiflich zu machen, wie *fatal* es war, dass sich ausgerechnet der George-Kreis in seiner abgeschotteten »Kulturhoheit« gegenüber der Polis so »elitär« gespreizt hat! Denn schon seit Generationen ist nicht mehr vorstellbar, wie sehr »dem Meister« als Poeta laureatus in den deutschsprachigen Ländern gehuldigt wurde – obgleich immerhin auch Hauptmann da war, der

Dramatiker, Thomas Mann, der Epiker, Rilke, der Lyriker, während George hohepriesterlich herrschte ...

\* \* \*

Zur Havarie der »Medusa«, weil die meisten von diesem Schiff nichts mehr wissen, auch wenn das »Floß der Medusa«, wie Géricault es 1819 malte – drei Jahre nach dem Untergang –, jeder Louvre-Besucher gesehen und nicht mehr vergessen hat. Der Schiffsarzt Jean Baptiste Henri Savigny – einer von fünfzehn Überlebenden des Unglücks – schrieb zunächst den Rapport für das französische Seeministerium, später erweiterte er ihn zusammen mit seinem Leidensgefährten, dem Geografen Alexandre Corréard, zu einem erschütternden Buch über ihre Erlebnisse, als sie sich, ursprünglich 147 Menschen, auf einem Floß zwölf Tage auf dem Meer treibend, notdürftig am Leben erhielten. Bereits in seinem Bericht legte Savigny das Fehlverhalten des Kapitäns offen, der sich mit einem Rettungsboot schnell in Sicherheit gebracht hatte, nachdem das Schiff am 2. Juli 1816 bei ruhiger See und guter Sicht aufgrund schwerer Navigationsfehler auf die bereits damals in allen Seekarten verzeichnete Arguin-Bank vor Westafrika

■ *Théodore Géricault: Das Floß der Medusa (1819)*

aufgelaufen war. Da die Rettungsboote nicht für alle ausreichten, zimmerte die Mannschaft ein Floß mit den beachtlichen Ausmaßen 8 mal 15 Meter zusammen. Nachdem alle das sinkende Schiff glücklich verlassen hatten, wurde das Floß mit den Rettungsbooten vertäut. Nach zwei Stunden aber kappten die Insassen der Rettungsboote die Taue und ruderten davon. Henri Savigny: »*Wir konnten nicht glauben, dass wir verlassen waren, bis die Boote unseren Blicken entschwanden, doch dann verfielen wir in eine tiefe Verzweiflung.*«

Das Drama nahm weiter seinen Lauf: Bereits in der ersten Nacht gingen 20 Männer über Bord, die am Rand gesessen hatten. Als andere daraufhin versuchten, in die Mitte des Floßes zu gelangen, brach Panik aus, und 65 Menschen wurden von Offizieren, die ihren privilegierten zentralen Platz nicht teilen wollten, erschossen und ins Meer geworfen. Eine Kiste Schiffszwieback war schnell aufgebraucht, ebenso das Wasser, die sengende Hitze tat ihr Übriges. Am dritten Tag kam es zu ersten Fällen von Kannibalismus: »*Diejenigen, die der Tod verschont hatte, stürzten sich gierig auf die toten Körper, schnitten sie in Stücke, und einige verzehrten sie sogleich. Ein großer Teil von uns lehnte es ab, diese entsetzliche Nahrung zu berühren. Aber schließlich gaben wir einem Bedürfnis nach, das stärker war als jegliche Menschlichkeit.*« Am 13. Tag wurden die Schiffsbrüchigen von der Fregatte Argus aufgenommen. Von 15 Überlebenden verstarben fünf unmittelbar nach der Rettung.

Savigny hat durch seine Veröffentlichungen über das Schicksal des Floßes eine Entschädigung der Hinterbliebenen der Opfer zu erreichen versucht, ist damit aber gescheitert.

Ja, Scheitern »bleibt«. Und das Rätsel:

Warum?

Dämonie, letzte Chiffre, Einsicht, Endspruch:
Warum *sind* synonym Finis/Schiffbruch?

Hölderlin hatte, als er dichtete »Der Reichtum aber kommt aus dem Meere«, an Öl noch gar nicht gedacht, das erst in unseren Tagen auch Norwegen, weil es jahrtausendelang im Nordatlantik niemand vermutet hatte, zum reichen Land gemacht hat – nur *ein* Aspekt, der wirtschaftlich bedeutendste, den wir hier nicht einmal streifen können. Ein zweiter: die *Archäologie* des Meeres, ein Reich für sich! Rahmensprengend, ließen wir uns mit ihr noch ein, und ist doch nicht weniger faszinierend, auch menschlich ebenso anrührend wie jedes Schlachtfeld-Panorama zu Lande. Doch die Schlachten auf dem Meer, so die bei Trafalgar 1805, um nur die berühmteste der Neuzeit zu nennen, weil Nelson dort die zur Invasion Englands vorgesehene Armada Napoleons zugrunde richtete, wobei er fiel, haben verglichen mit Walstätten auf Erden für Interessierte noch den Vorteil: Sie sind nicht *abgeräumt!* Vernichtete Schiffe in Fülle sind den Tauchern oder jenen, die sie vom Meerboden sogar wieder ans Licht hieven wollen, noch zugänglich – seit Jahren schon. Schiffsfriedhöfe, speziell vor der spanischen Küste, sollen unermessliche Kunstschätze enthalten, vor allem auch Gold. *»Fachleute schätzen den Wert in versunkenen Schiffen vor Cadiz auf 24 Milliarden Euro«,* schrieb die »Berliner Zeitung« 2007. Vor der spanischen Atlantikküste lägen 180 Schiffe, erklärt der Vorsitzende einer »Vereinigung zur Wiedergewinnung spanischer Galeonen«. Ein anderer Meeresarchäologe habe bedauert, dass eine systematische Überwachung der Schiffsfundorte nicht durchzuführen sei: So fänden Plünderungen in bedeutenden Ausmaßen statt – *»eine Schande, immerhin wurde die Geschichte Spaniens vor allem auf den Weltmeeren geschrieben«.*

Doch die 10 % Finderlohn, die lächerlicherweise der von Geiz entstellte spanische Fiskus den Waghalsigen nur abgeben will von ihrer Beute, verschuldet, dass Schatzsucher *illegal* vorgehen *müssen,* wollen sie auch nur einen Bruchteil ihrer Unkosten wieder hereinholen. Denn sehr oft finden sie nichts anderes mehr vor als kümmerliche Reste von Wracks. Immerhin liegen viele der von Admiral Nelson versenkten spanischen und französischen Schiffe in 35 Meter Tiefe ...

\* \* \*

Der Mensch ist mit dem Meer nie fertig geworden, anders als mit dem Land, wenn man absieht von vulkanischem. Offenbar sogar die Götter nicht – obgleich die willens und fähig sind, ihre eigene Schöpfung oder Teile von ihr immer erneut in Wassern zu ersäufen, wenn sie Spaß daran finden... Gert Ueding belehrt mich, das Gilgamesch-Epos überliefere jedoch, die Götter selber seien von der Sintflut, die sie einst losgelassen, derart geschockt worden – »die Götter kauern wie Hunde« –, dass sie »hinauf zum Himmel des Anu entwichen seien«, als sogar die Berge unter den Wogen absoffen. Ueding folgert in einer »Welt«-Kolumne: Wenn nach großen Überschwemmungen Politiker und Fachleute darangingen, den Schaden abzuschätzen, »den die große Flut verursacht hat, so ist das ein höchst zweifelhaftes Manöver. Es geht am Kern der Katastrophe vorbei, die gerade den unkalkulierbaren Durchbruch alles Messbaren und Bezifferbaren bedeutet, nämlich einen Sprung in eine andere Qualität des menschlichen Umgangs mit der Natur – oder vielmehr des Umgangs der Natur mit dem Menschen. Nachträglich tun wir so, als ließe sich das Unfassbare in Zahlen wieder domestizieren, so dass wir unsere Souveränität und Lebenssicherheit wenigstens oberflächlich wiedergewinnen. Eigentlich sei die Katastrophe vorhersehbar gewesen... Die pädagogisch-moralische Quintessenz schon in den frühen mythologischen Geschichten ist natürlich der Versuch, dem apokalyptischen Geschehen einen Sinn zu geben... Das religiöse Skandalon, das darin steckt, haben auch spätere Autoren gespürt: Ernst Barlach hat die Paradoxie der göttlichen Absage an die eigene Schöpfung zum tragischen Angelpunkt seines ›Sündflut‹-Dramas gemacht.«

Wenn die *antiken* Götter immerhin in den Mythen noch Skrupel signalisierten, den Menschen Sintfluten angetan zu haben, so war der jüdische wie der christliche Gott gegenüber den Menschen offenbar stets gewissenlos, sodass ihre Opfer auf Erden denn auch schon so früh und verzweifelt zu dem Ergebnis kamen – längst zur Banalität geworden –, dem Gott könnten sie nur verzeihen, wenn er nicht existiert. Sollte es ihn doch geben – vielleicht in der Natur? Aber bestimmt nicht in der Geschichte.

## Los desastres de la guerra

Unterschrieb Goya ein Kriegsgreuel-Blatt,
Soldateska, die schändete, mordete, raubte:
»Man wundert sich, dass Gott uns geschaffen hat!«
– Uns wundert nur noch, dass Goya das glaubte.

# »Nabelschau will ich nicht schreiben«

## Zum Freitod von Fritz J. Raddatz

(Bearbeitete Version des Artikels »Ich habe noch versucht, ihn zu halten« in »Die Welt« vom 27. Februar 2015)

»Time to say goodbye«, so hieß es in Fritz J. Raddatz' Abschiedsbrief, der am 20. September 2014 in der »Welt« erschien und worin er ankündigte, er werde aufhören zu schreiben. Eine meiner Mitarbeiterinnen kommentierte: »Wer so gut schreibt, der kann gar nicht aufhören!« Das habe ich Raddatz noch erzählt, es freute ihn. Doch, wie unser gemeinsamer Freund und Anwalt Jochen Kersten sagte: »Niemand kann ihn zurückhalten!« Denn mit Erscheinen seiner Tagebücher stand für Raddatz fest, er werde sich töten. Was tut man da als sein Freund und Jahrgänger?

■ *Ein halbes Jahrhundert lang Freunde: Fritz J. Raddatz (l.i) und der Autor*

Wir telefonierten wöchentlich, hatten uns seit 1961 hunderte Briefe geschrieben. Sein letzter kam am Montag, den 23. Februar 2015 – ein sehr großes Couvert, das den nie gedruckten Einband zum Stellvertreter enthielt; mein Stück hatte 1959 bei *Rütten & Loening* erscheinen sollen – war dann aber von Reinhard Mohn, der diesen Verlag gekauft hatte, aus dem Programm geschmissen worden. Er fragte mich: »Sind Sie verrückt? 47 % der Lesering-Mitglieder sind Katholiken – wollen Sie uns ruinieren, Hochhuth?« Ich war damals der jüngste seiner Lektoren.

Raddatz hat dann mit Ledig-Rowohlt mein Stück aus dem Papierkorb gerettet, sodass es vier Jahre später erschien und durch Piscator am Kurfürstendamm uraufgeführt werden konnte, nun 53 Jahre her. Seitdem kann ich mir mein Autorenleben ohne Raddatz gar nicht denken. Als er mir sagte, er mache Schluss, versuchte ich ihn zu halten, er war ja beneidenswert gesund, der 83-Jährige. Ich schrieb ihm: »*Was fehlt und keiner mehr schreiben wird, wenn Du's nicht machst: eine deutsche Literaturgeschichte seit Kriegsende und der Gruppe 47. Du hast in Deinen drei Essaybänden die Nennenswertesten mit wenigen Ausnahmen beschrieben, brauchst also nur mit Tesafilm und Schere und Hilfe einer Sekretärin, die vieles auch allein tun kann, diese Geschichte zusammenzustücken!*«

Mehr noch als das Literarische war längst das Persönliche bis hin zu den üblichen Wehklagen über Kranksein und Ärzte in den Mittelpunkt unserer Telefonate und mancher Briefe gerückt, was wiederum Eingang in einige meiner Gedichte fand. So schickte ich ihm meinen Lear-Monolog mit der Frage, ob er die Widmung annehme. Er bedankte sich gerührt, hier ist er, samt Menzels Händen des Alten. Portraits von Greisen gibt es bekanntlich zahllose. Hände wie diese zeichnete nur Menzel.

# Lear-Monolog
(Fritz J. Raddatz gewidmet)

»*Ein alter Mann ist stets ein König Lear.*«

Goethe, Zahme Xenien, 1827

»*wenn man marode ist, impotent innen und außen*«

Benn, 3. XI. 52

– dich derart beschämend,
dass du unterm Wanst
nichts mehr als pinkeln kannst,
wirkt es vor allem *geisteslähmend.*

Nur im Beruf,
natürlich auch in Frauen,
hattest du Selbstvertrauen,
konntest ahnen, wozu man uns schuf.

Doch jetzt aus beiden verbannt
– *rausgeschmissen,*
als hättest du geklaut …

Scheinst auch kaum noch verwandt
deinen Kindern: Ihr Nicht-Verhalten beschissen.
Alles um dich, in dir Burn-out.

Doch genau das, man muss sagen, klinisch kühl wie keiner, sagte er ja im obengenannten Abschiedsbrief: *warum* er keine Lust mehr habe, dem heutigen Kulturbetrieb noch zuzusehen, Raddatz hielt ihn für medioker, kein Wunder. Denn als Mitgestalter der bundesdeutschen Kultur der vergangenen 60 Jahre und übrigens auch intimer Kenner ausländischer Autoren dieser Epoche war er der Meinung, worüber er oft mit Sarkasmus redete: Was gegenwärtig gemacht werde, das könne »sich begraben lassen«. Wer wagte ihm zu widersprechen? Schließlich schrieben in unsrer Jugend noch die Brüder Mann, Benn, Jünger, Brecht, die Langgässer. Aber in seinen Abschiedsworten gab Raddatz souverän zu, er sähe die Welt nur noch zur Hälfte – wie es allen ergeht, sobald sie die 75 hinter sich haben! Und die, ganz simpel, auch deshalb schnöde von den Jungen sprechen, weil sie die gar nicht mehr begreifen *wollen*.

Irgendwie hat man genug, doch muss man schon Sigmund Freud sein, um sich zuzutrauen, das erklären zu können. Besonders die, die es selber betrifft, können's bestimmt nicht. »*Ich habe ja gar nichts mehr zu sagen, setze deshalb natürlich auch meine Tagebücher nicht fort, sehe ja gar keine Menschen mehr, und Nabelschau will ich nicht schreiben*«, meinte Raddatz. Ich erinnerte ihn an seine gründlichen Biografien über Rilke, über Benn. »*Willst doch nicht sagen, über ähnliche Größen, die Dich ebenso faszinieren, könntest Du nicht auch noch so schreiben, wie's jedenfalls jetzt kein anderer macht.*« Nichts half. Genau unterrichtet, Schweizer

Adolph von Menzel: Bleistiftzeichnung (1904)

Ärzte würden nicht wie deutsche amtlich »belangt«, wenn sie Sterbehilfe leisten, fuhr er nach Zürich ins »Baur au Lac« und brachte sich um – noch die Bitte hinterlassend, man solle seine Asche ins geliebte Kaitum auf Sylt bringen, wo er jeden Sommer geschrieben hatte.

Im Brief vom 18. Januar las ich: *»Rolf, ich werde nichts mehr schreiben. Das nächste Mal, dass Du was von mir hörst, wird aus der Zeitung sein, und das letzte, was Du von mir liest, wird meine Todesanzeige sein. Ich hab den Tag seit langem schon genau festgelegt und alles geplant. Es bringt auch nichts, jetzt noch weiter darüber zu diskutieren. Die Entscheidung steht!«* Raddatz handelte also wie jener antike Stoiker, von dem überliefert ist, er sei wie nach einem guten Essen aufgestanden, um in den Tod zu gehen. Von diesem Selbstbestimmungsrecht souverän Gebrauch zu machen bis zuletzt, das war für Raddatz wortlos selbstverständlich.

Ich habe ihm noch einen ganz speziellen Dank abzustatten: Raddatz hat riskiert, aus meiner Erzählung »Eine Liebe in Deutschland« jenes Kapitel vorabzudrucken, das zum Sturz des baden-württembergischen Ministerpräsidenten Hans Filbinger führte, welcher sich gerade anschickte, seine Karriere als Bundespräsident zu beschließen! Das war mutig von Raddatz als Feuilleton-Chef der »Zeit« – denn die gehörte ja Filbingers Parteifreund Bucerius. Welches BRD-»Organ« würde *heute* noch riskieren, eine solche Geschichte zu bringen?

Einen Raddatz braucht unser Staat umso mehr, als es keinen seiner Statur mehr gibt.

# Venedig und die Venezianer

## (Gedichtzyklus)

### Zehn nach null Uhr

Leere Gondeln zerren an Tauen,
kentern scheinbar vor der Mole,
denn die letzten Vaporetti
werfen, die Lagune reitend,
Dünung kaiwärts.

Wasser, sargschwarz, quellen aus Brüchen,
tuschen Seen auf die Piazza.
Prokuratien, Campanile,
sonst von Opernlicht verzuckert,
drohen faschistisch.

Zwei, vertraut, in Pelz und Smoking
fürchten sich vor dem Hotel.
Gehen Kreise, streiten nicht mehr.
Heute Abend hat die Wahrheit
ihre Konvention zerrissen.

## Rialtobrücke, beim Juwelier

– Nimm Silber statt Gold. Schultern, Nacken, Gelenke
schimmern Dir ja schon golden wie späte Tizians.
Platingefasste Türkise – die schenke
ich Deinem Hals, schön wie der eines Schwans.

Noch feuriger flammte, doch wer kann ihn bezahlen
– von Brillanten umkränzt –, ein dunkler Smaragd:
Er nur kann Licht wie Deine Augen verstrahlen ...
Ihn solltest Du tragen. Und mich! Sonst sei nackt.

Carlo Grubacs: Rialto-Brücke (um 1870)

## Goldoni, der Venezier

– 25 Jahre obenauf als Italiens berühmtester
      Komödienschreiber –
starb mit 86 Jahren zu Paris total verarmt.
War bei Hofe untergekommen, als seine Stücke
      nicht mehr liefen
– kommt eine neue Theatergeneration,
      hat sie für die alte nichts als Hohn –,
jetzt Italienischlehrer der Prinzessinnen geworden.
Die so sich nennenden »Revolutionäre«
      ließen auch das Mädchen ermorden,
als sie König und Königin guillotiniert ... Ungeniert
strichen sie Goldoni seine Lehrerpension.
Niemand hat sich des uralten Dichters erbarmt.

\* \* \*

## Carnevale

*Karneval: lat. Carne vale = Fleisch, lebe wohl*

Brockhaus

Aus Glück wurde Angst,
Venezianerin:
entziehst Dich, verlangst
– dass ich gehe! Wohin?

Maskenzug ohne
Dich durch die Gassen?
Ab zur Statione
– sitzengelassen!

Drohst wie auf San Michele
Zypressen:
»Hast nie meine Seele
– nur Fleisch besessen!«

»Nur«! Klischee, an Karneval
Fleisch zu denunzieren:
Gibt's Elternliebe überall,
gibt's sonst in Menschen, Tieren

»Nur«-Seelen, die Leiber lieben!
Behauptest ohne Federlesen,
seit Du mich abgetrieben:
»Liebe ist das nie gewesen!«

Nahmst Dir den Jungen
– wird der Dich behalten?
Resigniert, notgedrungen,
wie stets wir Alten,

steige ich ein ...
gondele durchs Labyrinth.
Gehörst Du dem Ragazzo allein?
Bora nennen sie Meereswind.

Heut treibt Scirocco aus Triest
– ich totlahm bis ins Mark,
bahnwärts statt zum Rialto-Fest
meine Gondel – meinen Sarg.

## Casanova

– kommt man aus Venedig – sofort ledig
aller Formalitäten, schon vor dem Auftreten.
Schlagschnell da und nie zum Problem

machen, gehört sie schon wem!
Auch für *sie* offenbar – nie
ernster als die Frage: Hat sie heute ihre Tage?

Nur eine Liebeslehre: Kränkend jede Affäre,
die zu kurz, weil dann der Absturz
zu hart. Doch den Atem frischer Gegenwart

behält sie nur, zieht man sie nicht in die Länge;
schnell muss sie kommen, prompt alle Zwänge
übersehn, keine Fragen, bis der Akt geschehn.

Nebenbei, meine zu große Nase half auch zu Ekstase.

■ *Géza Kukán: Ekstase*

# Glück

*»Hättest du Mädchen wie deine Canäle, Venedig, und Fotzen*
*Wie die Gässchen in dir, wärst du die herrlichste Stadt«*

Goethe, 1790

»Ist's gewagt,
einander zu verleiben?
Kaum – doch *sehr*, was dabei gesagt,
aufzuschreiben!«

Er lachte, sie fragte: »Warum *willst* Du das auch?«
Und stupste ihn auf die Nase. Wolf sagte ernst:
»Erst, was ich auch beschrieben, hab' ich ganz gelebt.«
Sie fragte: »Verinnerlicht?«
Er: »Das wäre zu pathetisch. Nein – mir ist, als müsste ich
eine Schuld abzahlen, wenn's so schön war,
was mir geschenkt wurde, wie heute Nacht: Dann muss ich's
auch schreiben.«
Sie küsste ihn auf die Schlüsselbeine, er hatte nichts an, sie
nur ein Hemd bis zum Nabel:
»Dann tu's!«
Ernst sagte er: »Unmöglich.«

Die Nacht war mondlos. Sie sahen aus dem Eckfenster des
Palazzos, Besitz einer Tante der Großherzogin, auf den Ca-
nale Grande. Eben schlug's zwei, beide lachten, denn kaum
eine Uhr schlug gleichzeitig mit einer der unzähligen anderen. Sie murmelte: »Wäre einfach zu viel des Glücks, dürftest
Du auch noch in eine Dichtung retten,
was wir miteinander haben ... Bring mich wieder ins Bett.

Bin traurig, darf nicht dran denken, dass Du morgen nach
Weimar fährst und nur deshalb
aus Rom abgereist bist, bevor ich dort ankomme, weil Du
auch noch *gewohnt* hast
– wie praktisch – bei Deiner Kauffmann!
Natürlich muss man auch *wohnen* bei der, die einen malt …«
Nicht ganz so sarkastisch erwiderte er: »Immerhin hat sie einen Ehemann!«
Anne lachte, wenn auch erbittert. »Der wohl noch dreimal
älter ist als sie,
wie ich als Du älter bin!«
Er sagte: »Bei *Dir,* das weißt Du, hat sich die Frage: Wie *alt*
– so wenig je gestellt wie bei jeder andern kostbaren Liegen-
schaft!«
Sie lachte über den Wortwitz, doch nicht weil sie ihm glaubte.
Er hatte sie über den riesigen ovalen Bottich gehoben, in
dem sie einander gewaschen hatten,
wo der Mund das nicht tut, und trug sie auf das Bett unterm
Baldachin.
Um nicht zu lügen, wollte er nicht sprechen, jedenfalls nicht
über Angelika.
Er legte, auf ihr, sein Gesicht in ihr Delta – so, dass auch sie
ihren Mund
nicht für Worte frei haben würde, für Vorwürfe.
Und einige Gedichtzeilen aus Rom fielen ihm ein, die er vernichten musste,
da nicht »möglich« für den Norden – obgleich ja dort niemand erfahren würde,
dass er sie für Angelika gedichtet hatte:

## Sinnsuche?

– Vorsicht! Genügt, dem Sein
abgewinnen, dass *sein* Mund
ihre Lippen verwüstet im Scheide-Wein.
Und *ihr* Mund ihn nimmt, *grund-*

süchtig *alle.* Dort zuweilen das Gesicht,
entschädigt beide für jeden Verzicht.
Befriedige – nimm damit vorlieb –
den *menschlich* stärksten: den Fürsorgetrieb!

Kommt's im Leben doch aufs *Leben,*
nicht auf ein Resultat desselben an.
Sei bereit zuzugeben,
dass niemand vom Dasein *mehr* fordern kann.

\* \* \*

## Ostern

Straußens Walzer auf San Marco,
komponiert in jenen Jahren,
da Venetien Wien gehörte.

Fiatflitzer, Pizzaesser,
hagere Katzen, Filmkritiker,
Lehrerinnen, schwule Briten,
Inder, Sari, roter Turban,
Nonnen, wegsehend, weil ein Terrier
stämmig einen Pudel stößt.

Dort höchstselbst der Patriarch,
der bis eben fasten musste,
stürmt vom Hochamt an die Tafel.

Früh im Dom, der Räuberhöhle
– was dort Kunst ist, ist gestohlen –,
glaubt man an die Auferstehung.
Die Piazza glaubt dem Umsatz,
den Muranos greller Glaskitsch
zweimal wöchentlich erzielt.

\* \* \*

## Hochzeitsbrief

> »Ich stelle mir vor, wie Casanova in Prag nach der
> Don Giovanni-Premiere seinem Gegenspieler ein
> Exerzitium hält … Casanova und Don Juan.«

> Walter Jens, »Mythen der Dichter«

Zurück vom Don Giovanni aus Prag,
Mozart selbst hat ihn dirigiert.
So – hast schon an meinem Reisetag
Dich einem Lumpen liiert!

Ohne Vorwarnung heiraten,
kaum dass ich verreist?
Ich soll das ausbaden?
Nein, kommst, leihst

Dich natürlich weiterhin
wie bisher.
Ehe macht Sinn
nur als Zusatzverkehr.

Leibeigene alle,
die Leibeigene haben.
Doch Ehe als – Falle?
Lebenslänglich begraben?


Stumpfsinn im Zweigespann
– das legal statt illegal!
Gewohnheit als Ehetyrann
nur normal banal.


Fatal: heiraten – ausarten
– fast zu reimen.
Schlauer als »Dienstfahrten«
... Tagestreffs im Geheimen.


Ehe ohne Schlupfloch:
Wer schwörte den Eid!
Nun, Hoch-»*Zeit*« sagt's doch
– nicht auf ewig, auf Zeit.


Deine List! Bin amüsiert-gekränkt
– weil ich nicht voraussah,
*warum* nach Prag Du ablenkst
Deinen Dir – oft! – treuen
Casanova.


P. S.:
Frau wie Mann, depressiv, frustdick,
gehen nicht – schleichen,
haben sie, stets gleich, nur Heimfick
mit stets nur Gleichen.

# Twens

Museen durchgähnt, dann im Dogenpalast
(Pfingsten wegen Überfüllung gemieden)
kam in sein Gerede eine heisere Hast,
als er, verkrampft, mit twen-altem Spott
an den Decken die Aphroditen

des Veronese töricht glossierte.
Die Schenkel, meersandbraun,
handliche Brüste, hochgezogene Knie
– er musste wegsehn, so verführte
ihn dieser Reigen, jetzt auch sie,

die frühlingsmüd im engen Minirock
viel aprikosenzarte Haut spazieren trug
– hob sie den Arm, so sah er das Gelock,
den Wildwuchs ihrer Achselhaare –,
besessen einzureihen in den Zug

der unbekümmert nackten Götterpaare.
Er dachte, was im Mai ein Mädchen »trägt«,
es brachte seinen Twenspott um die Sprache:
einhundertfünfzig Gramm das Kleid,
je dreißig Gramm für Höschen und BH.

Kniekehlen, die er treppauf sah
– in den Verliesen schon, als es ihr graute –,
er hat sie oft gesehen – jetzt »erkannt«.
Er gab ihr sein Jackett und taute
ihr Inneres auf, das fröstelnd angewidert

durch Ketten, Waffen, Folterräume
sich überhaupt Venetiens Glanz erschloss.
Kaum er ihr Hals und Schlüsselbeine küsste,
war sie ihm ganz geöffnet und zerfloss
in seine Hand und riss sich los.

Floh aus den Kerkern bis zum Vaporetto
– floh auch vor ihm, dann zu ihm hin.
Und sie gestand im beigen Morgenlicht,
zu *ihm* sei sie nur zufällig gekommen…
»Schwermütig?«, höhnte er, Schlaf im Gesicht.

Er hatte sich nicht sehr subtil benommen.
Ja, sagte sie, die Frauen, der Veronese,
die Menschen alle hier auf den Gemälden
– ob nicht auch er den Tod in ihnen lese?
»Ach, komm! Du bist erst neunzehn – merde!«

Sie war sehr schön, der Tod schien ihm sehr weit.
Sie: Ob's denn so gut sei, dass man achtzig werde?
Sie lachte mit, wozu ihm anvertraun,
dass heute Nacht ihr Fest der Fleischlichkeit
nur ihren Absturz in ein neues Down

beschleunigt hatte, da sie neu erfahren,
dass wir im Fleisch allein das Glück umkreisen.
Denn Geist zertrennt – nur in den Jahren,
da wir umarmenswert sind, reißen
mit unserem Leib auch unsre Seele

Mitmenschen in ihr Boot,
dass wir nicht sinken.
Komm, flieh die Stadt, Palazzi und Kanäle,
die heute schon – wie wir erst morgen –
nach Alter und Verwesung stinken.

# Kein Abendgraun

*»Gondeln… so schwarz, wie sonst nur Särge sind«*

Thomas Mann, »Tod in Venedig«

– im letzten Erröten der Fassaden, Kanäle,
dem Ende auch mancher Pläne, auf Gondeln schaun.
Erinnern an Särge, kann's nicht schreiben,
was ich auch keinem erzähle.
Erst September, schon *eisig* in Venedig,
Wind wüst wie gestern am Schiffsbug.
Die Sucht, mich, Dir hörig,
noch einzuleiben, war Größenwahn, Selbstbetrug.
Derart abgeschlagen – zurück nach Berlin.
Wo nicht mehr zugelassen – *abziehn!*

# Demokratie hat die Künste vernichtet

*»So auch findet man im Leben eine Masse von Personen,*
*die nicht Charakter genug haben, um alleine zu stehen;*
*diese werfen sich gleichfalls an eine Partei,*
*wodurch sie sich gestärkt fühlen*
*und nun eine Figur machen.«*

Goethe am 2. Mai 1831 zu Eckermann

Wie Goethe sie charakterisiert, so sind heute die für Kunst Haftbaren hierzulande – sofern es überhaupt solche gibt – *genuin* anders als in tausend Jahren Monarchie! Es bleibt Gerhard Schröder anzurechnen, als erster Kanzler entdeckt zu haben, dass er die seit Jahrzehnten rasant progrediente Entartung der BRD zur Banausen- und Bankerrepublik vielleicht doch ein wenig verlangsamen konnte, indem er endlich auch der *Kunst* Kabinettsrang einräumte. Sein Vorgänger Helmut Kohl hatte sofort beim Fall der Mauer verordnet, Schlüters Schloss wieder aufzubauen – eine Großtat, bedenkt man, dass es seit Gründung der Bonn-Republik *niemals* einem Fotografen geglückt ist, einen Kanzler oder Präsidenten in einer Uraufführung zu erwischen, so schnuppe sind denen alle Künste. Doch pilgern sie immerhin, das beru-

Giovanni Battista Piranesi: *Das riesige Rad* (1756; Carceri d'invenzione)

higt, selbstverständlich alle Jahre nach Bayreuth wie einst der Führer. Auch Kanzlerin Merkel holte einen für die Kunst ins Kabinett. Doch da längst unbewusst parteilich dressiert, gab sie dies höchst begehrenswerte Amt »natürlich« einem *Partei*-Menschen statt einem Fachmann!

Ein weiteres Beispiel für die Kunst*unsinnigkeit* der Berliner Demokraten, ein Skandal, *barbarisch* wie kein aus der Monarchie überlieferter, die »Dringliche Beschlussempfehlung« im Berliner Abgeordnetenhaus am 6. März 2006: Die Fraktion der CDU wie die der Grünen wollten meinem Offenen Brief an Bürgermeister Wowereit folgen und die zwei Kudamm-Theater unter Denkmalschutz stellen. Denn dies war der einzige Weg, die beiden Häuser – Zeugnisse der »Neuen Sachlichkeit« des Budapester Architekten Kaufmann, jahrzehntelang Europas bedeutendster Theaterbauer – vor dem Raubtierkapitalismus des Schweizers Ackermann, Deutsche-Bank-Imperator, in Sicherheit zu bringen.

Warum SPD und PDS den Antrag nicht unterstützten? Weil die Berliner SPD *heimlich* – inzwischen fast zum Synonym geworden für demokratisch – dem späteren CDU-Finanzsenator Peter Kurth für 2 Millionen DM die *Bestandsgarantie* des Senats zugunsten der zwei Bühnen verkauft hatte. Und nur wenn dieser »Klotz am Bein«, der den zwei märchenhaft wertvollen Grundstücken anhing, durch den Verkauf ebendieser Bestandsgarantie wegfiele, konnte der Spekulant, der das Grundstück für 30 Millionen DM 1990 dem Senat abgekauft hatte, es nach zwölf Jahren für ganze 194,2 Millionen Euro (!) weiter verhökern, und zwar an die Deutsche Bank. Das muss man zweimal lesen: 1990 für 30 Millionen DM gekauft und 2002 für 194,2 Millionen *Euro* (ca. 388 Millionen DM) weiterverkauft! Also in zwölf Jahren *mithilfe des Senats* für mehr als das Zehnfache! Jeder, der diesen ekelhaften Schurkenstreich, ein Attentat auf die deutsche Kultur, wie selbst unter den Nazis nicht vorgekommen, als Komödie gestaltete, würde als gewissenloser Übertreiber von der Kritik zermalmt.

# Zwei Sozialdemokratinnen vernichten Reinhardts zwei Ku'damm-Bühnen

*»Aber wenn Berlin doch Geld braucht und diese zwei Theater*
*den Preis dieses ganzen Ku'damm-Areals dermaßen drücken...«*

Walter Momper, Präsident des Abgeordnetenhauses,
April 2009

– vernichten die einzige Kunst,
die den Krieg am Kurfürstendamm
überlebte: streichen mit ihrer Gunst
die Reinhardt-Bühnen vom Programm,

die sich da schon im 9. Jahrzehnt
behaupten – längst *ohne* Subvention!
Leistung stupend: Schließung stets abgelehnt.
Familie Woelffer jetzt dritte Generation.

Doch zwei Primitiven: Schweizer, irischen Analphabeten,
erlaubt unsre kriminelle deutsche Banausennation,
Bühnen, *traditionsgroße,* abzureißen! – Proleten
der SPD »begründen«: Kaufmanns Haus »sei schon

zu verändert«. Doch *innen* nicht! Denkmalschutz
könnte es retten. Sofort. Würde Junge-Reyer,
Senatorin für Stadtentwicklung, wie einen Frühjahrsputz
das verordnen. *Wollte* sie's! Ein verdächtiger Schleier

deckt ihre unbegründete *Abrisswut:* Die »Neue Sachlichkeit«
Kaufmanns, innen noch intakte Schönheit, Bausubstanz
Epoche-Rang: nicht schützenswert?
Zu welchem *Preis* Beflissenheit
– deutsche, *kunstmordende* – vor ausländischer Hochfinanz?

So macht sich SPD *identisch* mit NS-Kristallnacht-Geist!
Ob Senatorinnen, ob Schläger, biergelbbehemdet: Unterschied
– keiner? Schnuppe, *wessen* Partei auf Judenkunst scheißt?
Ja! Egal auch, *wie* sie motiviert ihr Theaterhass-Lied!

Und wie *hoch* Fugmann-Heesing die Bestandsgarantie
Berlins für sein Ku'damm-Theater verkauft: Regierende, Presse,
Parlamente *schweigen*. Halten, obgleich Berlin seit Hitler nie
Kultur derart *geschändet* – die Fresse.

Hält jemand es für möglich, zum Beispiel ich könne hier die Feststellung, Demokratie habe die Kunst vernichtet, Monarchien aber
sie geschaffen, an eine der »führenden«, so sagt man ja heute noch
hierzulande, Gazetten der BRD verkaufen? Der Hass aller Stadt-
verordneten auf die Musen – schon Bismarck klagte in Bezug auf
den Bau des Kurfürstendamms: »*Diesen herrlichen Corso den blöden
Berliner Behörden aufzuzwingen, war der härteste Kampf meines Lebens*« – steigerte sich seit *Beseitigung* der Monarchie zum Amoklauf.
Hauptausrede: Einsparung aller Kunst in und am Bau! Damit rückt
das Verbrechen der SPD, die Monarchie wegkrakeelt zu haben, ohne
zuvor das *Volk* zu befragen – wozu sie durchaus Gelegenheit gehabt
hätte, die Eidgenossen machen das ja schon seit 160 Jahren so –, ins
Zentrum meiner zeitwidrigen Überlegungen. Friedrich Ebert, dem
soeben zwei Söhne gefallen waren, schrie außer sich: »Philipp, das
hättest du nicht tun dürfen!« Der Anwalt *Scheide*mann aber – im
ganzen Grimm'schen Wörterbuch sonst kein so komisches Wort –
diktierte 1918 vor dem Reichstag: »*Die Monarchie ist abgeschafft!*«
Damit lieferte er Deutschland eigenmächtig der Parteiendiktatur
aus, und dies sogar ohne den entscheidenden englischen Vorbehalt:
Niemals eine Große Koalition, außer im Krieg! Nichts charakterisiert exakter die dümmliche Selbstzufriedenheit der SPD als die Tatsache, dass ihr *die Untat,* die Vernichtung tausendjähriger Tradition
ohne Volksbefragung, was ein Verbrechen war, das viel schlimmere
erst ermöglichte, seit 1918 nicht ein einziges Mal auch nur *frag-*

*würdig* wurde! Obgleich doch spätestens seit Hitlers Liquidierung des Weimar-Staates selbst der Dümmste begriffen haben sollte, dass jedes Volk besser lebt, wird es von zweien statt nur von einem regiert, also von Parlament *und* Monarchie!

Dass noch ein Monarch da war, bewährte sich speziell während des Zweiten Weltkrieges, z. B. in Italien oder Rumänien, als für diese Nationen existenzrettend. In Deutschland dagegen gab es niemanden mehr, der Herrn Hitler auf eine Tasse Tee zu sich befehlen konnte, was der italienische König mit dem Duce getan hat, um ihn nach 21 Jahren Diktatur abfahren zu lassen in ein entlegenes Berghotel wie einen Koffer. Und der junge König Michael ließ den Rumänen, der sich durch Hitler in den Russlandüberfall hatte mitzerren lassen, einfach totschießen. Und Japan blieb um seines Kaisers willen weitgehend verschont, als die Amerikaner dort die Kriegstreiber aufhängten. Wer etwa erlebt hat, wie 3 Milliarden Menschen vier Stunden lang der Hochzeit des künftigen Königs von England zuguckten, der weiß, warum Demokraten Monarchen hassen: weil keiner jemals einen gleichen Rückhalt im Volk hatte, eine auch nur annähernd so frenetische Beliebtheit. Nie wäre es zur Alleinherrschaft des Auschwitzers gekommen, vermutlich auch nicht zum Krieg, hätte ihn ein Berliner Monarch beizeiten noch abhalftern können! Schon des Braunauers Selbsternennung zum Chef der Armee nach dem Rausschmiss Blombergs wäre undenkbar gewesen in einer Monarchie, weil Soldaten stets dem Monarchen als Person, nicht aber einem so undefinierbar schwammigen Gebilde wie Reich oder Bund den Eid geleistet haben.

Nun zu dem Teil des Unheils, der fortwirkt durch Beseitigung der Fürsten, wobei ich einschränke: Da zu deren Schande 1918 keiner *geschossen* hat, haben sie ihre Throne nicht unschuldig verloren – wer seine Rechte nicht verteidigt, verliert sie eben. (Allerdings hatten die Romanows ihre Armee verloren, vernichtet durch die deutsch-österreichische, und die Soldaten Wilhelms des Letzten wurden in Frankreich verheizt.) Dass Kunst *nie* in der Parteien Gunst steht, ist drastisch-traurig erwiesen, seit unsere demokratischen Machtha-ber nicht einmal mehr diskutieren, da überhaupt nicht *merken,* dass sie die Kunst mit den Monarchien vernichtet haben – bedenkenlos kann man nicht sagen, da sie ja gar nicht bedachten, was sie getan haben –, sofort bei ihrer Machtergreifung, durch Entzug aller Mittel für Kunst am und im Bau. Das schafften sie auf Geheiß der Archi-tekten, deren einzige Leistung die Erfindung vom Klo ohne Fenster ist – eine Barbarei, wie in der Baugeschichte bis dahin nirgendwo vorgekommen! Das Einfühlungsvermögen unsrer sich für zeitgemäß haltenden Baukünstler – die ja selbst nicht in den von ihnen errich-teten »Wohnstätten« hausen, sondern in komfortablen Wohnun-gen aus der Kaiserzeit – reicht nicht so weit, sich vorzustellen, wie Gehäuse stinken, wo Eltern mit Kindern morgens zwischen 6 und 7 Uhr ins fensterlose Klo und Bad müssen.

## Schildbürger Scharoun

Die Schildbürger, als sie ihr Rathaus erbaut,
haben die Fenster nur *vergessen!*
Doch was ein »moderner« Architekt versaut,
geschieht mit Vorsatz – nennt's vermessen

»Stil«, baut er primatenhaft primitiv:
ohne Geruchsinn, ohne Luft, ohne Licht!
Seit Eva-Adam wird erstmals Mief
selbst in Massenklos *programmiert* – Verzicht

auf Fenster: niedrigste Form der Bau-Barbarei ...
Drauf dressiert, nehmen schon zwei Epochen das hin:
den »Fortschritt«-Wahn, *Kunst*luft sei
genug für Menschen *heute* ... Auch ohne Sinn

für Geld: Lüftungspreis bei Scharoun für *einen* Saal
bei nur 600 Plätzen: *neunhundert* Euro jede Nacht ...

Weil fensterlos wie dort Klos!... So tierisch brutal
muss bauen, wen Berlin zur Ikone macht.

Sind nicht Bau-»Meister« geistig gestört,
ebenso *das* tolerierende Zeitgenossen:
3000-Menschen-Gehäuse, wo man Symphonien hört
– doch selbst in Pausen natürlicher Luft verschlossen?

Gesicht ohne Augen – so anzuschauen,
rundum »zu« wie einst Massaihütten: Kunstluft pathogen!
Barbarisch: Lesesäle ohne Fenster zu bauen.
Lange, lange Hauswände, aus denen nicht ins Freie zu sehn.

Ehrenschildbürger Dr. h. c. mult. Professor Scharoun,
um zu sühnen, was sein Wahn schon Generationen
angetan, nur weil er selbst gegen Geruch immun,
müsste zwangsweise *selbst* ohne Klofenster wohnen!

Noch ruchloser: Der *Terror* der Architekten dank ihres Größen-
wahns, die »Schönheit« ihrer Fassaden – ausgerechnet seit 1950 –
spreche für sich selbst, hat die zwei ehrwürdigen Handwerke der
Bildhauer und Maler ausgehungert, weil nicht genehm als Aus-
schmücker von Wänden und Treppenhäusern. Dass Kunst dort
nichts mehr zu suchen habe, konnten die Erbauer den Politikern als
ihren Auftraggebern deshalb mühelos mit »zeitgemäßem Stil« begründen, weil deren viele, oft in der Wohnküche aufgewachsen, als
Kind nie auch nur einen Farbdruck gesehen haben. Im Gegensatz
zu jedem Kind in einem Schloss – das wird *(soll* aber auch) heute
hier mit Empörung gelesen werden, als »Klassenhass«, weil es leider
so wahr ist wie die Einsicht: Was uns nicht wehtut, muss man überhaupt nicht schreiben und lesen. Aber so ist das, will man's hören
oder nicht: Was einem nicht schon in Vorschuljahren eingefleischt
wird an Gefühlen – keineswegs auch an Verstand, der kommt erst
später –, wird einem auch als Erwachsener gar nicht mehr bewusst!

Von Schopenhauer belegt. So, dass Fassaden ohne Kunst nicht wert sind hinzugucken. Wer nicht seit früher Kindheit im Gefühl aufwächst, Kunst gehöre ebenso in den Haushalt einer Nation wie Straßen in eine Stadt, der ist lebenslänglich für dieses Thema verloren – es sei denn, er fällt noch beizeiten einer Frau in die Hände, die ihn aufklärt, ein Foto sei nicht schon ein Gemälde! *»Denn das Naturell der Frauen ist der Kunst so nah verwandt!«* (Faust) Wer könnte das von Männern sagen?

Während jeder Monarch oder auch nur der Fürstbischof von Würzburg (sein Bistum hatte damals nicht 10 % des Geldes, was diese Provinz heute hat) sich tot geschämt hätten, auch nur ein Dach, das sich nicht von andren Dächern unterschied, geschweige ein Treppenhaus ohne Reliefs oder Fresken zu schaffen – keineswegs allein, aber natürlich *auch* deshalb, um ihrer Epoche Dauer zu geben. Und Künstlern Brot. Es gibt heute keine mehr – aus Mangel an Einkommen, es sei denn, sie hätten sich dem Zeitgeist derart angeschmissen, dass sie eines Lehrstuhls für würdig befunden wurden. »Freie« können sich nur halten, tarnen sie sich als Zeichenlehrer an Gymnasien oder als Designer in der Industrie. Bildhauer Ulrich Klages, der 2011 das Elser-Denkmal in der Wilhelmstraße schuf, kann auf seiner Visitenkarte nicht Bildhauer drucken, sondern muss sich Designer nennen, weil sonst kein Bulle aus der Industrie ihm einen Auftrag gäbe: Im Hinblick auf Kunst ist unsre Oberschicht viel *gesindel*hafter als je zuvor in der deutschen Geschichte, wie sie reicher ist als früher.

Man gehe einmal ins Marlene-Dietrich-Museum am Potsdamer Platz und gucke in den Innenhof, so »ästhetisch« wie ein Drahtverhau! Auch auf diesem Platz: keine Plastik, kein Brunnen, kein Fresko. Hoffentlich sorgen dort bald die oft genialen Graffiti-Maler illegal für Kunst! Einer von denen, die den Platz mit verbrochen haben, pöbelte, man solle das Schlüter-Schloss nicht wiederaufbauen, eine Kita genüge dort. Natürlich hoffte dieser Vandale – nie haben Architekten deshalb gezögert, große Vorgängerbauten abzureißen –, dass ihm *selber* der Auftrag zufällt, das wüst-öde Vakuum zu bebauen, das dort bliebe, würde das Schloss der Hohenzollern – wenigstens die Schlüter-Fassaden – nicht wieder dort hingestellt. Derart amoralisch gegen geniale Vorgänger quatschen nur profillose Mitläufer unter den Architekten, weil sie im Schilde führen, dass doch eines Tages ihre Stunde schlägt, das von der SED dort Vernichtete – ein Verbrechen wie ihr Mauerbau – zu »ersetzen«. Als ob man Schlüter ersetzen könne! Wendet man ein, der Flughafen Tempelhof von 1931 und das Otto Bock Healthcare Haus von 2010 nahe dem Brandenburger Tor seien unverwechselbar originale Architektur, sicher der Kulturgeschichte zugehörig: Kunst am und im Bau wurde auch hier total »eingespart«, weil Architekten gegenüber Malern und Bildhauern die Gewissenlosigkeit in Person sind.

## Graffiti

Bundespolizei nimmt Sprayer an Bahnstrecke fest

*Moabit. Mit frischer Farbe an den Händen sind drei Graffiti-Sprayer an einer Bahnstrecke ertappt worden. Bundespolizei nahmen die 22 bis 24 Jahre alten Touristen am Donnerstagabend zwischen Beusselstraße und Westhafen fest, wo sie zuvor einen Müllcontainer beschmiert hatten. Außerdem fanden die Ermittler Beweise wie Sprayflaschen sowie einen als Taschenlampe getarnten Elektroschocker.«*

»Die Welt«, 17. November 2012

»Polizei-Hubschrauber halten graue Mauern sauber.«
Diese Wochenmeldung wieder in jeder Zeitung.
50 Jahre nun, seit die BRD-Demokratie

anfing, die Gegenwartskünste zu vernichten:
»Verschwendet«, viel reicher als je die Monarchie,
kein Geld mehr für Kunst am und im Bau!

Doch retten Begabte im Volk, die nicht verzichten
auf *Schönheit,* vor unserm Architektur-Supergau
tote Fassaden: »ahndet« die BRD das wie Gefängnis-Straftaten.

Gibt es noch *einen* Berliner, der sich dankbar erinnert, dass immerhin drei Kaiser die *Akropolis des Nordens* geschaffen haben, die Museumsinsel? Bismarck nutzte das erste Geld, das Frankreich für den
1871 angezettelten Krieg an das vereinte Deutschland zu zahlen hatte, um die Nationalgalerie zu erbauen. Und allein in seinem 25. Re-
gierungsjahr – dann kam 1914 der Krieg – hat Wilhelm der Letzte
die Staatsbibliothek Unter den Linden, die Akademien für Musik
und Bildende Kunst in der Hardenbergstraße sowie den Märchen-
park in Friedrichshain finanziert, um nur vier Berliner Kunststätten
zu nennen. Die Könige von Bayern, Sachsen und Württemberg oder
der Großherzog von Darmstadt regten ebenfalls viele Künstler an
und *bezahlten* sie, die Monarchen gaben allein in *einer* Generation
mehr Geld für *lebende* Künstler aus als alle Demokraten in ihrer nie

■ *Graffiti in Berlin*

durch Selbstkritik gestörten Herrschaft seit 1918! Und umso reicher diese sich als »Volksvertreter« Aufspielenden waren, umso bedürfnisloser nach Kunst. *Heutige* Regenten verwöhnen mit beispiellos hohen Subventionen oder Gehältern Interpreten, Opern und Theater oder die Kunstprofessoren. Was aber haben sie übrig für Künstler? Oder gar für Newcomer und Uraufführungen? Es war stets das Merkmal unproduktiver Spätzeiten, aus Mangel an einem (oder aus Vorsicht *vor* einem!) Beethoven einen Karajan für ihn zu halten! Kann man sich doch mit *dem* niemals bloßstellen.

Wurde Demokratie je von der Frage angekränkelt, warum sie in ihrer Wirksamkeit, Hitlerjahre abgezogen, immerhin nun bald einhundert Jahre lang bei ausuferndem Wohlstand *niemals* Ähnliches schuf wie Monarchien? Wenn man einig ist, dass Franklin Roosevelt, viermal gewählt, der bedeutendste und reichste Demokrat der Geschichte war, weil er, so Churchill, mit seinem New Deal den Amerikanern bei 12 Millionen Arbeitslosen die Revolution erspart hat, indem er bis 1942 fast allen Arbeit beschaffte, so muss hier doch die Frage gestellt werden: Hat Roosevelt ein einziges Gebäude angeregt, an dem Kunst ist? *Eine* Galerie initiiert? Einen Künstler gegen den amerikanischen Consensus populorum durchgesetzt? Deutschland immerhin hatte *einen* Demokraten, der durchaus vergleichbar ist mit Perikles: Konrad Adenauer. Vielleicht weil er so alt war, noch zu Kaiserzeiten Oberbürgermeister in Köln, hat er sofort nach Gründung der damals sehr armen BRD auf den Trümmern, die Hitler hinterließ, ein Gesetz erzwungen: 1 % öffentlicher Bausummen *muss* ausgegeben werden für Kunst am Bau! Doch die heute Haftbaren gucken diese Verordnung nicht einmal mit dem Arsch an – so als habe irgendein »roter Hund« sie der CDU aufgenötigt! (Oder umgehen sie, indem jede Bank ein paar Bilder kauft, was mit der Pflege des Stadtbildes wie Perikles und Adenauer es im Sinne hatten, gar nichts zu tun hat.) Katja Mann sagte mir nach ihrer Begegnung mit Willy Brandt: »So sympathisch wie klug – doch ohne das geringste Interesse an Kunst.« So, buchstäblich, verkörperte Brandt ebenso die Demokratie, wie das ungern gehört wird.

Das uralte Sprichwort, wie die Alten sungen, so zwitschern auch die Jungen, bezeichnete exakt immer dann auch die Beziehung Herrscher-Untertanen, wenn sie *beeindruckt* aufschauten zu denen im Schloss, z. B. der Berliner Maurermeister Riehmer, der ab 1881 den nach ihm benannten Hofgarten in Schöneberg erbaute. Jedes seiner Wohnhäuser ein Kunstwerk! Man kaufe die zwei Bilderbücher, Produkte der Nostalgie, »Kaiserliches Berlin« von Barth und »Berlin, Weltkulturerbe« von Hoff. Die schönsten Wohnungen und Häuser Deutschlands, von Bürgern und »Untertanen« erbaut, aber noch von meinen Jahrgängern in der Jugend, also der Urenkelgeneration, mit blödsinniger Arroganz als »Wilhelminisches Barock« verhöhnt. Maurermeister Riehmer wäre nie auf die Idee gekommen, Theater abzureißen, wie die von Reinhardt 1921 persönlich finanzierten am Ku'damm. Behörden darf man in diesem Zusammenhang nicht anklagen, weil sie »*mit der strengen Würde der Beschränktheit*«, wie Thomas Mann sie »Kinds-Anna« nachsagt, Katjas Kinderfrau, umso weniger ahnen, was sie tun, je mehr Geld sie dafür ausgeben können.

Die Berliner guckten sogar ewig lange einem Bausenator zu, der Hausbesitzern *Prämien* zahlte, wenn sie alle Kunst am Bau abschlugen. Ziemlich glaubhaft wird versichert, Familienranküne sei das Urmotiv dieses Proleten Rolf Schwedler gewesen, weil er es zeitlebens nur zum SPD-Karrieristen gebracht hatte, wohingegen sein Großvater als Architekt wesentliche Teile des Ku'damms erbaut hat, so wie sein Vater bedeutende Jugendstilhäuser. »Behörden« haben in Westberlin *nachzählbar* wesentlich mehr Kunst am Bau vernichtet als die britischen Bomber. Nicht ganz so heftig, weil weniger Geld da war, auch in Ostberlin.

Gottfried Benn resümiert 1951, u. a. im Hinblick auf die vielen Juden, die im kaiserlichen Deutschland auf Lehrstühlen saßen – und Benn überliefert auch die Namen dieser meist Epoche machenden Wissenschaftler, ohne die seine persönliche Entwicklung nicht denkbar gewesen sei –: »*Der Glanz des Kaiserreichs, sein innerer und äußerer Reichtum!*« Der aber ist untrennbar verbunden mit Bismarcks im Rückblick bedeutendster Leistung: Er lehnte zeitlebens ab, musische Tätigkeiten zu besteuern. Der »Beitrag« der Berliner Demokraten zur Museumsinsel beschränkt sich auf die Tatsache, der herrlichen Rotunde dort, Tempel der Kunst des 20. Jahrhunderts, von Wilhelm dem Letzten im Andenken an seinen Vater »Kaiser-Friedrich-Museum« benannt – diesen Namen *geklaut* zu haben: Sie tauften das schöne Haus um in »Bode-Museum« (Bode war dort lange Chef-Apparatschik).

Zum Glanz des Kaiserreichs gehörte natürlich auch *Schönheit* – der seit Hitlers Krieg einstimmig verpönteste Begriff in der Architektur, ja bei allen Künsten, außer bei Modeschöpfern und Autodesignern. Dieser Widerwille gegen alles Schöne, wenn nicht die Natur es schuf, wird sich »natürlich« binnen weniger Jahre von selbst überleben, wie das momentan den Gegenstandslosen zustößt. Die wurden ja mindestens 40 Jahre lang von Museumsbeamten nicht nur für Künstler gehalten, sondern – dies allerdings nur unter Deutschen – für die Einzigen, die noch ausstellungswürdig sind. Jede Epoche ist wie jeder Einzelne vorübergehend *anders* albern. 28 (!) Gegenstandslose verließen laut Türen schlagend die Westberliner Akademie ob der Zumutung, anlässlich der Beseitigung der DDR künftig mit Ostberliner Akademiemitgliedern am gleichen Tisch sitzen zu sollen, welche es nicht verwerflich fanden, auch Gegenständliches auf Bildern und Plastiken zuzulassen – was keiner sich hatte erlauben dürfen, der in der ach so liberalen BRD in eine Akademie hatte gewählt werden wollen. Gegenwärtig, doch zweifellos nicht vorübergehend, sondern zunehmend in dem Maß, in dem Demokratie die Musen liquidiert, sind *Einschaltquoten* zum Maß aller Dinge geworden, besonders gegen die Künste gerichtet. Kennt ein einziger Untertan auch nur die Namen der Chefs von ARD und ZDF und die Dauer ihrer Amtszeit? Weiß wer, durch wen diese Einflussreichsten der BRD zu ihren – und wie hoch belohnten! – Jobs kamen? Demokratie ist – ebenso wie Veröffentlichen – auch Verschweigen.

Um der Problematik ohne Ende hier endlich ein Ende zu machen: Fiel Demokraten jemals auf, dass sie da, wo sie starten und landen, dass sie niemals auf einem Flughafen ein *Bild* aufgehängt haben? Der totale Sieg der Demokratie über die Künste – »einfach so« angeordnet! Denn Hannah Arendt hat recht: *»Die heutige Diktatur ist die Bürokratie.«* Gab es doch noch nie maßlosere weiße Wände als gerade auf Flughäfen! Warum wurden in keinem einzigen Fall Maler und Bildhauer ernährt, indem man Flächen neben Rolltreppen und in Wartehallen zur Verfügung stellte? Die Antwort ist so lähmend wie provokativ: Weil noch nie ein Demokrat Karriere gemacht hat – außer Konrad Adenauer und Perikles –, der irgendwo Kunst vermisste! Während es nie einen Fürsten gab, der nicht schon als Kind gute Bilder und Plastiken sah, Musik von Rang hörte. Diesen Zusammenhang, schon erwähnt, will deshalb keiner wahrhaben, weil er das Nichtverhalten der Demokratie zu den Künsten so *ekelhaft* charakterisiert, wie es ist! Wenn man vermuten darf, die Zürcher Bahnhofstraße sei – neben Wallstreet – seit 180 Jahren die reichste der Welt: Ist jemandem in beiden Straßen Kunst am Bau aufgefallen? Doch die Nemesis, die Rachegöttin, bleibt wach: Von allen Politikern, deren Ära nicht auch mit *Künsten* verbunden ist – wenn sie nicht wie Churchill oder Stalin durch Kriege unsterblich wurden –, kam auf die Nachwelt nie mehr als das bisschen Mundgeruch unseres Nebenmenschen in der Straßenbahn.

## Völker *sind,* wie ihre Häuptlinge *bauen!*

»Kein Augenmaß«, so Bismarck über Wilhelm den Letzten, charakterisiert auch die Spaß-BRD, seit die Ostdeutschland okkupiert hat: sattblöder Größenwahn!

Denn ein Volk *ist,* wie seine Häuptlinge *bauen*:
Kohls Kanzleramt, im Volksmund: »Waschmaschine«
– dumm reimt auf Imperium – 15-mal breiter als

Downingstreet 10! Löbe-Lüders Häuser länger als
daneben der Reichstag, doppelt so hoch wie's
Brandenburger Tor. Wittern jede Chance,

Kunst zu unterdrücken, bauen schon ihren Bonzen-Gral
*gesetzwidrig*: ohne verordnete Mindestsummen für Kunst!
Jedes Mammut-Parteischloss ohne Relief, Ornament, Profil.

»Gestaltet« wie Pissoirwände, die Fassaden. Keine Ära liquidierte
das ehrwürdig-älteste Handwerk brutaler: *Verrecke* doch, schafft
jemand nicht *gegenstandslos*, sondern Porträts, Denkmale!

Banale Banausen: ihr großes Auto – einziges Aphrodisiakum.
40-mal mehr BMW- und MERCEDES-Schlachtschiffe als im
Marstall des nicht übergeschnappten Kaiserreichs Pferde!

Keiner spricht dagegen, gemäß Hegels *Drohung:*
Das Bekannte, *weil* bekannt – ist *deshalb* nicht erkannt ...
Fahren die sechs Bundesräte der Schweiz stets mit der Tram

ins Parlament, ohne Begleitschutz – hier kein Minister
ohne sieben Bullen in *drei* Panzerautos: Nation der Hysteriker,
*deshalb* Ursprungsort der Weltkriege; schraubt jetzt in der

Wilhelmstraße alle Briefkästen ab: Könnte doch gegen VIPs
im Adlon, der Britischen Botschaft, dem Finanzministerium
eine Bombe dort versteckt sein! Und wie das Schaf den Hund

nicht mehr sieht – so das Volk keine Politik:
       Am 1. Mai im Fernsehn
nicht Demonstranten gegen ihre
       progredient-gesetzliche *Verarmung*
– sondern aus EU-Metropolen-*Entertainment!*

# Aktien steigen, wenn Arbeitnehmer fallen

## Genesis eines Gedichts

> »*Deutsche Bank:... mit dem bereits eingeleiteten Abbau*
> *von mehr als 9000 Stellen – das sind gut zehn Prozent*
> *der Belegschaft – hat der Konzern begonnen.*«
>
> FAZ am 1. Februar 2002

> »*... der große Dichter ist ein großer Realist,*
> *sehr nahe allen Wirklichkeiten – er belädt sich*
> *mit Wirklichkeiten, er ist sehr irdisch...*
> *Er wird das Esoterische und Seraphische ungeheuer vorsichtig*
> *auf harte realistische Unterlagen verteilen.*«
>
> Gottfried Benn: Probleme der Lyrik

Als ich Weihnachten 2001 in Basel meinem dort geborenen Enkelkind ein Sparbüchlein beim Bankhaus Sarasin einrichten wollte, wurde ich belehrt, nur wer mindestens 50 000 Schweizer Franken einzahle, dürfe hier noch ein Konto eröffnen. Mit kleinen Leuten, die das wie ich nicht können, wollte die Bank keine Zeit mehr vertun – gemäß dem Motto: »Nur ein Schweinehund lebt von seinen Zinsen, ein anständiger Mensch von Zinseszinsen.« Vor vierzig Jahren hatte die Bank meine bescheidene Anzahlung zur Kontoeröffnung noch keineswegs abgelehnt.

Schulterzuckend nahm ich die Abweisung zur Kenntnis, doch kaum hatte ich Grenze überquert, rannte ich vor der Deutschen Bank in Grenzach an ein Drahtgitter: Für immer geschlossen! Denn die

Deutsche Bank »sparte« überall Filialen »ein« – ausgerechnet nach ihrem Rekordgewinnjahr seit ihrer und der Reichsgründung 1871, also vor hundertdreißig Jahren. Nie zuvor hat sie binnen eines Jahres *neunkommavier* Milliarden *Rein*gewinn gemacht, nach Abzug sämtlicher Kosten (ich gebe hier den Gewinn in Buchstaben statt in Zahlen an, weil man ihn sonst für einen Druckfehler halten müsste). Und ausgerechnet jetzt begeht sie dieses Verbrechen der Felonie und setzt mehr als 10 % ihrer Mitarbeiter auf die Straße, was selbst die »Frankfurter Allgemeine«, keine ausgesprochen kommunistische Zeitung, am 1. Februar 2002 hervorhebt.

*Felonie:* So hieß im Mittelalter die allgemein verachtete und schwer bestrafte »Untreue des Herrn gegenüber seinem Knecht« und vice versa. Bismarck holte den schon fast gänzlich vergessenen Begriff wieder hervor, weil seit Ausbruch des Industriezeitalters Felonie, der Hinauswurf altgedienter Mitarbeiter durch Großfirmen, gang und gäbe geworden war. Doch griff der Kanzler das Wort auch deshalb wieder auf, um seine eigene Entlassung, zehn Tage vor seinem 75. Geburtstag, durch den jünglingsforschen Kaiser als gemeines Unrecht zu brandmarken. *»Schier ungeheuerlich«* nannte dies auch Bundespräsident Heuß in seinem Essay über Bismarcks Memoiren »Gedanken und Erinnerungen«. Bismarck habe die Felonie einem Zeitalter in Erinnerung gerufen, das die Untreue gegenüber dem Angestellten zu häufig und brutal praktizierte. Heuß, als er dies 1950 schrieb, konnte nicht ahnen, dass ein halbes Jahrhundert später Felonie, nunmehr als »Rationalisierung« beschönigt, zur Epidemie in allen größeren Firmen, speziell den Banken, zum Schreckgespenst des McKinsey-Zeitalters ausarten würde...

Später sehe ich dann in »Monitor« einen Bericht über die Raffgier, ja Infamie unserer Großbanken gegenüber Kunden, Mitarbeitern und dem Staat, dem sie amoralisch alle soziale Last aufbuckeln. In der gleichen Woche schreibt der »Spiegel« über »Kopfprämien« bei der Bahn, die es ebenso macht wie die Banken. Ein Gedicht entsteht.

# Aktien steigen, wenn Arbeitnehmer fallen

> *»Deutsche Bank: Pro Kopf verdienten die Konzernherren 1997*
> *durchschnittlich 2,4 Millionen Mark im Jahr. Innerhalb von*
> *drei Jahren versechsfachten sie ihre Bezüge auf heute sage*
> *und schreibe 15,5 Millionen Mark pro Vorstandsmitglied.«*
>
> »Monitor« am 8. November 2001

> *»Kopfprämien für Deutsche Bahn-Manager,*
> *die besonders viele Stellen abbauen.«*
>
> »Spiegel« am 12. November 2001

2001: Drei Großbanken schließen 970 Filialen,
da der *Staat* zahlt, die »abgewickelt« stempeln gehen.
Deutsche Bank, ausgerechnet beim triumphalen
Rekordgewinn im 130. Jahr seit Bestehen:

9,4 Milliarden Reingewinn in *einem* Jahr! –
schloss alle Filialen mit weniger als acht Angestellten.
Aussaniert, freigestellt, Outsourcing: Vokabular
von Sadisten, die dank »Rechts«-Anwälten

treue Mitarbeiter wegschmeißen – für Geldautomaten:
Felonie! Vorstandsdrohnen: Jahresgehalt 15,5 Millionen,
dürfen alle Soziallast dem Staat aufladen;
trotz regierender SPD ihre Shareholders schonen.

Die SPD stützt, was die nebbichem »Personal« zufügen,
stellt *sie* steuerlich von jedem Gemeinsinn frei.
Da Genossen längst das Volk mit dem S betrügen,
braucht Europa eine *revolutionäre* Partei!

Kaum habe ich das letzte Wort getippt, erschrecke ich in der Einsicht: Keine Zeitung wird das Gedicht drucken! Denn wovon, wenn nicht von Inseraten leben sie, unsere Gazetten! Und wer Inserate aufgibt, der will's gewiss nicht im selben Blatt tun, in dem einer die Revolution fordert. Hoffnung immerhin bleibt, dass es der »Spiegel« veröffentlichen wird, so wie andere politische Zeilen von mir. Allerdings erschien sogar dort ein geradezu tränentreibender Artikel, auf buntem Papier besonders herausgestellt, ganz vorn, über die Kursverluste der Wertpapiere deutscher Großbanken seit am 11. September, an dem die zwei Türme des New Yorker World Trade Centers – nie gab es ruchlosere Amokflieger – vernichtet wurden. Als ich den stellvertretenden Chefredakteur Joachim Preuß dann aber bitte, diesen Beileidsbekundungen mein Gedicht entgegenstellen zu dürfen, reagiert er, der vor einem halben Jahr mein Gedicht »Deutschland ohne Linkspartei« sofort in Satz gegeben hatte, ungewöhnlich gereizt.

Ich war ja auch so töricht gewesen, mich vor meinem Anruf nicht zu informieren, *wer* im »Spiegel« den Banken so mitleidzerrissen kondoliert hatte. Jedenfalls verweist mich Herr Preuß barsch und kalt darauf, man habe erst vor einem Vierteljahr die kriminell ausgearteten Einkommen führender Bankiers kritisiert. Ich sage, mein Gedicht richte sich aber gegen den Hinauswurf verdienter Mitarbeiter nicht nur in den Banken. Die McKinsey-Seuche bedrücke beinahe alle Angestellten in westeuropäischen und amerikanischen Großbetrieben. Seit etwa fünf Jahren kauften Firmen, die so erfolgreich gewirtschaftet hatten, dass sie sich das leisten konnten, diese amerikanischen Jobkiller oder einen ihrer zahllosen europäischen Ableger, um sich belehren zu lassen, welche ihrer Angestellten sie als angeblich überflüssig »liquidieren« sollen. Rekordgewinnjahre, das heißt Steigerung von Bossbezügen, bei Mercedes zum Beispiel um das Sechsfache auf jetzt fünfzehneinhalb Millionen pro Kopf und pro Jahr, wie durch »Monitor« belegt. Gleichzeitig aber Verfütterung Hunderttausender an die täglich gefräßigere Arbeitslosigkeit. Sei *das* kein »Spiegel«-Thema, frage ich. Darauf Herr Preuß: »Also meinetwegen, drucken wir's, aber höchstens als Leserbrief.« Ich: »Warum nicht, da fällt's wenigstens auf, sonst geht ein Gedicht in eurem dicken Heft eh unter!«

Natürlich erbitte ich einen Korrekturabzug, denn Gedichte ohne Satzfehler, das kommt nach meiner Erfahrung nicht vor. Als er ausbleibt, rufe ich in der Leserbrief-Redaktion an, wo man mir sagt: »Das Gedicht war zwar schon gesetzt, doch hat Herr Preuß jetzt verboten, dass es gedruckt wird.« Ich verweise auf seine Zusage, und endlich glückt's, den Mann noch einmal ans Telefon zu bekommen: »Nein, wir drucken das nicht, wir wollen hier keine Revolution.« Ich danke, dass er immerhin meinen nur sechzehn Zeilen eine solche Wirkung zutraut – und hänge ein. Undenkbar wäre so etwas gewesen, solange Augstein noch in der Redaktion mitregiert hat! So schreibe ich unter das Gedicht: »*Mit Dank an Rudolf Augstein, der vor 55 Jahren den ›Spiegel‹ gegründet hat, 23-jährig*« – was ja in der Tat eine der bleibenden geistigen Leistungen der Nachkriegszeit war. Unfassbar, vor allem wenn man sich erinnert, was man selber mit dreiundzwanzig noch für ein unreifes Häufchen Unglück gewesen ist! Ich rufe die persönliche Assistentin von Augstein Irma Nelles an, bitte sie, ihm das Gedicht vorzulesen – Augstein ist fast blind – und ihn zu fragen, ob er die Widmung annimmt. Er lässt mir sofort sagen, er sei hocherfreut...

Da ich mit Alten, meist sogar Konservativen stets mehr Autorenglück hatte als mit Jungen – auch als Autoren imponieren sie mir oft stärker als jüngere –, erinnere ich mich fast revolutionärer Bücher der über 90-jährigen Gräfin Dönhoff und Altbundeskanzlers Helmut Schmidt, soeben dreiundachtzig, und spreche sie, die einzigen Senioren der Republik, die auch noch als Herausgeber einer Wochenzeitung amtieren, im folgenden Brief (gekürzt) an:

Liebe Gräfin Dönhoff, lieber Herr Altbundeskanzler!

Sie als Autoren von »Zivilisiert den Kapitalismus« und »Auf der Suche nach einer öffentlichen Moral« bitte ich – mit herzlichem Gruß auch an Herausgeber Naumann –, mein Gedicht »Aktien steigen, wenn Arbeitnehmer fallen« zu veröffentlichen. Ich kann das nicht mehr gut im »Spiegel« tun, der meine letzten drei politischen Gedichte veröffentlicht hat, »Auschwitz«, »Kohlosseum« und »Deutschland ohne Linkspartei«, denn ich widme dieses vierte nun Rudolf Augstein. Natürlich habe ich ihn gefragt, ob er sich durch die Widmung nicht »bloßgestellt« fühle. Er hat im Gegenteil sich sehr gefreut. ... Was als Motto darübergesetzt ist, steht auch schon in Ihren zwei aufregenden Büchern, so in den Kapiteln *»Erst kommt das Geld, dann die Moral«* und *»Die zwiespältige Rolle der Managerklasse«*, deren Kritik an unserer Gesellschaft umso einschneidender ist, als sie ja aus eher konservativen Wertvorstellungen vorgetragen wird. Die total *unglaubliche* Mottozeile aus »Monitor« habe auch ich, als ich sie mitschrieb, nicht geglaubt, bis sie mir von den drei Monitor-Redakteuren Jo Angerer, Klaus Bednarz und Kim Otto bestätigt wurde.

Noch eine Bitte: Geben Sie das Gedicht nicht Ihrem Feuilleton, von dem es bereits hohnlachend weggeschmissen wurde. Ich schickte mein Gedicht Jens Jessen, der aber schon, bevor er's hatte, mir sagen musste: Für Gedichte sei nicht *er* zuständig – ich hätte ihm sofort sagen müssen: Für *dieses* das Feuilleton überhaupt nicht, sondern die Wirtschaft, die Politik. (Ich würde mich schämen, nur für solche Leser zu schreiben, die allein das Feuilleton konsumieren!)

Immerhin gab es Zeiten in der »Zeit«, da auch ein genuin *politischer* Text dort im Feuilleton untergebracht werden konnte – so ein Vorabdruck aus meinem Roman »Eine Liebe in Deutschland«, das dann zum Filbinger-Prozess führte, weil der Stuttgarter den Herausgeber Bucerius und Hochhuth gemeinsam angezeigt hat: Der ehemalige Bundesrichter Gebhard Müller hatte ihm diese »Zeit«-Seite zugesandt und mit Rotstift draufgeschrieben: »Den müssen Sie anzeigen!« Denn Herr Filbinger hatte natürlich das Feuilleton nicht gelesen.

Dank und herzlichen Gruß
Ihr Ihnen sehr ergebener
Rolf Hochhuth

P. S.: ... Es wurde Zeit, dass Sie in Ihren beiden Büchern auf die »Suche nach einer öffentlichen Moral« gingen!

Während sich Marion Gräfin Dönhoff in einem Antwortschreiben für den Abdruck meines Gedichtes aussprach und davon ausging, dass Helmut Schmidt derselben Ansicht sei, untersagte Michael Naumann, der als Kulturminister Kanzler Schröders und ehemaliger Rowohlt-Chef Herausgeber der »Zeit« wurde, wenige Tage später den Druck. In einem Brief legte er mir seine Gründe dar – da er mir im Zuge des nun folgenden Disputs verbot, seine Korrespondenz zu veröffentlichen, dies nur in aller Kürze.

Meine Antwort (Auszug):

Lieber Herr Dr. Naumann,

Sie kennen mich 25 Jahre, Sie wissen, ich war nie Marxist, sondern wählte wie mein Vaterhaus seit Kriegsende FDP, so lange bis Herr Scheel Willy Brandt zum Kanzler gemacht hatte. Was aber jetzt Sie bei Unterdrückung meines Gedichts sich als »Begründung« leisten – das ist geradezu *der* Werbetext für den Kapitalismus als Kannibalismus in seiner heute darwinistisch-menschenmörderischen Entartung, die Gräfin

Dönhoff und Helmut Schmidt in ihren Büchern so eindrucksvoll brandmarkten. Ihr Einwand, »Aktien steigen...« sei kein Gedicht, sondern ein Wirtschaftskommentar: Warum darf ein Gedicht kein Wirtschaftskommentar sein? Sollen wir noch reimen wie George, in dessen *Gesamt*-Werk keine einzige Vokabel vorkommt – keine einzige! –, die je »beschmutzt« gewesen wäre durch die Tatsache, erst im 20. Jahrhundert kreiert worden zu sein?

Sie sprechen einem Gedicht ab, eins zu sein – aus genau dem »Grund«, aus dem die Vizepräsidentin der Akademie, die große Huch, die Zuwahl Benns verhindern wollte, noch 1931 – als Benns »Gesammelte Gedichte« schon vier Jahre vorlagen: *»den Gottfr. Benn finde ich unmöglich. Es giebt viel Ekelhaftes im Leben; aber man ist nicht deshalb ein Dichter, weil man viele Ekelhaftigkeiten aneinanderreiht; es ist auch wahr, daß unsere Sprache abgegriffen ist, aber man wird dieser Hemmung nicht dadurch Herr, daß man lauter ungewöhnliche, abseitige u. auffallende Wörter gebraucht. Ich würde es sehr beklagenswert finden, wenn dieser Schriftsteller Mitglied einer Akademie würde.«*

Die als Erzählerin klassische wollte nicht wahrhaben, dass sich stets zuerst in neuen *Gedichten* Platons Beobachtung und Gesetz vollstrecken: Die musischen Ordnungen ändern sich (und *müssen* sich ändern!) mit den staatlichen. Wenn Napoleon deshalb Goethe vorhielt, *heute* sei die Politik das Schicksal – gegenwärtig ist das Schicksal für den kleinen Jedermann die Wirtschaft! Und sollte kein Gegenstand für Lyrik sein? Im Gegenteil: Bei vier Millionen Arbeitslosen dank der in Ihrem Brief angebeteten Marktwirtschaft gibt es kein bedrängenderes Thema *gerade* auch für die Dichtung als die Wirtschaft, sprich die Misswirtschaft. Denn zum ersten Mal in der Weltgeschichte ist nicht mehr *genug* Arbeit für alle da – dank der betriebsinternen Rationalisierungen, die Bilanzen verbessern. Demnach: Ebenso wie ab 1900 für den Medizinstudenten Benn die Wissenschaft, speziell seine Medizin und ihr zugegeben ekelhaftes Vokabular das Zentrum seiner Gedichte wurde, wurde das notwendigerweise heute die Wirtschaft! Gestern sagte die »Tagesschau«, der Aufkauf der »Münchner Allianzversicherung« durch die Dresdner Bank (oder umgekehrt) mache 7800 Bankerfamilien arbeitslos – schönes Weihnachtsgeschenk für die Betroffenen. Wenn diese Entrechteten kein Gedicht wert sind, dann ist überhaupt kein heute geschriebenes mehr wert, gedruckt zu werden.

*Sie* kümmert das nicht, Naumann, wie Ihr Kommentar zu meinem Gedicht belegt – der auch belegt, dass Marx unsterblich bleibt, weil er als Erster aussprach: Unser Sein bestimmt unser Bewusstsein. Finden Sie im Ernst, nur weil Sie immer obenauf waren, Dichter seien noch lesbar, die Katastrophen am Arbeitsplatz *ausschließen* vom Feld ihres Gestaltungswillens? Nein. Ebenso wie vor achtzig Jahren Benn sich mühte, erstmals das Rotwelsch der Medizin deutscher Lyrik zu integrieren – ebenso müssen *heute* wir den Sperrmüll, die grausigen Wörter der Banker, ins Gedicht einbringen – übrigens auch artistisch nicht leicht. Ich habe auch lieber meine erotischen Gedichte geschrieben – wer nicht! Würde mich aber schämen und neue Gedichte überhaupt für überflüssig halten, würden die vorbeigehen an einer für Underdogs so schicksalhaften Weihnachtsbescherung wie die aus der gestrigen Tagesschau. Ein liberaler Zeitungsmann, Dr. Klaus Podak, hat in der »Süddeutschen« im März mir eine ganze Seite gegeben, den Nachweis mit hundert Beispielen zu untermauern, dass *allein* neue Wörter, die bisher in der Lyrik nicht »zugelassen« waren, Gedichte erneuern können; *nicht* die Form, die ja – wie alt ist das Sonett! – seit Jahrhunderten die gleiche geblieben ist und bleiben wird...

Dass Ihre epigonenzahme Auffassung von Lyrik geteilt wird von Ihren »Zeit«-Feuilletonisten, außer von Jens Jessen, und dass diese Diktatoren über die Schöngeister das einst unter Raddatz aufregendste Feuilleton der Republik zum langweiligsten erniedrigt haben, bedingen einander. Sollten Sie *ein* Gran Selbstironie aufbringen und die »Zeit« noch immer *die* Toleranz, die sie so bedeutend gemacht hat, so handeln Sie nach dem Urwort der geistigen Freiheit, das – um beider Verschiedenheit willen – Gerhart Hauptmann zu Thomas Mann sagte, als er ihm bibelgemäß in einer Silvesternacht zuprostete, wie jetzt ich Ihnen zum Neuen Jahr: »*In unsres Vaters Hause sind viele Wohnungen!*« Und genehmigen Sie unseren Briefen, auch meinem an Gräfin Dönhoff und Helmut Schmidt, samt dem Gedicht eine Seite zum Abdruck in Ihrer »Zeit«! Denn Ihre *Leser* sollten doch entscheiden, ob ich tatsächlich den Herausgebern einen Wirtschaftskommentar – ich bin stolz, dass Sie meinem Gedicht diese Nützlichkeit zusprechen; es hat sie nicht *jedes* Gedicht – angeboten habe, wann hätte Ihre »Zeit« je wie mein Gedicht für »Europa eine *revolutionäre* Partei« gefordert?

Naumann, versteht sich, hatte das Gran Selbstironie *nicht*, die Leser der »Zeit« entscheiden zu lassen, ob sie einen Sinn in dem Text sehen. Stattdessen drohte er mit einem Gerichtsverfahren, wenn ich aus seinem Brief zitiere. Toni Meissner von der Münchner »Abendzeitung« hatte das am 29./30. Dezember getan, als ich ihm vom Hinauswurf des Gedichtes vonseiten der »Zeit«-Redaktion erzählt und Naumanns Brief zugesandt hatte. Unter der Überschrift »Kapitalismus = Kannibalismus« hängte er neben dem Meisterwerk von George Grosz aus dem Jahre 1926, »Sonnenfinsternis« – farbig, eine Viertelseite groß reproduziert –, meinen Kummer wegen der Unterdrückung des Gedichtes publizistisch an die ganz große Glocke (siehe rechte Seite). In der Folge nahm sich auch die Fernsehredaktion von »Titel, Thesen, Temperamente« der Sache an.

Ich bin Dr. Meissner dankbar, auch der »Abendzeitung«, dass sie nicht – wie's üblicherweise in unserer leisetreterischen Gesellschaft geschieht – ein Fragezeichen hinter die Titelzeile stellten, um sich von meiner »Gleichung« Kapitalismus = Kannibalismus zu distanzieren – als hätte allein Rolf Hochhuth das gesagt –, sondern dass Autor und Redaktion selber die zwei parallelen Striche, die »gleich« bedeuten, in die Überschrift gesetzt haben. Denn diese Rauswerfersucht, die heute die McKinsey-gesteuerte Weltwirtschaft betrifft, *ist* die Gleichsetzung von Kapitalismus und Kannibalismus.

Kann man einen wirtschaftspolitischen Skandal in Form eines gereimten Gedichts abhandeln? Ja, meint Rolf Hochhuth. Und tut es. Nein, sagt Michael Naumann, der das Erscheinen des Gedichts in der „Zeit" verhindert hat, weil er meint, dieses Gedicht sei „ein wirtschaftspolitischer Kommentar". Aber mal schön der Reihe nach.

Der unermüdliche Jäger nach dem verlorenen Schatz der Humanität und Moralität, Rolf Hochhuth, prangerte kurz vor Weihnachten die Erhöhung der Vorstands-Gehälter der Deutschen Bank an. In einem Gedicht von 16 Zeilen mit dem Titel „Aktien steigen, wenn Arbeitnehmer fallen" empört er sich, dass drei Großbanken 970 (!) Filialen schließen, womit einige tausend Angestellte einfach „weggeschmissen" würden.

Der Gipfel der fatalen „Weihnachtsüberraschung" für 7800 Angestellte ist jedoch die skandalöse Tatsache, dass sich die acht Vorstandsmitglieder der Deutschen Bank ihr Jahresgehalt just zu dem Zeitpunkt um das Sechsfache (auf je 15.5 Millionen Mark) erhöht haben, da das Geldinstitut im 130. Jahr seines Bestehens einen „triumphalen Reingewinn" von 9.4 Milliarden erzielt hat.

Hochhuths Kurzgedicht ist schon deshalb „kunstvoll" zu nennen, weil es alle Seiten dieser Rationalisierungs-Maßnahme auf knappste Nenner verdichtet. Zum Beispiel den der „Felonie", womit einst der Vertragsbruch des Lehnsherrn zum Nachteil des machtlosen Lehnsnehmers bezeichnet wurde. Heute tragen wir alle die Folgen solcher Fälle von Felonie. Denn: „Vorstandsdrohnen... dürfen alle. Sozialast dem Staat aufladen,/ trotz regierender SPD ihre Shareholder schonen". Hochhuths Klage gipfelt in den Zeilen: „Da Genossen längst das Volk mit dem S betrügen, braucht Europa eine revolutionäre Partei." – Gedankenstrich.

Nicht alle Gedichte sind an „die Muse" der Lyrik gerichtet, schon gar nicht die mit brisant politischem Anliegen. Wohin also mit dem Wutausbruch eines notorisch Gerechten? Der Dichter wandte sich logischerweise an eine Adresse, die ihm über jeden Verdacht der Parteilichkeit erhaben schien, an die seit je liberale Hamburger „Zeit" – c/o Gräfin Dönhoff und Altbundeskanzler Helmut Schmidt ...

Noch ehe Schmidt aber Stellung nehmen konnte, kam das Verdikt von Michael Naumann, dem verantwortlichen Herausgeber: „Bei allem Respekt – ich sehe keinen wirklichen Sinn in Ihrem Text."

Ein paar Zeilen später stimmte Naumann in Hochhuths Klage ein, dass Firmen durch Rationalisierungen ihre Bilanzen verbessern und dabei Stellen verloren gehen. Aber dass sich Vorstände „obszöne Gehaltssteigerungen leisten, gehöre halt zur „sogenannten Marktwirtschaft". Dann wurde Naumanns Tenor zynisch: Den Entlassenen empfiehlt er, „jene Mathematikkurse (zu) belegen, die sie in ihrer Ausbildungszeit nicht besucht haben". Kurzum: „Mein Mitleid... hält sich durchaus in Grenzen. Aber wie auch immer, Ihr Gedicht ist in Wirklichkeit ein Wirtschaftskommentar..."

Auszug aus »Kapitalismus = Kapitalismus« von Toni Meissner
(»Abendzeitung«, 29./30. Dezember 2001)

Toni Meissners Essay hatte nun Freunde im Hessischen Fernsehen, Franziska Kutschera, Jürgen Kritz und Alexander Stenzel von »Hauptsache Kultur«, alarmiert, die an Naumann herantraten mit dem Brief unten.

»Natürlich« kniff Naumann, er gab kein Interview. Und schrieb mir nochmals, dass er nicht wünsche, von mir zitiert zu werden. Ich sag-

*DR. Hochhuth*
*z. H.*

**hr**

Hessischer
Rundfunk
Anstalt des
öffentlichen Rechts

60222 Frankfurt am Main

c/o Dr. Alexander Stenzel ≈

Hausanschrift
Bertramstrasse 8
60320 Frankfurt am Main

Herrn
Prof. Michael Naumann
„Die Zeit"
Fax:

Durchwahl:

| Ihre Zeichen | Ihre Nachricht | Unsere Zeichen | Frankfurt am Main 4. Januar 2002 |
|---|---|---|---|

Sehr geehrter Prof. Herr Naumann,

mit großem Interesse verfolgen wir die Diskussion um das Gedicht von Rolf Hochhuth zu Rationalisierungen bei Großbanken.
Nicht zuletzt, weil wir in unserem Fernsehmagazin „Hauptsache Kultur" immer wieder Berührungspunkte zwischen Politik, Kultur und Wirtschaft thematisieren.
Dabei findet auch die Interpretation aktueller Ereignisse seitens von Künstlern und Intellektuellen ihren Raum.
Über die nun aufgeworfene Frage, ob Hochhuth einen Anspruch geltend machen kann, sein Gedicht in „Die Zeit" zu veröffentlichen oder ob vielmehr ihre Einstufung als „Wirtschaftskommentar" zutrifft, planen wir einen Beitrag für unsere Sendung.
In diesem Zusammenhang halten wir es nicht nur für wichtig, Ihre Stellungnahme zu Hochhuth einzuholen. Vielmehr würden wir uns gern mit Ihnen weitergehend über die Rolle von Künstlern und Intellektuellen als Gesellschaftskritiker und Moralisten unterhalten.
Über einen Interviewtermin mit Ihnen würde ich mich daher sehr freuen.

Mit freundlichen Grüßen

Dr. Alexander Stenzel, Hauptsache Kultur
Hessischer Rundfunk
Anstalt des öffentlichen Rechts

Frankfurter Sparkasse
Ktn. (500 502 01)
0000406430

Postbank Ffm. (500 100 60)
1467 68 - 604

▨ *Schreiben der HR-Redaktion*

te dem Hessischen Fernsehen, das mich um eine Darstellung bat, Naumanns Brief auf »Zeit«-Papier sei der Verriss meines Gedichtes, dem er absprach, überhaupt eines zu sein, ja expressis verbis sogar jeden Sinn absprach. Ich entgegnete: »Ein Autor ist ein Mensch, der sich's gefallen lassen muss, zitiert zu werden!« Doch Autor Naumann hielt für nötig, mir durch seinen Anwalt noch schreiben zu lassen, er verbitte sich, ihn auch nur zu zitieren – was ja ganz unmöglich ist, will man die Zensur dieses neuen Herausgebers nicht nur über mein Gedicht, sondern auch über die hochverdienten Vorgänger Naumanns Gräfin Dönhoff und Helmut Schmidt dokumentieren.

Und *das* solle ich tun, faxten mir nun Freunde, auch literarische Berater, denen ich das Gedicht vorgelegt hatte. Ich zitierte dagegen Ernst Jünger, einen seiner Tagebucheinträge, den ich mir hinter die Ohren geschrieben habe: »*Nichts als Scherereien, Hauptsache, dass nichts davon in die Prosa eindringt.*« Doch man widersprach mir – die Entstehung wie auch die Ablehnung eines Textes sei mindestens für Insider interessant, bei politischen Texten womöglich interessant sogar für die Öffentlichkeit ... So äußerte sich auch Freund Georg Heepe, der seit vierzig Jahren bei Rowohlt meine Manuskripte druckreif macht. Ich bewaffnete mich nun auch juristisch: Nach den Regeln des BGB, die das sogenannte Recht der unerlaubten Handlung konkretisieren (§ 823 ff. BGB), sind Zitate aus Briefen zulässig, wenn diese Zitierung der berechtigten Interessenwahrnehmung des Zitators dient. *»Eine Schädigung der zitierten Person ist damit nicht verbunden.«*

Da man *nie* mehr Politik im Gedicht in einem deutschsprachigen Feuilleton sieht, so hat diese Empfehlung, einmal zu dokumentieren, wie und von welchen Kreisen und Zeitungen mein Gedicht – allein deshalb, weil es ein wirtschaftlich-politisch-revolutionäres ist – abgewürgt wurde, ihren Sinn ... Und schon deshalb musste ich die Faxe, die mich nun inzwischen vor Gericht zu ziehen drohten, aufheben, statt sie wegzuschmeißen, weil das von Naumann rüde abgeschmetterte T.T.T.-Team des Hessischen Fernsehens mich anrief, sie wollten am Samstag, dem 12. Januar 2002 in ihrer wöchentlichen

Sendung »Hauptsache Kultur« Naumann und mich öffentlich ver-
hören. Naumann verbat sich's, drohte abermals gerichtliche Schritte
an, wenn ich vor dem Fernsehen aus seinem Brief zitieren werde.
Ich hielt mich selbstverständlich *nicht* an Naumanns Verbot, denn
*er* war's gewesen, der versucht hatte, das Gedicht zu killen. Gräfin
Dönhoff ließ sich zwar nicht filmen, schrieb mir aber – und damit
ihren letzten Brief im Leben überhaupt:

> Lieber Herr Hochhuth,
> Ich nehme mit Kummer und Schrecken die Eskalation wahr,
> die Ihre Korrespondenz mit Naumann nimmt, und habe be-
> schlossen, mich nicht einzumischen. Ich hoffe, daß sich der
> Streit auf vernünftige Weise beilegen läßt.
> Mit besten Grüßen
> Marion Dönhoff

Naumann aber gab nun der »Westdeutschen Allgemeinen Zeitung«
ein Interview und erläuterte, warum er mein Gedicht für die »Zeit«
verboten hatte. Die WAZ druckte mein Gedicht und daneben einen
Kommentar von Gudrun Norbisrath, die Naumann zitiert: »*... er
habe den Abdruck abgelehnt, ›weil ich den Text nicht schätze – er ist
ein Wirtschaftskommentar, der sich metrisch gibt‹. Er habe dem Autor
geschrieben, dass sich auch ›sein Mitleid mit den Betroffenen in Grenzen
halte‹ – er handele sich bei dem beschriebenen Vorgang um eine ›Wirt-
schaftlichkeitsmaßnahme, die in Zusammenhang mit der herrschenden
Sozialgesetzgebung und dem Arbeitsrecht‹ stehe. Naumann hat das Ge-
samtwerk von Hochhuth zu dessen 60. Geburtstag herausgegeben und
mit einem Nachwort versehen, doch jetzt sagt er: ›Der Mann hält die
›Zeit‹ für den Osservatore Romano mit einer Veröffentlichungspflicht für
die Kardinäle der deutschen Literatur.‹ Ob Kunst oder bloß Pamphlet –
mit seiner Kritik an Wirtschaftsmacht und Politik steht Rolf Hochhuth
in bester literarischer Tradition, von Schiller über Heine bis Brecht. Dass
die Angegriffenen das nicht gern sehen, liegt nahe. Die Deutsche Bank
enthält sich eines Kommentars. Auf Anfrage hieß es: ›Dazu möchten wir
uns nicht äußern.‹*«

Toni Meissners hochironische Polemik – unübersehbar dank dem meisterlich bösartig-lustigen George-Grosz-Gemälde – hatte nun weiteres Interesse genug geweckt. Wie einen Ritterschlag empfinde ich's, dass zwei konservative Zeitungen, der »Münchner Merkur« und der Berliner »Tagesspiegel«, mein Gedicht zuerst druckten – Letzterer sogar im Wirtschaftsteil, wo sonst Gedichte doch nie ernst genommen werden ... Übrigens nicht unerheblich zu erwähnen: Es waren drei Frauen, die zuerst sich getrauten, das Gedicht zu veröffentlichen: Dr. Ulrike Weidenfeld im »Tagesspiegel« sowie Dr. Simone Dattenberger und Frau Sabine Dultz im »Münchner Merkur«, einer wahrhaft konservativen Zeitung – meine Erfahrung bestätigend, dass Frauen generell mutiger sind. Männern, denen ich das Gedicht gefaxt hatte und die seit vielen Jahren ausnahmslos druckten, was ich ihnen anbot, so die Feuilletonchefs der »Salzburger Nachrichten« oder des »Bonner Generalanzeigers«, marschierten zur Chefredaktion, die ihnen die Veröffentlichung untersagte ...

Ich hatte nun, da Naumann »dem Text ohne Sinn« sogar absprach, »ein Gedicht zu sein«, Lust zu testen, ob in dreier Herren Länder, die deutsch reden, diese Meinung ebenfalls vorherrsche. Doch »Stern« in Hamburg, »Standard« in Wien und noch ein halbes Dutzend Tageszeitungen in Universitätsstädten befanden, erstens habe es Sinn, zweitens sei's als Gedicht druckenswert. In Zürich veröffentlichte es »Facts«, die Schweizer Variante zum »Spiegel«.

Da ich Raddatz nun hatte wissen lassen, ich wolle Leser mit der grotesken Genesis eines Gedichtes amüsieren – da meines Wissens für Außenstehende so eine Zensur- und Unterdrückungsgeschichte aus demokratischen Zeitläuften noch nirgendwo dokumentiert worden ist – man darf nur schreiben, was noch nie geschrieben wurde –, antwortete mir der Freund am 31. Dezember 2001 aus Sylt:

Lieber Rolf,
ganz rasch 1 postscriptum: du musst UNBEDINDT lesen die heutige SZ, den Aufmacher der Wochenendbeilage (also

# Das Gedicht - WAZ-Leser äußern sich zu Hochhuth

## Zustimmung und Dank für den Abdruck

**WAZ Essen.** In der Donnerstag-Ausgabe veröffentlichte die WAZ das jüngste Gedicht von Rolf Hochhuth - ein umstrittenes Gedicht, in Form und Inhalt. Zahlreiche Leser nahmen Stellung dazu - hier eine Auswahl der Zuschriften.

Bravo, dass Sie das Gedicht veröffentlicht haben - sehr mutig von Ihnen! Die Genossen betrügen mit dem „S", die Christen mit dem „C" Was soll ein Normalbürger da noch wählen? Wenn die großen Parteien (ich spreche hier von der Mittelschicht) so schröpfen, dass am Ende des Monats die Abzüge höher sind als das Nettogehalt, sich selbst und den Großen in der Wirtschaft aber einen immer größeren Schluck aus dem Staats-Säckel zuschanzen, dürfen sie sich nicht wundern, wenn die Splitterparteien großen Zulauf haben.

*Beate Pagel, Velbert*

Ich gratuliere zu dem außerordentlichen Mut, als Tageszeitung dieses Gedicht zu veröffentlichen. Zeigt doch die Haltung der anderen Presse, welche Angst vor den Mächtigen dieser Welt besteht. Sie lassen sich auch ein Hintertürchen offen mit dem Hinweis, diese Äußerungen von Herrn Hochhuth zur Diskussion stellen zu wollen. Aber immerhin!

*Kurt Hagen, Essen*

Wir leben in Zeiten, in denen jede Nähe zur Realität ein politisches Ärgernis ist. Sei es „die uneingeschränkte Solidarität" oder die Etablierung des „Raubtierkapitalismus".

*Peter Dudda, Bochum*

Ohne das Verdienst von Frau Norbisrath und der WAZ schmälern zu wollen, war es nach der wochenlangen „Europhorie" in allen Medien an der Zeit, für etwas Kontrast zu sorgen. Wer aber weiß, wie schwer sich Zeitungen mit Gedichten tun, wird dies schon als denkwürdiges Ereignis schätzen. Ich bin normalerweise gegen allen Personenkult. Aber wenn Herr Hochhuth etwas bewirken kann, was vielen anderen nicht vergönnt ist, dann ist es gerechtfertigt. Denn er spricht aus, was wohl viele denken und vier Millionen existentiell erfahren.

Wer der Form des Gedichtes die Kunst abspricht, der hat die Übereinstimmung von ärgerlicher Sperrigkeit in der Form und dem Ärgernis als Inhalt noch nicht entdeckt. Ich wünsche dem Gedicht größtmögliche Beachtung und der WAZ auch künftig den Mut, den Finger in die Wunde zu legen!

*Franz Firla, Mülheim*

---

■ *Leserbriefe zum Gedicht »Aktien steigen, wenn Arbeitnehmer fallen«*

die Nr. vom 29./30. Dezember): ein GANZER ARTIKEL gleichsam zu deinem Gedicht, mit Zahlen und Fakten, schier unglaublich. Wenn du 1 Buch draus machen willst, sollte der Artikel mit rein. Es gab ja mal das Genre »Kalendergedichte«. So kannst du das Buch ja hübsch nennen »Kalender zu einem Gedicht« (denn du müsstest ganz nüchtern, Tag für Tag, jede Reaktion aufschreiben).

So, nun einen geruhsamen Abend, Handkuss an die Dame des Hauses

vom ausgeschalteten Fritz

Sehr passend zu all dem: Über die Insel Sylt gellt der Entsetzens-schrei: »Kaviar ist alle!« Inzwischen druckte die WAZ – meistgele-sene Zeitung des Ruhrgebiets, wie sie im Untertitel angibt – schon die ersten Leserbriefe; viele sollten noch folgen. Auf der Seite links die ersten.

Es beruhigt, an einem Gedicht gearbeitet zu haben – man schreibt's ja bei weitem nicht so rasch wie einen Essay –, dessen Inhalt und Forderung übereinstimmen mit den Bedürfnissen einer entrechteten Minderheit. Werden dann von einem so machtvollen wie illiberalen Zeitungsmann Aussage und Form dieses Gedichtes total verworfen, indem er das Gedicht einfach unterdrückt, so kann man sich allen-falls damit trösten, dass dies stets, aber *nur* hierzulande politischen Gedichten zustieß. Politischer Dichtung wurde meist abgesprochen, überhaupt Lyrik oder Drama zu *sein!* Und dies, obgleich der unzwei-felhaft originalste deutschsprachige Lyriker in seiner Epoche, Hein-rich Heine, *dem* Politiker unter Seinesgleichen, Georg Herwegh, die Huldigung gereimt hat:

> *Herwegh, du eiserne Lerche,*
> *Mit klirrendem Jubel steigst du empor*
> *Zum heiligen Sonnenlichte!*
> *Ward wirklich der Winter zunichte?*
> *Steht Deutschland im Frühlingsflor?*

*Herwegh, du eiserne Lerche,*
*Weil du so himmelhoch dich schwingst,*
*Hast du die Erde aus dem Gesichte*
*Verloren – Nur in deinem Gedichte*
*Blüht jener Lenz, den du besingst.*

Inzwischen protestierte Naumann abermals, dass ich im Fernsehen am 12. Januar 2002 über unseren Krach wegen des Gedichtes sprechen wollte. Außerdem verbat er es sich erneut, dass aus seinem Brief vom 17. Dezember zitiert werde. Ich solle all jene, denen ich den Brief habe zukommen lassen, darauf hinweisen.

In seinem Buch »Schillers Rhetorik. Idealistische Wirkungsästhetik und rhetorische Tradition« hatte Gert Ueding vor dreißig Jahren, als die Gedichtemacher hierzulande Staat und Wirtschaft, die das Individuum steuern wie nichts anderes, fast gänzlich mieden, das heißt Lyrik ausnahmslos als Privatissimum missverstanden, an die *»für die europäische Philosophie und Ästhetik grundlegende rhetorische Tradition«* erinnert. Schiller als Letzter hatte sie noch derart verkörpert, dass »man« seinen Gedichten bald nach seinem Tod absprach, *Lyrik zu sein*! Kant und Hegel, so Ueding, waren als Maßgebende die Ersten, die *»Rednerkunst gar keiner Achtung würdig«* befanden (Kant), während laut Hegel keiner ein Dichter ist, sondern »nur« ein Redner, wenn er *»über die Kunst hinaus noch so sehr einen anderweitigen Zweck (hat), dass sie nur als das wirksamste Mittel gebraucht wird, ein außerhalb der Kunst liegendes Interesse durchzuführen«.* Hegel – als philosophischer Anwalt der Obrigkeit, des Staates und Todfeind des Individuums – wollte nicht ausgerechnet so unsicheren Kantonisten wie Dichtern erlauben, als Lyriker Politiker zu kritisieren. Verbieten konnte Hegel das nicht; folglich erklärte er, Poeten seien dann keine, wenn sie in Gedichten Politik schrieben oder gar machten: Nur deutsch, doch sehr deutsch, Autoren abzusprechen, sie seien Künstler, wenn sie auch politisch engagiert sind...

Notabene, das trifft auf neunzig Prozent dessen zu, was ich gemacht habe. Der »Stellvertreter« sollte keineswegs nur ein Drama, sondern auch Forderung sein: Guckt nicht feige weg, wenn euer Nachbar zur Ermordung verschleppt wird; und euer Schweigen ist umso verbrecherischer, wenn ihr mächtig seid – oder gar, wie der Papst, den Anspruch erhebt, Stellvertreter Gottes zu sein ... Und Gedichte: Wenn sie nicht, wie sehr viele auch bei mir, nur geformtes Tagebuch sind, also intimst persönliche – *müssen* sie dann nicht auch Chronik ihrer Epoche sein? Zweifellos! Müssen nicht die appellativen unter ihnen sogar das Delikt der »Volksverhetzung« erfüllen, das laut deutschem Strafgesetzbuch mit Gefängnis bestraft wird? Wie dagegen sich Hegel Kunst vorgestellt haben mag, die über ihre Machart hinaus keinen gesellschaftlichen Auftrag, keinen mitmenschlichen Aspekt hat – Hegel sagt das nicht, weil er's selber nicht gewusst haben kann ... Denn es gibt keine solche Kunst.

Ueding überliefert auch, dass laut Adam Müller, der *»größte Redner der deutschen Nation, Schiller, die dichterische Form nur wählte, weil er gehört werden wollte, und weil die Poesie ... Publikum in Deutschland hatte, die Beredsamkeit aber keines«*. Da greift Adam Müller zu kurz: Schiller hatte gar nicht die *Wahl*, die dichterische Form »zu wählen« – *sie war in ihm*, im Sinne dessen, was Thomas Mann 1955 über ihn sagte: Schiller habe weniger die Sprache besessen als die Sprache *ihn!* Dennoch bleibt hochbetrüblich, was Ueding hinzufügen muss: dass Schillers einmalige Stärke, seine Rhetorik, seine *»rhetorisierende Poesie«*, seine *»rednerische Prosa«* so sehr als Schwäche verdammt worden sind – absurd, als könne überhaupt »schwach« sein, was einen so unverwechselbar wirkungsmächtig macht! –, dass Schiller schließlich selber in einem Brief an Goethe (2. Oktober 1797) seine Rhetorik fast – nicht ganz – als Abweg denunziert habe. Nein, erst und nur die poetische Form gab seinen Texten jene Durchschlagskraft, die ohne Schillers Poesie jeder sogar *seiner* Reden gefehlt hätte ...

Es ist ja auch jetzt, wenn ich hier in Demut von meiner Erfahrung sprechen darf, kein Zufall, dass nicht eine Handbreit Prosa von mir, sondern nur sechzehn *Gedicht*zeilen derart zum Ärgernis wurden, dass sogar das Fernsehen anreiste, eigens um sich damit abzugeben, und das eben nur deshalb, weil es als *Gedicht* zum Ärgernis wurde, noch in einem Dutzend Zeitungen nachgedruckt worden ist. Allein die *Form:* das Gedicht gab den Zeilen Wirtschaftskommentar ihre Vehemenz. Das Interesse des Fernsehens – wann sonst beschäftigte es sich mit Gedichten? – und seine vergebliche Aufforderung an »Zeit«-Herausgeber Naumann, sich den im Brief genannten Fragen zu stellen, zeigen übrigens auch, dass der Spleen der deutschen Philologen im 19. Jahrhundert erledigt ist, also das Verdikt Hegels, Schiller sei kein Dichter dort, wo er *»über die Kunst hinaus noch einen anderweitigen Zweck«* habe…

Warum sollte ausgerechnet das Gedicht als komprimierteste Form neben dem Aphorismus nicht auch Politik sein? Nicht auch Rednerkunst, die Kant *»gar keiner Achtung würdig«* fand? Man staunt, dass Ueding derartige Abstrusitäten nach fast zwei Jahrhunderten bei Kant, bei Hegel noch aufzufinden vermochte! Heine – im Gegensatz zu diesen zwei Machthabern über die Ästhetik, ein Praktiker, ja der bedeutendste *Lyriker* der Generation nach den zwei Weimarern – hätte nicht einmal lachen können über diese Kant- und Hegel-Verdikte, weil er sie gar nicht begriffen hätte, da natürlich wie vieles gerade auch in seinen Gedichten *»der Forderung des Tages«* dienen sollte.

Heine erneuerte das Gedicht, das nun einmal allein durch Wörter, nicht durch seine immer gleich bleibenden Formen revolutioniert werden *kann*, mit weit *mehr* bisher im Gedicht nie »zugelassenen« Wörtern, er bereicherte und humorisierte und damit auch *humanisierte* es mehr als jeder *vor* ihm, ja auch noch als jeder *nach* ihm, bis Benn, bis Kästner kamen… So war »Deutschland, ein Wintermärchen« deshalb *revolutionär,* weil es solche Wörter, solche Reime bis dahin nie in Gedichten gegeben hatte:

*Ein feiner Regen prickelt herab,*
*Eiskalt, wie Nähnadelspitzen.*
*Die Pferde bewegen traurig den Schwanz,*
*Sie waten im Kot und schwitzen.*

Oder: *Bei dieser Methode bedient man sich*
*Auch einer neuen Maschine,*
*Die hat erfunden Herr Guillotin,*
*Drum nennt man sie Guillotine.*

Am 31. Januar 2002 meldete die Tagesschau, die Deutsche Bank entlasse 9 800 Mitarbeiter. Anderntags *einzige* Erwähnung dieser Schande in der FAZ, wie zu Beginn zitiert: Deutschlands größtes Geldinstitut habe mit dem Abbau von gut 10 % der Belegschaft begonnen. Versteckt diese zwei empörenden Zeilen als Tragödie am Arbeitsplatz im langen, zweispaltigen Leitartikel der »Wirtschaft«, Seite 13. Während die »Welt« es unverantwortlicherweise fertigbrachte, auf der Titelseite – links oben als erste Meldung mit Foto des Vorstandssprechers – anzukündigen, auf den Seiten 13 und 19 werde sie berichten über die »Jahrespressekonferenz« und die Steigerung *»der Deutsche-Bank-Aktien um ein Prozent, trotz Gewinneinbruchs«,* um dann, unglaublich, in beiden großen Artikeln die fast zehntausend Entlassungen *mit keiner Silbe* zu erwähnen!

Ich rufe den für Wirtschaft verantwortlich Zeichnenden Karl Graf Hohenthal an, um ihn zu fragen, warum die »Welt« nicht *eine* Zeile für die fast zehntausend Liquidierten erübrige. Antwort: »Weiß nicht – wir haben ja schon vor Wochen über Entlassungen berichtet.« Ich: »Aber, Graf Hohenthal, doch gewiss nicht über diese 9 800, die erst gestern auf der Pressekonferenz bekannt wurden!« Das gibt er zu. Als ich ihm jedoch einen Kommentar dazu in Form eines Gedichtes anbiete – und er weiß, dass ich jahrelang für die »Welt« geschrieben habe –, winkt er gleich ab. Gedichte druckten sie nicht, ich solle es dem Feuilleton anbieten. Ich sage ihm nicht, dass es dort bereits vor zwei Wochen von Eckhard Fuhr abgelehnt worden war, rufe aber den stellvertretenden Ressortleiter Dr. Uwe Wittstock an. Der signalisiert zwar Betroffenheit, dass die Wirtschafter die Entlassung ihren Lesern unterschlagen, doch auch er dürfe das Gedicht nicht drucken. So sage ich: »Dann gebt's dem Leserbriefredakteur!« Wittstock reicht es also an Sabine Pamperrien weiter. Tatsächlich ruft sie nach zehn Minuten an, erfreut, zur Abwechslung ein Gedicht angeboten bekommen zu haben, und faxt bereits zwanzig Minuten später den Korrekturabzug.

Zuvor habe ich Uwe Wittstock gefragt, wieso denn sein Chef mir wohl habe ausrichten lassen, mein Gedicht sei für seine »Welt« zu »grobschlächtig«, und ob denn Herr Fuhr sich ein Gedicht »feingeistig« vorstellen könne, das die Brutalität unseres Zeitalters ausdrücken solle. Gehöre nicht auf einen groben Klotz ein grober Keil? Ich: »Kennen Sie die Magna Charta der heutigen Poesie, Benns Marburger Vortrag ›Probleme der Lyrik‹«? Wittstock: »Ich habe ihn nicht gerade hier neben mir liegen, aber kenne ihn!« Benns Oppositionsrede richtete sich gegen den Mitte des 20. Jahrhunderts dominierenden Lyrikertick, der Politik ausschloss, wie auf der Bühne so auch im Gedicht, damit jede relevante Aussage so peinlich wie feige vermieden werde. Sodass selbst der mit knapper Not aus Auschwitz entkommene Celan sein berühmtestes Gedicht »Todesfuge« nannte, um ein so unartiges und daher damals auch als *unartistisch* geltendes Wort wie Auschwitz oder gar Blausäure, womit vergast wurde, zu meiden und folglich auch Giftgas, das mehr als 3,4 Millionen ermordete, in der Metapher »Schwarze Milch der Frühe« unkenntlich zu machen und damit zu *verharmlosen.*

Benn schrieb dagegen, der Dichter sei »*ein großer Realist*«. Obgleich er seine Gedichte oft und gern, ja kokett als anachoretische, nur monologische Kunst ausgab und die Liebe als »*das Elysium der Unproduktiven, derer, die nicht denken und Ausdruck schaffen können*«, denunzierte – was ihn aber nicht hinderte, *der* unsterbliche *Liebes*lyriker seiner Epoche zu werden. Ich sage zu Wittstock, dass Benn stets daran festhielt, ein Gedicht von 1950 solle »*identisch mit der*

Zeit« sein und »*den seraphischen Ton*« meiden, weil der »*die Flucht vor dem Irdischen*« begünstige. »*Der große Dichter aber*« – hier wiederholt, weil auch Benn es wiederholte – »*ist ein großer Realist, sehr nahe allen Wirklichkeiten – er belädt sich mit Wirklichkeiten, er ist sehr irdisch ... Er wird das Esoterische und Seraphische ungeheuer vorsichtig auf harte realistische Unterlagen verteilen.*« Benn blieb in seinen Gedichten unserer Wirklichkeit, unserer Gegenwart kritisch verhaftet, noch zwei Monate vor seinem Tode schrieb er: »*Las mit Interesse das Buch von dem Chef-Barkeeper in St. Moritz, solche Bücher sind interessanter und moderner als Rankes Päpste.*« Ich zitiere dies und Ähnliches aus dem Gedächtnis und frage Wittstock: »Sind Sie oder Ihr Herr Fuhr trotzdem der hinterwäldlerischen Meinung Naumanns, mein Gedicht, das Massenentlassungen teils mit dem infamen Vokabular der Rauswerfer darstellt, sei keines, sondern ›ohne Inhalt‹? Sei nichts als ein ›Wirtschaftskommentar‹, weil solches Vokabular bisher nie in Gedichten aufgetaucht ist? Finden Sie nicht, Herr Dr. Wittstock«, so meine letzte Frage, »dass Heines politische Lyrik, ›*Denk ich an Deutschland in der Nacht, dann bin ich um den Schlaf gebracht*‹, oder seine ›Schlesischen Weber‹, diese sprachlich wie formal als appellative Ballade meistgeglückte überhaupt unserer Literatur, ›*Im düstern Auge keine Träne*‹ oder ›*Nicht gedacht soll seiner werden*‹, uns anrühren als ganz große Lyrik, ja uns heute noch weitaus stärker faszinieren als seine zwei viel berühmteren, weil gefälligen Gedichte ›Ich weiß nicht, was soll das bedeuten‹ und ›Du bist wie eine Blume‹?« Das gibt Wittstock zu, dennoch hält er sich gehorsam an Fuhrs Meinung, ins feine Feuilleton gehöre so »*ein garstig Lied, weil ein politisch Lied*« wie das meine nicht. Es landet schließlich bei der Leserbriefredaktion.

Am nächsten Morgen aber erfasst mich Wut, weil die »Welt« das Gedicht als solches völlig vernichtet, es nämlich in *Prosa* zwischen Leserbriefe stellt, sodass ich meine, es sei gar nicht im Blatt. Der Layouter, seit fünfzig Jahren auf »seine« Zeilenlänge dressiert, ist wohl nicht fähig anzuerkennen, dass überlieferte Regeln ihren Sinn auf die Dauer nur behalten, werden sie zuweilen souverän unterbrochen, und dass Gedichte also *andere* Gesetze und Satzbilder haben *müssen* als sonst Zeitungszeilen ...

Kein Glück mit diesem Gedicht, obgleich nun schon ein Dutzend Zeitungen es gedruckt haben und mehr als hundert Leserbriefe dazu veröffentlicht wurden. Ich frage mich, wie in unserer Nation einer unserer bedeutendsten Gesetzgeber – und bedeutend sind allein die Praktiker, die selber können und machen, was sie verlangen –, wie Heinrich Heine derart unterschlagen werden konnte zugunsten jener, die eben *keine* Künstler waren und deshalb von Gedichten sprachen wie der Eunuch vom Kindermachen: Kant, Hegel – oder Dilthey, demzufolge keine politische, sondern allein »Erlebnis«-Lyrik legitim war, als seien nicht Revolution oder Arbeitslosigkeit oder Krieg – die freilich ein deutscher Philologe im 19. Jahrhundert nie am eigenen Leibe erlitten hat – ebenso elementar *als Erlebnis* wie die Defloration einer Jungfrau. Heine gab seine Verachtung jener sogar in Reimen kund, die nichts als Liebeslieder trällern, und sprach deutschen Sängern so ins Gewissen:

> *Girre nicht mehr wie ein Werther,*
> *welcher nur für Lotten glüht –*
> *Was die Glocke hat geschlagen,*
> *sollst du deinem Volke sagen,*
> *rede Dolche, rede Schwerter!*

Gerade der Poet, weil er zur Begeisterung befähigen konnte, *»sei nicht mehr die weiche Flöte, das idyllische Gemüt ... Blase, schmettre, donnre, töte!«* So variierte Heine während der 48er-Revolution die Forderung des Tages, der sich der Dichter zu stellen hatte, damit er *»zu Taten uns begeistre in Marseillerhymnenweise«.*

Inzwischen hat Graf Hohenthal mir gefaxt. Wie er – *»gute Leute kriegt man nur zu sehr hohen Preisen«* – die 15,5 Millionen pro Kopf pro Jahr »begründet«, belegt abermals die Gültigkeit der Marx-Erkenntnis: *»Unser gesellschaftliches Sein bestimmt unser Bewusstsein.«*

»Lieber Graf Hohenthal«, antworte ich, »*was die revolutionäre Partei anbelangt*«, wie Sie schreiben: Nein, die PDS kann das nie sein und werden, weil sie nun einmal die Hypothek hat, Nachfolgerin der SED zu sein. Ich denke nicht in den Kategorien der Sippenhaft, aber

## DIE●WELT
### REDAKTION

### WIRTSCHAFT

DER WELT · Redaktion · Axel Springer-Straße 65 · 10888 Berlin

**Herrn**
**Rolf Hochhuth**

*Berlin, 5. Februar 2002*

Sehr geehrter Herr Hochhuth,

herzlichen Dank für Ihr Fax mit dem Gedicht zu der Entlassungswelle. Wie ich Ihnen schon sagte, kann ich im Wirtschaftsteil und im politischen Teil ein solches Gedicht nicht unterbringen, weil wir damit völlig aus der Form gehen würden. Unabhängig davon möchte ich Ihnen aber nicht vorenthalten, dass Sie es sich meiner Meinung nach zu einfach machen. Fangen wir mit dem Einfachsten an: der Höhe der Vorstandsgehälter. Darüber kann man immer reden, und Vorstände verdienen immer zuviel. Aber auch hier gilt die Marktwirtschaft. Gute Leute kriegt man nur zu sehr hohen Preisen; seit der Zunahme von Fusionen und der Internationalisierung der Betriebe haben hier amerikanische Sitten Einzug gehalten, wonach Vorstände sehr viel Geld verdienen. Allerdings kriegen sie meist weniger Bares als vielmehr Aktienoptionen, die bekanntlich mit Risiken behaftet sind. Frage ist nur, ob die Vorstände wirklich etwas taugen, wenn sie Tausende von Leuten entlassen. Jenseits aller Moral ist die Frage von Entlassungen zuallererst eine Kostenfrage. Personal ist teurer als Maschinen, das ist doch das Problem. Wer im Wettbewerb bestehen will, muss Kosten senken, also auch entlassen. Und was soll die Kritik am Shareholder-value? Sobald ich eine Aktie besitze, bin ich auch sehr an diesem Wert interessiert, der im übrigen mehr aussagt, als viel Geschwätz in bunten Prospekten. Und was die revolutionäre Partei anbelangt: Die haben wir ja in Berlin in Form der PDS. Ich bin mal gespannt, was die hier noch aufstellen werden. Insgesamt hat Europa ja mit Revolutionen nicht besonders gute Erfahrungen gemacht.

Mit freundlichen Grüßen

Carl Graf Hohenthal
Ressortleiter Wirtschaft
Stellv. Chefredakteur

*Reaktion der »Welt« auf das Gedicht*

eine klare Trennung von der SED ist meines Wissens durch die PDS nie erfolgt, auch gar nicht möglich. Die revolutionäre Partei, die in letzter Zeile mein Gedicht fordert, kann nicht gegründet werden auf einer Vergangenheit, wie nun einmal Ulbrichts Partei, geschützt vor ihren Untertanen durch die Rote Armee, sie repräsentiert hat. Übrigens sowieso kann sie nicht allein von Deutschen, sie muss von Europäern aller Staaten gegründet werden ... Und wird im Gegensatz zu den bisherigen Revolutionen, soweit die als sozialistisch firmiert haben, *keine Enteignungen* als Programmpunkt haben, sich also schon allein hier *von Grund auf* unterscheiden vom Hauptprogramm der PDS oder jeder anderen einst kommunistischen Partei. Sondern sie wird im Sinne Bismarcks und Spenglers ›Preußentum und Sozialismus‹, die Übertragung von Mitverantwortlichkeit des Staates an der Wirtschaft, durchsetzen müssen, schon deshalb, weil – ohne Übertreibung – die Welt erstmals in der Geschichte (!) der absolut *neuen* Tatsache konfrontiert ist, dass niemals mehr genug Arbeit für alle da sein wird, folglich Arbeit mithilfe und durch Druck des Gesetzgebers in Zukunft *immer neu verteilt* werden muss. Denn *freiwillig* werden die Untertanen, Einzelne ebenso wie Firmen, von ihrer Vollbeschäftigung nichts abgeben an Arbeitslose. Arbeit, nicht wie bisher Geld, wird zum höchsten aller Güter werden, sogar der psychischen Güter, die mindestens ebenso sehr wie die materiellen entscheiden, ob eine Gesellschaft krank ist oder gesund. So reimte Benn, was völlig sachlich ist, so zynisch es nur klingt: ›*Dumm sein und Arbeit haben, das ist das Glück.*‹

Bliebe dagegen Arbeitsverteilung wie bisher allein der Entscheidung, ja Willkür der Unternehmer vorbehalten, so bliebe auch der Missbrauch, der augenblicklich von den Konzernen auf Kosten der Staatsfinanzen ins Amoralische gesteigert wird: Dass Firmen selbst bei Rekordgewinnen, wie mein Gedicht anspricht, so viele Mitarbeiter, wie sie wollen, in die Arbeitslosigkeit abstoßen, da es ja der Staat ist, der die dann ernähren muss. Die Schweizer, genauer: 17 432 Basler, 28 %, haben sich dieses Missbrauchs der wirtschaftlichen Freiheit durch die Konzerne vergebens durch ein Referendum am 4. März 2001 zu erwehren versucht, durch Einführung einer ›Entlassungs-Steuer‹.

Als ich neunzehn war, 1950, geriet ich an Heinrich Manns Memoiren ›Ein Zeitalter wird besichtigt‹, worüber Thomas Mann im gleichen Jahr anlässlich des Todes seines Bruders in einem Brief schrieb, es sei eine ›*Autobiographie als Kritik des erlebten Zeitalters von unbeschreiblich strengem und heiterem Glanz, naiver Weisheit und moralischer Würde, geschrieben in einer Prosa, deren intellektuell federnde Simplizität sie mir als Sprache der Zukunft erscheinen läßt. Ja, ich bin überzeugt, daß die deutschen Schullesebücher des einundzwanzigsten Jahrhunderts Proben aus diesem Buch als Muster führen werden.*‹ Ich las da zu Beginn seines Kapitels ›Nächte Bismarcks‹: ›*Die deutsche Arbeiterversicherung begann 1883. Ihr folgte der englische Versuch 14 – vierzehn – Jahre später, 1897. Die erste deutsche Probe war ein Krankenversicherungsgesetz, beschlossen am 15. Juni 1883. Die zweite, durch den Erfolg ermutigt, ist das Unfallversicherungsgesetz vom 6. Juni 1884. Fünf Jahre nachher, den 22. Juni 1889, sind auch das Alter und die Invalidität der Arbeiter durch Versicherung geschützt worden. Inspiration und Wille gehörten einem Mann, dessen Anfänge näher den Befreiungskriegen gegen Napoleon als der ›sozialen Frage‹ lagen. ... Ich bin verpflichtet, darauf zu bestehen, daß Deutschland in seiner Gestaltung durch Otto v. Bismarck eine konservative Wohltat dieses Erdteils gewesen ist – von seiner Bedrohung endlos entfernt.*‹

Ich ergänze aus meinem Buch ›Täter und Denker‹: Ein Emigrant aus Deutschland, Werner Richter, einst Mann der Frankfurter Zeitung, dann in der Hitlerzeit als Historiker an amerikanischen Universitäten, publizierte 1962 eine Bismarckbiografie im Frankfurter S. Fischer-Verlag. Sie schildert ›*dramatisch den Prozeß, wie der Deutsche Reichstag dem Kanzler dessen durchaus bis zum ›Staatssozialismus‹ vorangetriebene Gesetzes-Entwürfe dermaßen zerredete und verwässerte und immer wieder zurückwies, daß Bismarck schließlich diese seine bleibende, am längsten nachwirkende Tat als so verfehlt einschätzte, daß er sie in ›Gedanken und Erinnerungen‹ mit keinem Buchstaben* erwähnte. *Eugen Richter verwarf im Reichstag die von Bismarck vorgebrachten (und bis heute noch nicht verwirklichten) Pläne, jedermann durch den Staat sein ›Recht auf Arbeit‹ gesetzlich zu garantieren und den Unternehmern ein Eingriffsrecht des Staates bei Entlassungen ebenso zuzumuten wie den Gewerkschaften staatliche Eingriffsrechte gegen den Streikzwang, als ›nicht nur mehr sozialistisch, sondern kommunistisch‹! Dieser machtvolle, redelustige Linksliberale hat sogar Bismarcks Vorschlag eines Leistungszuschusses zu den Versicherungskosten mit Erfolg verworfen. Bismarck resignierte, sagte aber: ›Der Staat muß die Sache in die Hand nehmen, nicht als Almosen, sondern als Recht auf Versorgung, wo der gute Wille zur Arbeit nicht mehr kann. Wozu soll nur der, welcher im Kriege erwerbsunfähig geworden ist oder als Beamter durch Alter Pension haben und nicht auch der Soldat der Arbeit?*

Absage der »Frankfurter Allgemeinen Sonntagszeitung«

*Diese Sache wird sich durchdrücken. Sie hat Zukunft. Es ist möglich, daß unsere Politik einmal zugrunde geht, wenn ich tot bin. Aber der Staatssozialismus paukt sich durch.‹ 1881 sagte er das!‹* In diesem Sinn, Graf Hohenthal, fordert mein Gedicht für Europa eine *revolutionäre* Partei!«

Inzwischen hatte ich das Gedicht noch anderen Zeitungen angeboten, so auch einem Chef der »Morgenpost«, für die ich in Berlin jahrelang Theaterkritiken geschrieben hatte. Er fragte nur: »Wollen Sie denn, dass ich hier den Hut nehmen muss?« Das *eine* Wort, »revolutionär«, wirkte wie das Streichholz am Benzintank. Dagegen die »Frankfurter Allgemeine Sonntagszeitung« – ich wusste, es gab keine Chance – es ernsthaft prüfte, bevor sie ablehnten (siehe linke Seite).

Habent sua fata libelli – speziell Gedichte. Schon zwei Monate zuvor hatte Reich-Ranicki angerufen, mir zu sagen, in meinem Buch »Von Syrakus aus« – das letzte des Verlages »Volk und Welt«, herausgegeben von Dietrich Simon, dann wurde der Verlag von der »Treuhand« vernichtet, was die »abgewickelt« nannte – Reich-Ranicki sagte, er habe dort das Gedicht »Die Juden Prags« gefunden und werde es seiner Frankfurter Anthologie einreihen. Doch fügte er gleich an, er wisse nicht, ob der Interpret mir gefalle, dessen Namen er mir noch verschwieg. Nur sieben Zeilen und das so groteske wie unwiderlegliche Motto:

# Die Juden Prags

> *»Die Juden finanzieren uns die Kultur*
> *und wir Arier den Antisemitismus.«*
>
> Fontane

Die hunderttausend dann meist ins Gas Deportierten:
Dass allein *sie* Prags Deutsches Theater finanzierten, lag's
in Natur und Geist des Volks der Ungetauften?
Und den schönsten van Gogh: Warum besitzt ihn Prags
Galerie? Ebenso »ihre« Liebermann, Grosz, Corinth?
Weil die, die sie bei den Malern selbst schon kauften
– anno 42 von uns Deutschen vergast worden sind.

Nun, am 9. Februar 2002 war der emeritierte Yale-Professor Peter
Demetz fertig mit seinem Kommentar – *»es war doch komplizier-*
*ter«* – und überschüttete auf einhundertundeiner Zeile meine nur
sieben Zeilen mit dem Vorwurf, nicht auch noch nachzuweisen, wie
die Juden *geheißen* haben, die vergast worden sind, nachdem man
ihnen die Gemälde schon geklaut hatte für die öffentlichen Galerien Prags... Demetz bewies die Genauigkeit der Definition Thomas Manns: *»Der Gelehrte ist die ehrwürdige Hässlichkeit in Person.«*
Denn der Germanist hatte, selber Böhme, Halbjude und Autor eines
fundierten Prag-Buches, gerügt, ich hätte nicht auch noch untergebracht, dass neben den Juden auch Tschechen Kunst gekauft und
sie den Galerien geschenkt hatten. Da es doch *»der Staatspräsident*
*Masaryk war, welcher... ein Künstlerkommitee damit beauftragte, van*
*Goghs ›Grünes Getreide‹... zu erwerben«.* Mir rätselhaft, wie Demetz
dann fertigbringt als direkt Betroffener – viele seiner Angehörigen wurden vergast –, zweimal beschönigend von Deportierten zu
schreiben, die in Lodz und Auschwitz »gestorben« seien: der *»tsche-*
*chisch-jüdische Kunstfreund Emil Freund (gestorben 1942 in Lodz)«*
und sein *»jüdisch-tschechischer Onkel, der später in Auschwitz starb«.*
Hier wird deutlich, man kann ein Gedicht mit einem wohlwollen-

den Kommentar ebenso unterdrücken wie mit Naumanns Verbot, es zu drucken.

Demetz: »*Lessing schrieb einmal eine bittere Komödie, die er ›Die Juden‹ nannte – eben zur Warnung aller, die von den Juden immer nur im Plural redeten, anstatt dem einzelnen Juden sein Recht auf Meinung, Individualität und Namen zu geben. So ›das Volk der Ungetauften‹, aber Hochhuth ist ein Ästhet, denn er nennt zumindest die Künstler, nicht aber die rettungswürdigen Namen der jüdischen Kunstfreunde.*« Einige Zeilen später gibt Demetz dann zu, dass heute, sechs Jahrzehnte nach ihrer Ausmordung, diese jüdischen Familiennamen, die er als fehlend »beanstandet«, nicht mehr bekannt sind: »*... eine staatliche Kommission ist eben dabei, die Provenienz vieler Bilder in den Staatsgalerien (spät, aber doch) zu überprüfen.*« Demetz lesen heißt, der Königin von Navarra beipflichten, der Großmutter von Heinrich Manns Henri Quatre, die 1492 im Prolog zu ihrem »Heptameron« gebieterisch festsetzt: Wer immer nur Novellen zu ihrer Sammlung beisteuern wolle, erstens dürften das, im Gegensatz zu denen des bewunderten Vorbildes Boccaccio, nur solche sein, die auf einer wahren Begebenheit beruhen, zweitens »*sollten Gelehrte und Schriftkundige davon ausgeschlossen sein; denn der gnädige Herr Dauphin ... fürchte, deren kunstvolle Rede könne an manchen Stellen der Wahrhaftigkeit der Geschichte Abbruch tun*«. Ach, hätte doch Reich-Ranicki bei Auswahl der Interpreten für seine Frankfurter Galerie der Gedichte die gleichen Vorbehalte gehabt wie »*der gnädige Herr Dauphin*«!

Ich hatte nun die Nase voll von der sich vierzehn Tage hinziehenden Unterdrückung meines Gedichtes, nur weil es ein gesellschaftskritisches ist, durch die Politik oder doch durch die aus Angst vor Politikern *leisetretenden* Zeitungsmachthaber und machte zur seelischen Wiederherstellung ein Bettsonett. Wobei ich endgültig merkte – weshalb ich das hier zitiere –, dass *Regeln,* jahrhundertelang bewährte wie beim Sonett, tauglich nur bleiben, wenn man sie durchbricht. So hatte ich angefangen:

Klug, die Bibel, die paart
»erkennen« nennt:
Wie ihr Gesicht aufklart,
wenn er in sie dringt, Moment,

da sie lacht: »Mein Radfahrer!«
...

Doch war das zweifellos wegen meines Zugeständnisses, »regelgemäß« abab zu reimen, ganz entschieden schwächer, als die hier dritte Zeile auf Kosten des »vorgeschriebenen« Reimes als erste zu nehmen. So habe ich's dann auch getan:

## Liebe

Wie ihr Gesicht aufklart,
Moment, wenn er in sie dringt!
Klug, die Bibel, die paart
»erkennen« nennt.

Sie lacht: »Mein Radfahrer!
– als fegte dir der Wind entgegen.«
Auch er über ihr verjüngt-beschwingt.
»Kommen« beide zugleich? Verwegen,

das zu hoffen, doch ihre Seele singt;
reißt auch befreiend aus Einzelhaft
seine los, der ihr noch Stirn und Hals

dankbar leckt: Was, wenn nicht der Akt,
ist die Humanisierung des Alls!
*Lebst* du, wenn nicht in ihr, sie in dir?

Nachzutragen, nur noch als Posse, bleibt, dass unsere Kollegen in der Publizistik – Autoren doch auch *sie*, sollte man meinen, aber eben keine sogenannten »freien« – überhaupt nicht auf die Idee kommen, ein Gedicht sei ebenso zu honorieren, nein viel höher vom Arbeitsaufwand her als jeder andere Text. Wer kennte nicht Gottfried Benns lustige Abrechnung, in der er nachwies, nie mehr als vier Mark fünfzig pro Monat in seinen frühen Jahren als Lyriker verdient zu haben? Auch ich musste – und erwähne das, weil es hier auch um ein Stück Soziologie des Gedichtes geht – sogar an Augstein schreiben, um ihn zu bitten, seine Redaktion anzuweisen, meine Gedichte zu honorieren. Augstein reagierte sofort, zweimal kamen dann auch tausend Mark, beim dritten Gedicht aber gar nichts mehr. Weil Augstein das nicht abermals persönlich anordnete, schickten seine Unterlinge überhaupt kein Honorar. Hier Auszüge meines Briefs vom 7. Mai 2000:

»Lieber Herr Augstein,

...

Aber ich schreibe, um Ihnen in allem Freimut zu sagen: So erfreut ich auch bin, der einzige Gedichtemacher zu sein, von dem der ›Spiegel‹ in seiner schon über fünfzigjährigen Geschichte jemals zwei ›Uraufführungen‹ von Gedichten zuließ –, so enttäuscht bin ich auch, dass Gedichte bei Euch überhaupt *nicht* als *Arbeit* gewertet werden! Ihr folglich sie abtut in die Leserbrief-Spalte und kein Honorar dafür zahlt...

Sie, Augstein, der selber mit einem Stück und bestimmt auch mit Gedichten begonnen hat, wissen so gut wie ich, dass ein Gedicht wie meines anlässlich des Walser-Bubis-Reich-Ranicki-Disputs über Auschwitz, das der Spiegel druckte, wesentlich *mehr* Zeit erfordert als ein Leitartikel. Und so königlich Sie mir stets meine Essays honoriert haben – wieso zahlt Ihr für Gedichte *nichts?*

Es geht mir, und das wissen Sie, nicht um die tausend Mark, die ich für jedes Gedicht doch mindestens berechnen muss, vom Arbeitsaufwand her. Sondern es geht um den Stellenwert, ja um die Ehre der Gattung Gedicht, gleichviel wer's geschrieben hat: Ist es nicht ebenso seiner Mühe wert wie ein Prosa-Artikel?

Ist es nicht gradezu eine Diffamierung, wenn man die älteste, jedenfalls schwierigste, weil knappste Form der Rhetorik ausschließt von allen anderen Schriftsteller-Arbeiten, die zu honorieren sind? Und auch dort zu *platzieren* sind, wo man Essays druckt? Also *andere*, aber doch nicht wertvollere politische Kommentare als solche in Gedichtform?

Ich bin überzeugt, lieber Herr Augstein, dass es Ihnen nicht darum ging, Honorar zu sparen. So wie ich sicher bin, Sie wissen, auch ich schreibe diesen Brief nicht wegen der 2000 Mark. Sondern weil ich meine, im geistigen Haushalt der Nation, der Literatur, überhaupt in unseres Vaters Hause sind *viele* Wohnungen: Ausgerechnet dem *Gedicht* stehe keine zu? Das denken Sie als eingefleischter Autor natürlich so wenig wie Ihr Ihnen immer dankbarer

Rolf Hochhuth«

Doch die meisten »denken« überhaupt nicht daran, Gedichte zu honorieren. Der's zuerst druckte, der »Tagesspiegel«, schickte immerhin ein Honorar, der »Stern« äußerte beleidigt, es habe ja bereits im »Tagesspiegel« gestanden, folglich brauche er es doch überhaupt nicht mehr zu honorieren – so gut er's auch platziert hatte samt meinem Foto, auf seiner ersten Textseite nach dem »Editorial«. Als ich protestierte, ich wolle tausend Mark, umgerechnet also 500 Euro, die auch der »Spiegel« mir für ein Gedicht bezahle, antwortete der Herausgeber Osterkorn, das sei zu viel, schickte aber dreihundert Euro. Acht weitere Zeitungen, alle in Universitätsstädten wie München oder Heidelberg, schickten gar nichts oder – hatte ich Glück – ein Belegexemplar. Doch »Facts«, der »Spiegel« Zürichs, überwies mir stattliche 525 Schweizer Franken.

# Dieter Hildebrandt, der Gründer unserer politischen Kunst

(Kurzversion des Nachrufs in der FAZ vom 20. November 2013)

Neben dem »Spiegel«-Gründer Rudolf Augstein hat nur noch *ein* Autor meiner Generation uns Jahrgänger in deutschsprachigen Landen, also inklusive Österreich und Schweiz, geistig, auch kulturell derart stark geprägt: Dieter Hildebrandt.

Bereits 1951 war er beim Kabarett, zunächst als Platzanweiser, als Erich Kästner für das Münchner Theater »Die Kleine Freiheit« viele jener Texte schrieb, die uns – als wir zu lesen anfingen, da hatte sich Hitler erst vor einigen Monaten in den Mund geschossen – überhaupt *den* Maßstab für Politik in der Kunst geliefert haben. Ja, Hildebrandt war der Begründer der politischen Kunst in der BRD.

Doch gab es auch außerhalb Münchens, in der gesamten Besatzungszone, das große geistige Geschenk der Amerikaner, »Die neue Zeitung«. Wer da – und ganz gewiss auch Dieter Hildebrandt – Kästners drei Handbreit kurzen Text »Mama bringt die Wäsche« las, der hat bis zum letzten Auftritt Hildebrandts, unseres *Klassikers* des Kabaretts, den damals völlig *neuen* und bis heute unverwechselbar gebliebenen Tonfall im Ohr. Erich Kästners Meisterschüler war und blieb Hildebrandt wie keiner sonst – bis zu seinem letzten Auftritt hier in Berlin am 15. März 2013. Nie zuvor erlebte ich einen derartig enthusiastischen Schlussapplaus, Standing Ovations. Der entsprach Goethes Definition vom Glück: Wenn es nämlich einem Menschen beschieden ist, *»sein Ende mit seinem Anfang zu verknüpfen«*. Das ist Dieter Hildebrandt geglückt: Seine spätesten Vorstellungen, ab seinem 80sten Lebensjahr, unterschieden sich von seinen frühesten allein dadurch, dass er nicht mehr auf der Bühne herumtigerte, sondern an einem Tischchen saß, einen kleinen Zettel mit Stichworten als Gedächtnishilfe vor sich.

Doch wie jedem sehr Alten hat man auch ihm die letzte Demütigung nicht erspart: Funktionäre des Fernsehens, jahrelang begierig nach seinem neuesten Programm, meinten zu ihm – und genauso bekam es fast wörtlich vor 70 Jahren auch Karl Valentin zu hören –, er sei nicht mehr komisch. Neues von Hildebrandt lehnten sie jetzt ab, »versprachen« ihm aber, in seinen alten Programmen suchen zu wollen, ob sie da »eventuell« noch etwas fänden, was »sendefähig« geblieben sei ... Hildebrandt im »Tagesspiegel« am 7. Dezember 2012: »*Wohin mit meiner Wut?*«

Er sollte 125 000 Euro auf ein Treuhandkonto einzahlen, um sicherzustellen, dass irgendein obskurer Sender sein letztes Manuskript »Freu dich, deutsches Muttiland« ohne Verluste zeigen könne. Bei seinem grandiosen letzten Auftritt in Berlin sagte er: »*Unser Staat darf heute nur noch, was die Wirtschaft ihm erlaubt.*« Kein Wunder, dass unser Staatsfernsehen den 86-jährigen Dieter Hildebrandt aus dem Programm geschmissen hat!

# In Dich – rette mich

## (Gedichtzyklus)

Weiß auch niemand genau,

> was er sucht,
> weiß er doch: Ohne Frau
> bleibt er verflucht.
> Also in Dich – rette mich
> vor dem Ich in mir, dem Mann,
> der auch produktiv
> nur sein kann,
> wenn er in Dir schlief.

\* \* \*

## Carpe noctem

> Zwei Siebzigjährige: »Wie geht's denn?«
> »Frust: Wenn ich Glück habe – *wenn:*
> zweimal im Monat noch ...«
> »Nein – meinte doch: Wie geht's zu Haus?«
> Achselzucken: »Zu Haus? Völlig aus!«

## Malkasten Oktober

Lackhartes Licht, parkettgelb, Seeufer
weißweinhell. Die schildpattbraunen Farben
in Feldern, Gärten, in den Reben.
Saftschwere Birnen, die im Gras verdarben
– so nass wie du zentral –, nicht aufzuheben!

Bestürzung. Panik: Jeder Sommer
– wie er mir Altem, noch nicht Dir,
rasanter als der vorige schwindet...
Trost: Das Sonnenblumenrad weist mir
als Ziel die Schöpfung im Zenit; wo findet

sich sonst so schwarz
– wie seine Kerne schwarz – in der Natur
Erblühtes wie Dein Venushügelhaar?
Die Sonnenblume lockt zu Dir. Die Sonnenuhr
wirft lange Schatten schon, so spät im Jahr.

* * *

## Abraham

So altersalbern, dass du dich selbst auszankst:
Kannst trotz, wegen Sargwäsche-weißer Haare
nicht mehr allein ins Bett – Nachtangst!

Nicht wahrhaben, wie auch *den* siebzig Jahre
wegtun, der beruflich nicht ganz abgewrackt;
Frauen beschwichtigen: Nicht als Diakonissen

teilten sie's Bett: Könnten dank Hautkontakt
– angeblich! – den meist fehlenden Akt missen.
Kaum Trost. Demütigung *bleibt* Abraham,

der kraftlos dem wärmenden Backfisch beilag,
Halt suchend nur noch hielt dessen nassen Damm:
Wem Eros abstirbt, erliegt seelisch dem Kahlschlag.

\* \* \*

## Goethe, Jaspers hochbetagt

*Not macht erfinderisch.*

Volksmund

Besonders wenn absolut nichts dahinter
– verständlich beider Schlusspanik, doch nie ohne Komik –,
sind Große oft sehr groß als Erfinder:
Weil keine da sind, »greifbarer« als Wind,

»sieht« Jaspers »Chiffren der Transzendenz«, Goethe »Monaden«.
Doch denkt sie sich nur aus, wie Jaspers seine vor Studenten
in Basel. Die hören zu, höchst beflissen,
weil erstens beider Theorien keinem schaden.

Die lassen sich von Autoritäten (auch sich selber!) blenden,
weil zweitens niemand wissen will:
dass wir mit uns selber enden,
was schon genügt, damit wir still.

(Goethe zu Falk, 25. Januar 1813)

## Erst wenn er fehlt – zählt

der wahre Wert dessen, was man entbehrt.
Goethe konnte sogar schreiben:
»Nur das Unzulängliche ist produktiv.«
Ja, wenn die nicht mehr da, sich ihr zu verleiben,
in der man sonst schlief,
entsteht größte Sehnsucht in ihre Bucht,
wird aufgeschönt, was, als man an sie gewöhnt,
schon fast kaum noch wahrgenommen.
Stimmt, was man auch schwätzt – wirklich geschätzt
wird erst, was uns abhanden gekommen.


\* \* \*


## Glück – nicht oft

doch wenn dank einem Twen plötzlich wie unverhofft:
Heute die schwarze Garderobierin, Werksstudentin,
fünf Liedschläge kurz gesehn – doch sofort geschehn,
der coup de foudre! Ja, genau das Wort – Blitzschlag.
Ihr Schönsein ohne Ebenbild, das jede Sucht in andre killed,
verfolgt mich wild den ganzen Geschäftstag.
Immerhin ihr Telefon ergattert. Absurd, zu hoffen,
dass sie mir je offen.
Doch credo quia absurdum est – betet,
          wer kaum glaubt, dass sie mit ihm redet.

# In Berlin abends essen gehn

– auch eine schöne Kellnerin/Studentin zu sehn:
musst du Kneipen aus Südeuropa meiden.
Weil deren Chefin ihrem Ehezahmen, dem Wirt, *untersagt,*
Frauen statt nur Männer bei sich kellnern zu lassen!
Drei solcher Wirte haben mir das geklagt!
Können Frauen sowieso Frauen nicht leiden: hassen
sie *die* besonders, die arbeiten »unter« ihrem Mann.
Wissen mit Recht, zwischen denen geschieht's dann!
Zu viel Chefin-Energie – vertreibt die
Männchen aus deren Bett
in das ihrer Mitarbeiterinnen.
Das macht allen Ehe-Ärger wett.
Weiteres Plus – man ist in Jüngeren »in«.

»Malerisches Berlin«

155

## Bauchfrei, Asbach Uralt

– »total out«, herrscht sie ihn an,
als er beim Tanzen fragt:
»Nicht *nackt* in der Taille? Kein Mann,
der nicht beklagt,

dass Stoff jetzt ist, wo im Vorjahr Haut.
Irrational ›dämlich‹, was die Mode diktiert!
Schlimmer: Dass keine Frau sich traut,
*nicht* mitzumachen! *Wozu* emanzipiert?«

Männer ebenso modehörig: »Asbach Uralt«
will keiner mehr, klagt jemand, der Pralinen
in der 3. Generation verkauft: »Ist schon bald

nichts mehr zu verdienen an ihnen!«
Ja: Jede Mode reitet den Verstand zu Tode.
Bringt – *warum*? – Bestbewährtes zwecklos um.

\* \* \*

## Picasso

– schon 85, seine letzte Anschaffung,
kaufte den stopplichtroten Egg Chair.
Wie banal-konventionell dagegen ein Bettgestell!
Sagt nur ihr, der Schülerin, Geliebten, Modell:

»Nirgendwo so attraktiv, ob man sie sah, ob beschlief,
Dein hinreißendes Teenie-Ärschchen, Dein Venusfell!
Kniest oder sitzt ja nie wie in diesem Sessel so tief…
*Deine* totale Enthüllung – Männern *die* Erfüllung.

Zeichne ich Dich so, ob Du kniest, also den Po
oder Scheide, Kniekehlen auf den hohen Sessellehnen
– bleibt sexuell Höheres nicht zu ersehnen!
*Das* ist Glück, die *Nike* – so nannte das die Antike.

▨ *Arne Jacobsen: Egg Chair (1958)*

## Hat den Unfug

– des Gegenstandlosen in Malerei und Plastik
jemals eine einzige *Frau* irgendwo mitgemacht?
*Nie!* Das Treiben derer, die ohne Selbstironie
»Gegenstandsloses« sagen auf Fragen: »Was malen Sie?«

– erregte bei Frauen stets Heiterkeit, alle haben gelacht!
Besonders wenn mit »maskuliner« Ernsthaftigkeit
über diesen Jahrhundert-Betrug,
der nichts als die Parabel »Des Kaisers neue Kleider« gewesen,

von Professoren, *deutschen,* eine Million Essays zu lesen.
Solche Ideen, nur Psychiatern interessant,
        setzten 40 Jahre Deutschland
geistig außer Kraft. Wer noch Menschen, Meere,
        Tiere in Germany

malte, während des Meinungsterrors der Abstrakten –
        galt als Nazi!
Kunstauktionen erzielten Höchstpreise für diese
        modische Scheiße.
Wer wie Andersens Kind gelacht – hat sich, als dies Mode,
        um jede Reputation gebracht.

# Einheit – immer auch eine Gefahr

Weil wir Deutschen 45 Jahre zwischen östlichen und westlichen Landsleuten geteilt waren, haben wir über unsere Begeisterung anlässlich der Wiedervereinigung *vergessen*, dass immer da, wo große Vorteile sind, diese mit Nachteilen bezahlt werden müssen.

Zwei Beispiele, die eklatantesten in der deutschen Geschichte: Bismarcks Vereinigung zum Kaiserreich – 70 Jahre von keinem Untertan in ihrem Wert angezweifelt – zeigt doch heute ihre zwei Seiten, wirft zum Beispiel die Frage auf, die nur *verneint* werden kann: Wäre je ein Junge aus Lübeck oder München vor Paris gefallen, hätte diese Vereinigung 1871 nicht stattgefunden?

Oder: Wäre die beispiellose Diktatur – beispiellos, weil länger dauernd als jede andere – der »Allein Seligmachenden Kirche« je abzuschütteln gewesen, ohne die Großtat Martin Luthers vor 500 Jahren, die Reformation, auszulösen? Also die *Zerstörung* der Reichseinheit! Nein, natürlich nicht. Schon allein diese zwei Beispiele rechtfertigen meine Behauptung: Von Einheit blind *schwärmen* ist ebenso hirnlos wie ihre Werte zu verkennen. Will sagen, wir können ein vereintes Europa unter unserer selbsternannten Vormundschaftsbehörde Brüssel nur ertragen in dem Maße, wie wir es auch kontrollieren – ja permanent erneut infrage stellen. Weil Deutschland unter der Trennung von Ost und West gelitten hat, wurde uns der Begriff Einheit inzwischen zu einem riskanten Fetisch. Und Fetische sind immer blöde. Überhaupt, dergleichen aufzubauen, stets kurzsichtig, ganz gleich im Hinblick auf *was* …

Das Beispiel Bismarck-Reich, wenn auch weit hergeholt, ist aktueller denn je – gleichviel ob man von Frieden oder Krieg spricht –, seit der Frieden in Europa, sozusagen durch die EU in Brüssel, seit einem Vierteljahrhundert garantiert scheint. Eine ähnliche Zeitspanne übrigens wie zwischen dem Ersten und Zweiten Weltkrieg. Und so sind auch jetzt Ereignisse eingetreten, die keineswegs mehr als »friedlich« geschönt werden können. Ein Beispiel: Wieso wird der Terroranschlag in Paris am 13. November 2015 mit seinen 130 Opfern, die natürlich jeder Vernünftige nur tief bedauern kann, »dank« der EU nun plötzlich zum Bündnisfall ausgeschrien? Seit wann ist die EU ein *Militär*bündnis? Nicht eine Zeile in der Verfassung rechtfertigt das! Vor allem: Frankreich ist ja von keinem *Land* angegriffen worden, sondern von einer Horde internationaler Terroristen undefinierbarer Herkunft! Gegen welchen Staat sollen denn deshalb alle EU-Mitglieder marschieren? Ist es nicht mehr als zweifelhaft, dass ein einzelner *Staat* hinter dem Massaker steht? Ein weiteres Beispiel: Die EU-Wirtschaftssanktionen aufgrund des Ukraine-Konflikts sind eine klare Kriegserklärung an Russland auf wirtschaftlicher Ebene. Inzwischen gefährdet die Europäische Union das Wohlergehen seiner mehr als 500 Millionen Bewohner auch wirtschaftlich, rechtlich und kulturell. Zwei Beispiele.

Erstens: Warum entartet neuerdings die EU zu einer sogenannten Haftungsunion? Ein Novum in der Geschichte, ein völlig neues Wort, vor allem ein verfassungswidriges, da nämlich ausdrücklich untersagt in den EU-Verträgen. Tatsächlich muss man doch fragen: Warum sollen wir Ausländer dafür haften, dass die Großbanken ihre hochverzinsten und renditeträchtigen Risikoinvestitionen, z. B. in Athen, wegen der dortigen Misswirtschaft, die sie hätten voraussehen müssen, verloren haben? Man muss sogar hinzufügen: Warum sollen Normalverbrauchte, sprich weitgehend Besitzlose, jene Banken entschädigen, die in voller Kenntnis des bevorstehenden griechischen Bankrotts – Griechenland war längst bekannt als »Wackelkandidat« – trotzdem dort weiter investiert haben? Das ist doch so dreist wie die dann so aus dem Hut gezauberte Zwangspolitik hin zur Haftungsunion!

Zweitens, zum sogenannten Freihandelsabkommen: Es kann doch nicht glaubhaft sein, dass Frau Merkel und ihr Kabinett nichts *Be-*

*denkliches* in diesen zweifellos in den USA initiierten Vorschlägen finden können! Und alle Forderungen von dort fast kritiklos übernehmen. Die demokratische Präsidentschaftskandidatin Hillary Clinton spricht hinsichtlich des TTIP-Abkommens sogar von einer »Wirtschafts-NATO«. Hört man dann aber von den bisher einzigartigen Machenschaften, dass sogar vom Volk gewählte Abgeordnete nur in einem eigens dafür eingerichteten »Leseraum«, unter Aufsicht und mit Verschwiegenheitspflicht, in einen Teil der Vertragsentwürfe *Einblick* nehmen dürfen, so ist die undurchschaubare Kriminalität des gesamten Vorhabens schon mehr als selbstentlarvend.

Dies alles belegt, Brüssel ist im Eiltempo unterwegs, als mundtoter Satellit der Amerikaner uns Europäern etwas vor die Nase zu setzen, das nur zu unserem Nachteil ausschlagen kann. So wie kürzlich die USA elf Pazifik-Anrainerstaaten ein sogenanntes Freihandelsabkommen diktiert haben, müsste uns Europäern diese ruchbar gewordene Wirtschaftsdiktatur, die sich ja auch auf unserem Kontinent anbahnt, als Warnung ausreichen! Was eigentlich muss *noch* passieren, bis wir begreifen, in welchem Unmaß bereits die Wallstreet die ganze EU-Mischpoke ihrer Vormundschaft unterworfen hat? Warum findet kein einziger EU-Politiker ein Wort der Anerkennung für die Schweiz und für England, weil die das ehemals gut gemeinte Euroeinheitsdesaster nicht mitmachen, sondern bei Franken und Pfund bleiben? Würde nicht ein Blick auf dieses Verhalten sich lohnen – bedenkt man, dass die Schweiz seit ihrem Wilhelm Tell vor 700 Jahren keiner neuen Währung bedurfte und für die Briten das Pfund als älteste Währung der Welt, die noch in Gebrauch ist, sich seit 1200 Jahren bewährt hat.

Kann es überzeugendere Beweise geben, dass ein gemeinsames »Europa der Vaterländer« im Geiste de Gaulles das Überleben unserer sprachlichen und kulturellen Vielfalt und unseren Wohlstand noch am ehesten garantiert?

# Das Opfer Schleyer schon vergessen?

(Text entstanden anlässlich Helmut Schmidts 95. Geburtstag im Dezember 2013)

Kein Vernünftiger wird die erheblichen Verdienste Helmut Schmidts als Kanzler kleinzureden versuchen – das könnte auch keiner riskieren, ohne sich lächerlich zu machen! Dies ist eines; ein anderes: Darf man – wie in diesen Tagen wiederholt das Fernsehen – auf sein Leben zurückblicken, ohne des Kanzlers Entschluss, den Arbeitgeberpräsidenten Hanns Martin Schleyer seinen Mördern zu überlassen, auch nur zu *diskutieren?* Immerhin steht unsere Politik, seit wir dank der Alliierten vom Auschwitzer befreit wurden, unter dem Gesetz Immanuel Kants: *»Kein Mensch darf nur als Mittel benutzt werden.«* Und untersteht zweitens der ersten Zeile des Grundgesetzes: *»Die Würde des Menschen ist unantastbar!«*

Diese unsere Grundmaximen wurden beide von Schmidt bei der Entführung Schleyers auf eine für den Entführten *todbringende* Weise missachtet, trotz voraussehbarem »Ergebnis« missachtet! Die Ermordung Schleyers *kann* weder vom Kanzler noch von seinen Kabinettsmitgliedern angezweifelt worden sein! Zusatzfrage: Hat man je eine Silbe davon gehört, dass einer im Kabinett riskiert hätte, gegen diese »Forschheit« Schmidts zu opponieren? Oder haben die im Kabinett samt und sonders wie parierende Unterlinge den Entschluss »Schmidt-Schnauzes«, wie es damals üblich war, ihn zu nennen – der Franzose Giscard d'Estaing sprach sogar eingeschüchtert von »Le Feldwebel Schmidt« –, nur abgenickt? Man muss das leider vermuten, denn sonst hätte doch während der Geburtstagsfeierlichkeiten wenigstens *einer* von Schmidts ehemaligen Ministern daran erinnert, dass *er* diesem Entschluss widersprochen habe… Dass bei den zweifellos höchstverdienten Huldigungen diese Problematik ersten Ranges – ja, *ersten* Ranges, denn immerhin wurde hier vermutlich *unnötig* ein Mensch geopfert – mit keiner einzigen Silbe auch nur angedeutet wurde, war der letzte Beleg: Unser Staatsfernsehen, ARD und ZDF, ist jene nationale Institution, die sich nicht mehr lächerlich machen kann! Nirgendwo in unseren Zeitungen, deren keine – keine einzige – sich vom amtlichen Fernsehen dadurch unterscheidet, dass auch nur *eine* unserer tausend Gazetten *die* Frage aller Fragen aufgeworfen hätte: Woher nahm Kanzler Schmidt die Eigenmächtigkeit, ohne jede Nötigung dazu, Schleyer vor seinen Mördern im Stich zu lassen? Wollen wir das allesamt auch nicht wahrhaben – es ist leider so: »Diktatur: Einheits-*Partei*, Demokratie: Einheits-*Presse!*«

So hat – *heute* schon völlig unglaublich, doch Mithandelnde sehen so etwas nie, umgebungsblind wir alle – während der ganzen langen Tatzeit – am 5. September 1977 wurde Schleyer entführt, erst am 18. Oktober von seinen Killern totgemacht – der Kanzler sich nicht ein einziges Mal »herabgelassen«, mit den Banditen auch nur zu *sprechen,* deren Vorsatz, den Gekidnappten zu ermorden, überhaupt nicht anzuzweifeln war! Er hat stattdessen sich damit begnügt, Schleyers Sohn vorzuschicken – in vollem Wissen, wie völlig zwecklos das war, da ja der Junge mit leeren Händen kam, ein armer Bittsteller, der gar nichts zu bieten hatte, sondern nur betteln konnte. Während Herrn Schmidt und den Insassen seines Kabinetts – Insasse ist, wer nur pariert, statt widerspricht – doch immerhin hätte einfallen müssen, nach dem glanzvollen Coup der GSG 9 dem Raubgesindel weiszumachen: »Wir fliegen euch aus, wohin ihr wollt, sobald ihr Schleyer laufen lasst!« Und 24 Stunden später hätten seine Helden von Mogadischu (ganz bewusst wähle ich hier das pathosgeladene Wort Held, denn deren keiner konnte wissen, ob er den Handstreich überlebt) die Erpresser wieder eingefangen. Was ganz fraglos geglückt wäre.

Erstens braucht niemand gegenüber vorsätzlichen Mördern als Ehrenmann zu posieren, also sein Wort zu halten. Zweitens war immerhin das Leben eines seiner Untertanen in des Kanzlers Hand!

Und ist eine Regierung nicht fähig, ihre Bürger vor Verschleppern zu schützen – völlig schnuppe, ob der Arbeitgeberpräsident ist oder Müllkutscher –, so darf diese Regierung nach dem *Preis* nicht fragen, den der Freikauf eines sonst Ermordeten kosten wird. Abgesehen davon ist Kants Gesetz – siehe oben – zu beachten: dass niemand einen Menschen als Mittel zum Zweck benutzen darf! Schmidt aber hat genau *das* getan, in der gradezu lächerlichen Illusion, den Terrorismus beenden zu können, wenn man einen Mitbürger einer Handvoll Killer überlässt! Die man, ich wiederhole, ja nahezu mühelos wieder hätte schnappen können, wäre Schleyer zunächst einmal aus den Mörderhänden losgekauft worden... Mühelos? Allerdings, wegen der soeben bewiesenen Geschicklichkeit und List der GSG 9. Gradezu verletzend, dieser Einheit anzuhängen, es wäre ihr missglückt, die Mordlustigen wieder hinter Gitter zu schaffen!

Es *bleibt* absolut unentschuldbar, diesen Trick nicht einmal versucht zu haben! *Darf* ein Haftbarer so stolzentstellt *nicht* handeln? Im vollen Wissen, es gehe beim Handlungs-»Gegenstand« um nichts weniger als dessen Leben? Sondern einfach fatalistisch, achselzuckend zugucken, bis der Gekidnappte ermordet ist? Einer – doch nicht irgendeiner, sondern *der,* dem mit der GSG 9 das denkbar beste »Instrument« gegeben ist, eine Gruppe Gangster dingfest zu machen. Man sieht auch hier: *Das* Kunststück der Demokratie der BRD ist, sich selbst einreden zu können, sie sei eine.

Dass unsere Gesellschaft dieses interessanteste ihrer Probleme überhaupt, das je auftauchte seit Adenauers Gründung des Bonner Staates, nicht einmal mehr *thematisiert,* ist nur ein Beleg mehr: Jahrzehntelang erfolgsverdummt, wurde die BRD samt ihren Medien *moralisch* impotent. Sonst ließen wir uns heute nicht vormachen – Fernsehen, Presse vereint in »festem Schritt und Tritt«, so hieß das im Lieblingslied der braunen Banditen –, Schmidt sei zu einer alternativlosen Entscheidung gezwungen gewesen. Er war nicht alternativ-, er war nur einfallslos. Weil er nämlich, wie wir alle, damals ebenso zeitgeistinfiziert war wie jedermann zu allen Zeiten.

P. S.: Wie in der Antike der Tragödie stets die Posse folgte, so auch hier: Einstimmig – *natürlich* einstimmig, anders will sie doch gar nicht schreiben – schönt die Presse, Sohn Schleyer habe einen von ihm gestifteten Schleyer-Preis als Erstem Kanzler Schmidt verliehen – während seine Mutter Schmidt bis zu ihrem Tode verabscheut habe! Dieses Nicht-Verhalten des Sohnes, eine verächtliche Anbiederung, beweist aber nichts, als dass der Volksmund die Wahrheit spricht:

## Unter einem großen Baum wächst nichts

Denn tatsächlich weiß man ja auch von diesem Sohn nur deshalb, weil er einen durch die Ermordung seines Vater zeitgeschichtlich bedeutend gewordenen Namen geerbt hat!
Es ist die Regel, dass Jungen darunter leiden, einen Namen nur zu erben, statt sich einen zu machen – ihre Schwestern haben es da einfacher: Sie heiraten einen anderen Namen.
So ist auch nur so typisch wie komisch, dass der Sohn – im Gegensatz zu seiner Mutter – charakterlos Frieden mit Kanzler Schmidt machte, das heißt mit der BRD!
Denn nur daher auch die Beruhigung aller Offiziellen, repräsentiert wie immer durch die Presse – gradezu *guten* Gewissens legten denn auch alle Zeitungen den Fall Schleyer so endgültig ad acta, als sei er niemals geschehen.
Gehorsam der so ekelerregenden wie deprimierenden Maxime des Wiener Strafrechtlers Georg Jellinek von der »normativen Kraft des Faktischen« – soll heißen:
»Was vergessen – bleibe vergessen.«

# Heesters – ein Mensch und
# ein Jahrhundert

– so nennt seine 2. Frau, Simone Rethel-Heesters, nun seine Witwe, den 2006 erschienenen albumschweren Bildband im Verlag
Schwarzkopf & Schwarzkopf, den sie ihrem Mann gewidmet hat,
betextet von Beatrix Ross – heute ein Erinnerungswerk ersten Ranges!

Könnte man den Wert eines Lebens daran messen – vielleicht sollte
man das! –, wie viel *Freude* für Mitmenschen von ihm ausging, dann
war Johannes Heesters (gestorben 2011, Anm. der Redaktion), der
108 wurde, der einzigartige, nie von anderen erreichte Weltmeis-
ter. Noch 2010 vermochte der große Holländer in meinem Musical
»Inselkomödie« den Vater einer griechischen Wirtstochter so zu verkörpern, dass die Besucher des Berliner Ensembles am Schiffbauerdamm sehr gerührt waren, als er seine traurige Elegie auf das Altern
sprach. Gab es überhaupt je einen Film- und Bühnenstar, dem geglückt wäre, noch mit 107 auf der Bühne zu stehen? Ich weiß von
keinem.

Heesters hat mehr als 1500 Mal in Franz Lehárs nie totzukriegender
»Lustiger Witwe« den Grafen Danilo gespielt. Erstmals 1938, zum
letzten Mal 1972. Dass auch Hitler einige dieser Vorstellungen besuchte – wie vermutlich jeder musikliebende Berliner –, wurde nach
1945 Heesters vor allem in seinem Vaterland auf beinahe idiotische
Weise »angekreidet«; ja in seiner Heimat jahrelang mit Auftrittsver-
bot bestraft – so albern, als würde man den Wagners in Bayreuth
das Festspielhaus zumachen, weil Hitler dorthin jedes Jahr zu den
Festspielen fuhr. Ebenso hing man Heesters gradezu als Kriegsver-
brechen an, dass er einmal im KZ Dachau gesungen hat.

Die Generation der Enkel, stets glückverdummt, weil niemals solchen Anfechtungen ausgesetzt, urteilt fahrlässig, weil meist ohne jede Kenntnis, welchen Gefahren sich z. B. Heesters, wie alle prominenten Zeitgenossen, in einer Diktatur ausgesetzt hätte, würde er sich seiner Benutzung durch die Verbrecher im biergelben Hemd erwehrt haben. Wie hätte Heesters eine Weigerung, auch vor Hitler aufzutreten, *begründen* sollen, ohne am nächsten Tag in Dachau als Häftling eingeliefert zu werden? Doch so war das immer in der Geschichte: Niemals *selber* in Versuchung geratene Generationen, wenn die überhaupt noch an *das* denken, was Vätern in Kriegen zugestoßen ist, verurteilen sie mit der Selbstgerechtigkeit der total Ahnungslosen.

Heesters war moralisch einwandfrei, vielleicht treu sogar als Ehemann, trotz größter Versuchungen, vor allem aber auch politisch nicht käuflich, obgleich er sein Vermögen in Deutschland machte. Es ist kein Satz von ihm überliefert, den Hitlers Propagandatrompeter Goebbels als Nazireklame hätte missbrauchen können! Das ist sehr viel – ein Beweis für die Integrität dieses Weltstars. Ich vermute, allein Heesters Ausrede, als holländischer Bürger und Untertan der Königin Wilhelmine nicht *deutsche* Propaganda machen zu dürfen, hat ihm geholfen, über die Klippe hinwegzukommen.

Die deutschsprachigen Bühnen werden sicher lange brauchen, einen Entertainer seines Ranges aus dem Ausland wieder importieren zu können. Wir Deutschen haben seinesgleichen ja nie hervorgebracht.

# Über das Schreiben von Tagebüchern

Die »Zeit« veröffentlichte ab 1983 auf meinen Vorschlag hin jede Woche das Tagebuchblatt eines Deutschschreibenden, welches ich von verschiedenen Geistesgrößen erbat, beginnend mit Golo Mann, Max Frisch, Heinrich Böll und Hildegard Hamm-Brücher. Hier die Einleitung der Serie über »Journale«, bearbeitet und mit rückblickenden Ergänzungen versehen:

Über Tagebücher zu schreiben ist ebenso interessant wie Tagebuchschreiben. Und wenn man will, eine Beschäftigung, die ebenso lang andauern kann wie unser Leben, so viele Tagebücher gibt es! Als Ernst Jünger hörte, ein Freund wolle ein Buch über Inseln schreiben, riet er ab, *»denn der Stoff ist so gewaltig, daß er gelehrte Gesellschaften in Atem halten kann. Inseln gibt es nicht nur wie Sand am Meer, sondern alles ist Insel, auch die Kontinente, und selbst die Erde ist ein Inselchen im Äthermeer...«* So auch mit Tagebüchern – die man genauer Abendbücher nennen sollte, denn wer hat schon am Tage die Ruhe dazu? Ich schreibe keines; zwei oder drei Versuche verendeten rascher, als eine Woche vergeht. Vielleicht daher mein Interesse an Journalen anderer so ausgeprägt ist.

Meine Art, Tagebuch zu schreiben, ist Gedichtemachen: Sogar Persönlichstes zu sagen wird leichter, wenn wenigstens die übrigens erotisierende Mühsal damit verbunden ist, es in die strenge Form des Gedichts zu zwingen; auch fasst sich kürzer, wer Reime suchen muss oder wenigstens in freien Rhythmen bleibt. Was ich nie verstanden habe: warum leidenschaftliche Journalschreiber nicht auch Freunde hineinschreiben lassen, um, beispielsweise auf einer Reise, die eigenen Eintragungen zu ergänzen, zu korrigieren, ihnen zu widersprechen. Ich würde das tun, schriebe ich Tagebuch. Was für ein Jammer, dass niemand zum Beispiel dem unersättlichen Autobiografen Winston Churchill, der mit seinen zehn Bänden über den

dreißigjährigen Krieg 1914 bis 1945 die wahrscheinlich bedeutendste Selbstbiografie der Weltliteratur schrieb, geraten hat – ein
*Freundes*rat –, nicht nur selber zu sprechen, sondern den namenlosen Soldaten, Matrosen, Piloten, die mit ihren Leibern Churchills
Schlachten ausgetragen haben, in kurzen Erlebnisberichten von der
Front bestätigen zu lassen, was Churchill nur aus der Sicht des grünen Tisches hat darstellen können. Er sagt selber, wie grotesk es sei,
dass er, der 1911 die Führung der gewaltigsten Armada aller Zeitalter übernahm, niemals einen Schuss auf See auch nur *gehört* hat,
von Übungsschießen abgesehen! Warum nicht auch die Gefährtin
ins Tagebuch hineinschreiben lassen? Das Kind, den Anwalt oder
Arzt? Frauen besonders – vielleicht weil sie Verstecke sogar in Person
sind – schreiben gern Tagebuch und, wenigstens als junge Mädchen,
wohl viel öfter als Männer. Das *mot,* Journale und Autobiografien
schrieben speziell jene, die etwas zu verbergen haben, ist blöde, denn
jeder hat einiges zu verbergen.

Doch Ehrlichkeit – nicht angenehm für einen Deutschen, damit
beginnen zu müssen –, Ehrlichkeit im Journal ist keine spezifisch
deutsche Tugend: Die weitaus intimsten Bereiche jeder Existenz, der
erotische, der finanzielle, der religiöse, kommen allemal zu kurz, sofern sie nicht überhaupt »ausgespart« werden. Das ist peinlich und
verkennt, dass Ehrlichkeit auch eine – und keineswegs nebensächli-
che, sondern zentrale – *literarische* Kategorie ist! Wenn Ernst Jünger,
der Meister des Journalschreibens deutscher Sprache, an Flauberts
»Ägyptischem Tagebuch« rühmt: »*Der Text ist ungemein dicht. Kaum
Reflexionen, viel Bewegung, Bilder, Physiognomien. Eine Musterlektü-
re für jeden, der schreiben lernen will*«, so hätte er noch hinzufügen
können: Flauberts Ehrlichkeit hat in deutschen Tagebüchern keine
Entsprechung, wie meine bescheidene Erfahrung – ich sammelte
ungefähr ein Jahr lang Journalblätter für die »Zeit« – bestätigt. Der
Achtundzwanzigjährige, der »Madame Bovary« erst noch schreiben wird, beeindruckt besonders dann, wenn man seine Blätter aus
den Jahren 1849/50 vergleicht mit den Tagebucheintragungen von
Friedrich Hebbel: Hebbel, der bereits als junger Mann eine Arzt-

tochter mit unehelichem Kind hatte sitzen lassen – in jener Zeit eine Selbstmord nahelegende Tragödie für ein Bürgermädchen –, Hebbel brachte es fertig, sich »sittlich« darüber zu entrüsten, dass Kotzebue eine seiner Komödien mit dem Goldoni-Anfang eröffnet, einen Gast die Kellnerin fragen zu lassen, ob sie bei Nacht zu ihm komme. Was Flaubert schon kurz zuvor an herrlicher erotischer Prosa in seine Liebesbriefe an die Autorin Louise Colet eingebracht hatte, das wird ergänzt in seinem »Reisetagebuch aus Ägypten«, erst lange nach seinem Tod durch seine Nichte publiziert. Erfrischend mitzuerleben, wie der spätere Romancier, der die ganze Gattung Roman in die Moderne überführen wird, den Orient als unerschöpflichen Steinbruch für seine Arbeit am Karthago-Roman »Salambo« ausbeutet! (Acht Jahre später reist er nach Karthago und schreibt nach der Rückkehr an Feydeau: »Je démolis tout« – nämlich den Entwurf des Romans, da er nunmehr alles neu sah.)

Seine Aufzeichnungen aus Ägypten sind abenteuerlich genug – auf Orientreisende wurde geschossen, auch mehrfach auf den reitenden Flaubert –, doch sie genügten ihm nicht, er schildert Intimitäten auf eine Weise, die im 19. Jahrhundert Deutsche entrüstet hätten: »*Sie war soeben dem Bad entstiegen, ihre feste Brust duftete frisch, etwa wie ein Duft von süßlichem Terpentin; als erstes rieb sie unsere Hände mit Rosenwasser ein… ein großes, prächtiges Geschöpf, hellhäutiger als eine Araberin… ihre Haut, besonders am Körper, ist leicht kaffeebraun. Wenn sie sich seitlich setzt, zeigen sich an ihren Hüften bronzene Polster. Ihre Augen sind schwarz und übergroß… Sie fragt uns, ob*

■ Gustave Flaubert (1821-1880)

*wir eine kleine Fantasia hören wollen... Ich habe einen solchen Tanz schon auf griechischen Vasen gesehen... Ruchiouk hat sich beim Tanzen entkleidet... eine Tasse wird auf den Boden gesetzt; sie stellt sich davor und tanzt, fällt dann auf die Knie und tanzt mit dem Rumpf weiter, wobei sie immer die Rasseln betätigt und in der Luft Bewegungen wie beim Schwimmen macht... nach und nach senkt sich der Kopf bis an den Rand der Tasse, die mit den Zähnen aufgehoben wird, und mit einem Satz stellt sie sich wieder auf die Beine... Wir gingen schlafen, sie wollte für sich den Rand des Bettes... Nach einer außerordentlich stürmischen Fickerei schläft sie ein... das schwache Licht drang bis zu uns herüber und zeichnete auf ihre schöne Stirn so etwas wie ein Dreieck aus fahlem Metall.... ihr kleiner Hund schlief auf meiner Seidenjoppe. Ich spürte ihren Bauch auf meinen Hoden, ihr Möschen, wärmer als ihr Bauch, wärmte mich wie ein heißes Eisen... ich mußte an Judith und Holofernes denken, wie sie beieinander lagen. Um Viertel vor drei Erwachen voller Zärtlichkeit...«*

Und so intim auch über Religion. Nietzsche, der später ein wollüstiges Welttheater veranstaltete aus seiner da bereits landläufig gewordenen Einsicht, dass Gott tot ist, war fünf Jahre alt, als Flaubert 1850 notierte, nachdem er das heilige Grab in Jerusalem besucht hatte: *»Riecht nach Erstkommunion, hier hängen dicht beieinander so viele Lichter, daß es wie die Ladendecke eines Lampenhändlers aussieht... Der griechische Priester nahm eine Rose... goß Rosenwasser darüber, segnete sie und gab sie mir; das war einer der bittersten Augenblicke meines Lebens, für einen Gläubigen hätte es so süß sein können! Wieviel arme Seelen hätten sich gewünscht, an meiner Stelle zu sein! Für mich war das alles umsonst! Wie sehr verspürte ich das Nichtige, Nutzlose, Groteske und auch den Wohlgeruch... Weihrauchverpestung!«* Nietzsche schrieb: *»Nachdem Buddha tot war, zeigte man noch jahrhundertelang seinen Schatten in einer Höhle – einen ungeheuren, schauerlichen Schatten. Gott ist tot: Aber so, wie die Art des Menschen ist, wird es vielleicht noch jahrtausendelang Höhlen geben, in denen man seinen Schatten zeigt. Und wir – wir müssen auch noch seinen Schatten besiegen!«* Warum sollten wir das »müssen«? Was für ein Unsinn, Abgestorbenes noch zu treten! Übrigens bleibt immerhin die Einsicht, die ganz unpathetisch Karl Jaspers formuliert hat: Von Gott genüge zu wissen, dass der Mensch sich nicht selber gemacht haben kann. Doch ist das natürlich auch von unserem Hund und vom Baum in unserem Garten zu sagen! Lebte Gott immerhin noch in »seinen« Häusern, unseren Domen, so sind nun auch die seit Jahrzehnten schon durch Abgase stigmatisiert; Schwefeldioxyd zerfrisst Sandstein binnen eines Vierteljahrhunderts derart, dass heute keine Baufirma über 25 Jahre hinaus mehr Garantiearbeiten an Sandsteinen ausführt! Vom Basler Münster wurden sechshundert Jahre alte gotische Figuren abgeseilt – die Gesichter nasenlos wie Leprakranke, Ohren, Augen fast weggefressen –, um sie in Museen aufzubewahren und am Kirchenportal durch Kopien zu ersetzen. Frage: Wie lange kann Gott, wenn seine Häuser sterben, noch existenziell unser Zentrum sein?

Wer Tagebuch schreibt, sollte darum besorgt sein, es nicht zu machen wie Arthur Schnitzler, der zu Alma Mahler gesagt hat, nicht als Dichter gehöre er zu den ganz Großen, aber doch vielleicht als Journalschreiber – was nur belegt, dass niemand weniger Bescheid weiß über uns als wir selber. Denn als Dramatiker, der »Das weite Land« schrieb und »Professor Bernardi« und ein halbes Dutzend weiterer Stücke dieses Ranges, war Schnitzler nun gewiss ebenso ein ganz Großer wie als Novellist, der »Spiel im Morgengrauen« dichtete. Aber sein Journal? Dass ihn Alma Mahler exakt zitiert, bestätigen Schnitzlers umsichtige Anordnungen, dieses »Hauptwerk«, für das er es ansah, ungekürzt nach seinem Tode zu drucken, obgleich er 52 Jahre lang fast täglich eintrug, beginnend ungefähr an der Silbernen Hochzeit des Kaisers Franz Josef (27. April 1879) bis zwei Tage vor Schnitzlers Tod (21. Oktober 1931). Stichworte fast nur, die selten ohne Kommentar verständlich, noch seltener von Interesse sind: »*Vm. Consultation mit Dr. Pollak. Er glaubt, daß der Bub in 10 – 14 ganz gesund ist. Nm. nach Edlach zurück.*« Dies – typisch für viele tausende – Notiz eines Tages. Wie weit gehen Fehlschätzungen bei uns kleinen Leuten, wenn sogar ein genialer Dramatiker, sicher der bedeutendste österreichische mit Grillparzer, der zudem als Arzt und

173

Seelenkenner die Hochachtung Freuds hatte, geglaubt haben kann, derartige Notizen interessierten irgendwen auch nur eine Woche?

Anders, was Somerset Maugham alltäglich aufschrieb: Materialien, natürlich auch Familiäres, Intimstes, um Dramen, Novellen, Gedichte aus ihnen zu entwickeln. Maughams »Notizbuch« ist für mich das Meisterwerk schlechthin unter allen Journalen. Vielleicht weil es kein ganz »echtes« ist: Der Dichter beschloss an seinem 70. Geburtstag, also ein Vierteljahrhundert vor seinem Tod, aus ungezählten Jahrgängen seiner Tagebücher eine Auswahl zusammenzustellen und die Hauptmasse zu verbrennen. Ich weiß von keinem anderen Buch, abgesehen von Stendhals Skizzen, Notizen, Aphorismen, das ähnlich zum Träumen anregt, zum Spielen mit daran anknüpfenden eigenen Gedanken wie die Reflexionen und Momentaufnahmen Maughams, der die Welt oft umschiffte. Sein Humor, auch sein Mut waren geschärft worden als Secret-Service-Agent im Ersten Weltkrieg. Für den fühlbarsten Verlust seines Lebens hielt dieser radikale Einzelgänger sein Versäumnis, aus Müdigkeit nicht seine Gespräche mit den Namhaften notiert zu haben, deren unzählige er gut gekannt hat, von Shaw bis Lenin, von Churchills Mutter bis zu Gandhi. Dass Maugham heiratete, geschah versehentlich: *»Ich hielt mich für neunzig Prozent normal und für zehn Prozent homosexuell. Doch war es umgekehrt.«*

Mustergültig sind auch hundert Zeilen, die der Heidelberger Student Golo Mann 1931 notierte, als er bei Jaspers seine Doktorarbeit vorbereitete, Berufssorgen hatte, Banalitäten von Heidegger mit Befremden las und Hitler kommen sah. Golo Mann ist der Auffassung, die besten Tagebücher würden von namenlosen Jugendlichen geschrieben, die für den Druck noch nichts loswerden können und daher alles, was sie zu sagen haben, *notgedrungen* dem Journal anvertrauen. So wie Nietzsche meinte – und Bismarcks herrliche Jugendbriefe belegen das –, die bedeutendsten Briefe kämen immer von solchen Leuten, die in ihrem eigentlichen Beruf noch nicht zum Zuge gekommen sind, die noch beunruhigt abwarten müssen, was wohl das Schicksal mit ihnen vorhabe. Könnte sein.

Exakt hundert Jahre bevor Golo Mann mit 22 Jahren, angeregt durch das vom 22-jährigen Hebbel begonnene Tagebuch, das seine anfing, schrieb auch der 22-jährige Felix Mendelssohn Bartholdy sein Schweizer Reisetagebuch. Er war berühmt, wie vor und nach ihm allein von allen Sterblichen Michelangelo, Mozart und wohl auch Hofmannsthal mit 22 Jahren schon berühmt gewesen sind. Mendelssohn hatte als Siebzehnjähriger seine Ouvertüre zum »*Sommernachtstraum*« komponiert, was Richard Wagner zu der Feststellung hinriss: »*Das größte Musikgenie seit Mozart!*« (Antisemit geworden, weil Meyerbeer und Offenbach besser Kasse machten als er, sprach Wagner später Mendelssohn »*die tiefe, Herz und Seele ergreifende Wirkung*« ab.) Goethe war das nicht aufgefallen, sooft ihm der Junge eigene oder Bachs Kompositionen vorgespielt hat, was Goethe ihm mit Küssen lohnte. Aufgebrochen zu einer zweijährigen Europatour, notierte Mendelssohn in der Schweiz, meist zu Fuß unterwegs, in sein Skizzenbuch (das unbegreiflich frühreife Genie zeichnete so gut, wie es schrieb!):

»*Die Sinfonie, die das Orchester am Ende spielen soll, habe ich heute früh komponiert, weil auf der kleinen Orgel nichts Rechtes zu machen war. Überhaupt sind mir eine Menge Sachen und Pläne eingefallen ... ich will fleißig sein. Goethes Wort, das er zu mir sagte: ›Schiller hätte jährlich zwei große Trauerspiele liefern können‹, hatte mir schon immer mit seinem handwerksmäßigen Ausdrucke besonderen Respekt eingeflößt. Aber heut morgen ist es mir erst recht klar geworden, wieviel es eigentlich zu bedeuten hat, und ich habe eingesehen, daß man sich zusammennehmen muß.*«

Ganz erstaunt, das überhaupt anzuzweifeln›, antwortete Heinrich Böll am Telefon auf meine Frage, ob er Tagebuch schreibe: »Jeden Abend – jeden, und wenn ich todmüde bin! Ich muss doch notieren, wo die Zeit geblieben ist!« Festhalten war ihm *das* Urverlangen des Künstlers – sogar anlässlich des Flüchtigsten schlechthin, der Zeit: Schreiben ist ohnmächtiges Ankämpfen gegen die Vergänglichkeit. Böll schlug mir zunächst die Bitte ab, mir einige Seiten seines Journals zuzusenden. Wie alle Autoren machte er einen Unterschied zwischen *dem* Tagebuch und einer Auswahl dessen, die er allenfalls bereit war, mir für die »Zeit« auszuhändigen. »Das wird nichts mehr mit uns, lieber Hochhuth«, sagte er und ließ sich dann doch überreden von mir, der ich keine Ahnung hatte, mit einem so bald Sterbenden zu sprechen. Seinen Beitrag »Oblomow auf der Bettkante« – er zeichnete sich darin als Wesensverwandten dieses Russen, kokett, denn Böll war fleißig bis zu allerletzt – durfte ich als vermutlich letztes seiner Manuskripte veröffentlichen.

Auch Thomas Mann notierte jeden Abend den Tagesablauf – und empfand es als rangmindernd an Richard Wagner, dass der dies nicht tat: »*Um vollständig zu leben, hätte er etwa ein geheimes und ganz und gar wahrhaftiges Tagebuch führen müssen… Er war ein homme d'action, ohne tiefere Intimität. Seine Autobiographie ist null und nichtig. Man könnte sagen, nicht er sei unsterblich, sein Werk sei es.*« Thomas Mann hat die *Gefährlichkeit* solcher Skizzen zu spüren bekommen: 1933, als die Nazis sein Münchner Haus versiegelten. Während er über »Leiden und Größe Richard Wagners« an dessen 50. Todestag in Brüssel sprach, waren auch die Tagebücher in ihren Krallen. Der Dichter gelobte, seine Journale zu vernichten, bekäme er sie je wieder, und die Nazis gaben den Hausrat frei, nachdem der Nobelpreisträger für seine Auswanderung »Reichsfluchtsteuer« bezahlt hatte. Manns Tagebücher hatten sie übersehen. Und Mann hielt Wort: Bis auf eines, das der Jahre 1918 bis 1921, hat er alle verbrannt. Was heute an Tagebüchern von ihm herausgebracht wird, datiert erst ab 1933 – lückenlos bis August 1955, der Einlieferung ins Sterbezimmer III im Zürcher Kantonsspital. (Thomas Mann starb auf den Tage genau 55 Jahre nach Absendung seines Manuskriptes »*Buddenbrooks*« aus München an den Berliner S. Fischer Verlag.)

Jaspers hörte 1942 damit auf, Journal zu schreiben. Es war zu gefährlich in Erwartung, die Nazis würden wegen seiner jüdischen Frau bei ihm eindringen. Auf dem Nachttisch stand das Zyankali, das Gertrud Jaspers und ihn der Deportation entziehen sollte. Ernst von Weizsäcker, Hitlers Staatssekretär des Auswärtigen und der Vater des ehemaligen Bundespräsidenten, der seit 1900, als er bei der kaiserlichen Marine eintrat, sein später historisch gewordenes

Tagebuch schrieb, hat dem nach dem 20. Juli 1944 aufgehängten Ulrich von Hassell nie verziehen, dass er im Krieg das riskanteste Tagebuch schrieb, von dem wir wissen. Weizsäcker über die Notizen: *»Ihr Bekanntwerden hätte dem Autor, vielen seiner Gesinnungsgenossen und auch mir, vor allem aber der Sache des Widerstands das Leben ausgelöscht. Tagebücher sind Sicherheitsventile für Stimmungen des Augenblicks. Sie später ohne Kommentar zu veröffentlichen, ist meistens ein Unrecht gegen den Verfasser.«*

Woher rührt die sehr schroffe Abneigung gegen Tagebücher, selbst von Leuten allerhöchsten Ranges? Lessing etwa, der zu formstreng dachte, um Tagebücher zu mögen, zitierte, was Leisewitz ihm einst vorwarf: ohne Tagebuch lebe doch *»der Mensch wie ein Schwein«.* Und Churchill rümpfte die Nase, als er während des Krieges von einem General hörte, der Tagebuch schreibe. Warum nicht erst abwarten, fragte er, wie die Ereignisse ausgehen, damit man *»cachieren«* könne, was man falsch gemacht habe, anstatt sich vor der Nachwelt als mutlos und albern zu blamieren! Und so selbstverständlich es für nicht wenige Schriftsteller ist, Tagebuch zu schreiben, so sehr empfindet Siegfried Lenz es als überflüssig: *»Ich habe nur einmal Tagebuch geschrieben, nur ein Jahr lang, für meine Frau, als Geschenk zu unserer silbernen Hochzeit, ganz intim. Das wird niemals gedruckt.«* Erst 2012 erschien das »Amerikanische Tagebuch 1962«.

Der Petersburger Botschafter von Bismarck untersagte seinem jungen Attaché Fritz von Holstein, Tagebuch zu schreiben, als unvereinbar mit dem Beruf des Diplomaten. Zum Glück gehorchte Holstein nur als junger Mann, später schrieb er das vielleicht aufschlussreichste über die kaiserliche Hofgesellschaft neben dem der Baronin von Spitzemberg. Männer der Tat, selbst jene, die später Memoiren schreiben werden, teilen in der Regel Bismarcks und Churchills Abneigung gegen Journale. Als ich Altbundeskanzler Kreisky um ein Tagebuchblatt für die »Zeit« bat, verneinte er fast heftig: »Ich habe doch nie Tagebuch geführt – ich halte es mit Noël Coward, der sich rühmte, sein Elefantengedächtnis sei bedrohlich genug für die Leute, über die er in seinen Memoiren berichten wolle.« Doch Kreisky gebietet über die Souveränität, mit der auch Jacob Burckhardt seinen Texten gegenüberstand, und gestattete mir, eine ohne Konzept gehaltene Burgtheater-Rede drucken zu lassen. Natürlich änderte ich keine Silbe, von Kürzungen und Umstellungen abgesehen. Was ich Kreisky nicht sagte, es aber dachte: Wie typisch für ihn – der ja wirklich Geschichte mit*gemacht* hat, als 1955 Österreich dem Kreml und dem Weißen Haus seine Befreiung von Besatzungsmächten und Militärbündnissen abtrotzte –, dass er kein Journal schreibt, eben *weil* er ein Mann der Tat, nicht ein Reflektierender ist ...

Wir Deutschen zeigen geringere Neigung als andere Nationen, Literatur von gestern zu drucken, denn »von gestern« – ein primitiver Zug – ist bei uns ein Schimpfwort! So erschienen die Notizen unseres einzigen »hauptberuflichen« Journalschreibers, Harry Graf Kessler, vollständig erst im Jahr 2004 –, obgleich sie, selten genug in unserer Epoche, in der zwei Weltkriege vermutlich die meisten ungedruckten Manuskripte vernichtet haben, komplett vorliegen. Seit 1968 bewahrt das Marbacher Schiller-Nationalmuseum in seinem Literaturarchiv sechsunddreißig Bände auf, sie beweisen Kesslers Qualität als Autor und kritischer Beobachter des kulturellen Lebens und der Politik seiner Epoche. Wie nahe seine Aufzeichnungen der Jahre 1902 bis 1914 dem endgültigen Verschwinden gewesen sind, obgleich er sie sogar in einem Banksafe auf Mallorca eingeschlossen hatte, das überliefert der Marbacher Archivar Werner Volke: Kessler hatte keine Verfügung hinzugefügt, was im Falle seines Todes aus den Büchern werden solle. Als das Bankhaus nun zumachte oder gar abgerissen werden sollte, öffnete man auch die Safes und beschloss, die deutschen Papiere, mit denen keiner etwas anzufangen wusste, einfach zu verbrennen – bis in letzter Minute jemand vorschlug, zuvor doch noch das Generalkonsulat der Bundesrepublik zu befragen. Dieses vermittelte dann über einen Antiquar die bisher als vermisst geltenden Tagebücher nach Marbach. Doch Sicherheit, wie nicht zuletzt diese Geschichte lehren sollte, ist auch dort nicht, ist nirgendwo – außer in der Öffentlichkeit.

Harry Graf Kessler wurde 1868 in Paris geboren und starb 1937 in Südfrankreich. Erst viel später erkannte man seine Bedeutung als Chronist. Deutscher war Kessler nur dem Pass nach, nicht von der Abstammung her: Seine sehr schöne Mutter aus dem irischen Landadel war die Freundin Kaiser Wilhelms I., der ihren Mann, den Schweizer Bankier Adolf Wilhelm Kessler, adelte und sogar in den Grafenstand erhob – einmalig in dieser Zeit, als selbst Bismarck für seinen Bankier Bleichröder, mühsam genug, nur den Bagatelladel durchsetzte. Und Bleichröder hatte im Gegensatz zu Kessler Verdienste um das Reich. Der junge Kessler muss wie sein Generationsgenosse André Gide, den er gut kannte – jeden Geist von Rang kannte er! –, und wie alle Welt von den Tagebüchern der Brüder Goncourt beeindruckt gewesen sein. Umso mehr, als sich rasch herausstellte, dass die beiden Franzosen damit und nicht mit ihren ebenfalls gemeinsam verfassten Romanen auf die Nachwelt kommen würden. Kessler, der schon mit zwölf Jahren das erste Journal begonnen hatte, war sich sicher, darin liege seine spezifische Begabung und mit dem Tagebuch könne er in die Literaturgeschichte gelangen, aber nicht, was er gleichwohl versuchte, als Autobiograf, Reiseschriftsteller oder als Biograf Walther Rathenaus. Seine Tagebücher schrieb er ohne Zweifel für den Druck – warum sonst hätte er immer wieder daran gefeilt: durchgestrichen, neu formuliert, Ausdrücke verbessert, Beobachtungen präzisiert, was kein Mensch tut, der sein Journal nur als Materialsammlung für spätere Bücher schreibt. Und

■ *Harry Graf Kessler (1868-1937)*

so ließ diese schriftstellerische Sorgfalt mitsamt den internationalen Verbindungen zu Künstlern, Diplomaten und Politikern, die Kessler dank eines bedeutenden Vermögens pflegen konnte, ohne je einer Erwerbstätigkeit nachgehen zu müssen, in siebenundfünfzig Jahren ein Tagebuch ohnegleichen heranwachsen, ein Tagebuch, urban und reich an politischen Einsichten.

Aus einem anderen bedeutenden deutschen Tagebuch, dem von Hildegard Freifrau von Spitzemberg, ist herauszulesen, dass Kessler der Einzige in Berlin war, der wenigstens einige Intellektuelle aus aristokratischen Kreisen mit Künstlern zusammenzuführen vermochte, weil er als Graf Zugang zur Hofgesellschaft hatte. Golo Mann, der in seiner Autobiografie überzeugend als Tatsache hinstellt, dass Kessler der Sohn Wilhelms I. war, bedauerte noch, dass der weitaus größte Teil der Journale dieses neben Friedrich dem Großen bedeutendsten Künstlers, den die Hohenzollern hervorbrachten, zu seiner Zeit noch nicht publiziert worden war. Nachlässig kommt offenbar von Nachlass. Nicht vorhanden ist, was nicht publiziert ist. Vorbildlich begrenzte der Herausgeber der ersten Kessler-Auswahl, der Jahre 1918 bis 1937 (erschienen 1995), die Anmerkungen zum Text auf ein für den Leser nicht ermüdendes Maß. Anders in den Tagebüchern Arthur Schnitzlers: Deren ausufernde Kommentare lassen nicht nur die viel zu vielen Fußnoten zu Fußangeln für den Leser ausarten, über die er stolpern und sein Lesevergnügen einbüßen muss, sondern sie machen diese Tagebücher vor allem auch unerschwinglich teuer, weil viel zu dick.

Tagebücher sind nicht ehrlicher, aber auch nicht unehrlicher als Briefe. Zeitereignisse, darf man vermuten, schildern sie ungeschminkter, als sie in Korrespondenzen aufscheinen, da selbst jene Tagebuchschreiber, die mit der späteren Veröffentlichung rechnen – und das sind die meisten, obgleich sie das Gegenteil behaupten –, doch sicher sein können, dass ihre Urteile über die Epoche erst gelesen werden, wenn die Akteure tot sind oder jedenfalls abgetreten von der Bühne des Geschehens. Als ich in der Zürcher Stadelhoferstraße das bestellte Tagebuch bei Max Frisch abhole, frage ich ihn: »Sind Tagebücher deshalb wahrer, lebensnäher als Erzählungen, weil doch der Tag vierundzwanzig Stunden hat, deren interessanteste Ereignisse das Tagebuch festhält, während eine Erzählung sich selber zu sehr abgrenzt gegen die Realität durch Konzentrierung auf ihre Fabel und alles auslassen muss, was nicht dazu gehört?« Frisch stimmt dem zu – jedoch mit dem Zusatz, der für seine zwei wunderbaren Journale so bezeichnend ist: »Doch auch in Tagebüchern müssen die Ereignisse sich zusammenfügen zu Geschichten, zu in sich abgeschlossenen Betrachtungen – im besten Fall zu Aphorismen.« Während er das sagt, legt er sogar die Pfeife hin, um, so sparsam sonst mit Gesten, seine kräftigen Architektenhände zusammenfassende, ballende Bewegungen machen zu lassen: »Geformt werden muss auch das Tagebuch, es darf nicht, was man sagen will, nur so – hingekrümelt werden.« André Gides berühmtes Journal sei hier ein abschreckendes Beispiel: »Das haben wir natürlich alle gelesen, aber ich hab's bald weggestellt, eben weil Gide jede banale Zufälligkeit seines privaten Lebens aufschreibt und eben keine Geschichten daraus werden.« Frisch hat in der Tat seine Dramen als Kurzgeschichten in seinen Tagebüchern eindrucksvoll vorweggenommen: Musterstücke für Lesebücher, bedeutende Prosa...

Ein vorletzter Aspekt: Tagebücher, mindestens unverstümmelte, verschwinden öfter, als welche publiziert werden: Da sie die ehrlichsten aller literarischen Erzeugnisse sind, sind sie die von Vernichtung meistbedrohten. Bedenkt man, dass sogar Büchners Tagebuch verbrannt wurde – ob nun durch die pfarrhauskeusche, sehr religiöse Braut oder durch wen auch immer –, dass Georg Trakls Familie noch dessen Liebesbriefe an seine Schwester vernichtet hat, obgleich er seit mehr als einem halben Jahrhundert als einer der allergrößten Lyriker deutscher Sprache galt – wie viele Tagebücher werden dann erst vernichtet worden sein, von denen kein Mensch weiß! Leider muss man verallgemeinern: Familien haben mehr Literatur vernichtet als staatliche Zensoren. Was ist ein Inquisitor, gemessen an einer Witwe oder gar an Kindern, die »*das menschlich Unfertige*« (Thomas

Mann), sprich: alles Unabgeklärte, ja alles *Leben* im Intimbereich ihrer Eltern verabscheuen! Dieser Verfolgungssucht ist das vermutlich interessanteste Journal der Goethe-Zeit, das von Johanna Schopenhauer, zum Opfer gefallen: Tochter Adele »reinigte«, was ihre Mutter schrieb, weil die sehr schöne Witwe zu ihrem Entsetzen Liebhaber gehabt hatte, im Gegensatz zu ihr.

Was denken sich Familien wie die der Baronin Spitzemberg, der Marie von Bunsen, der Alma Mahler, des hingerichteten Botschafters Ulrich von Hassell, was denken sie sich bei ihren *Unterschlagungen* – dies ist genau das richtige Wort –,wenn sie Jahrzehnte noch nach dem Tode aus den vielleicht bedeutendsten Journalen ihrer Epoche – meist sogar das einzige literarische Werk dieser Toten – nur Teile »auswählen« oder, wie bei Marie von Bunsen, überhaupt nichts publizieren? Zuweilen hatten Familien einen Giganten in ihrer Reihe, sodass wenigstens finanzielle Habsucht sie zurückhielt, das Originalmanuskript – eben weil es unbezahlbar war – auch noch in den Ofen zu tun. Dies allein dürfte den Großneffen Michelangelos, als er – spät genug – 1623 endlich die Sonette drucken ließ, davon abgehalten haben, die Handschrift zu verbrennen. Denn sonst war er nicht zurückhaltend: *»Unter dem belastenden Gebot der Gegenreformation«* hat dieser Buonarroti alles Erotische getilgt, ja schlimmer: *»Dazu kam, daß der Großneffe und Epigone, vom Flug des Adlers getragen wie der Zaunkönig der Fabel, noch ein Stück höher fliegen wollte und sein eigenes Selbst durch unberechtigte Veränderungen des Textes zum Ausdruck brachte«,* wie sehr schön der Übersetzer der Sonette Edwin Redslob formuliert. Michelangelo hatte fast achtzig Jahre zuvor, 1545, die Drucklegung seiner Sonette vorbereitet, dann aber durch den Tod Vittoria Colonnas die Lust an seinem gereimten Tagebuch verloren – Gedichte sind sehr oft geformte Tagebücher! Erst als endlich der letzte Buonarroti 1858 gestorben war – nicht ohne »anzuordnen«, niemals dürften Michelangelos Sonette auch nur vorgezeigt werden –, konnte man die Handschrift einsehen und sie aufs Jahr genau dreihundert Jahre nach dem Tode des Autors »ungesäubert« drucken, 1864. Welcher Zufall, welche Fülle von Zufällen müssen zusammenwirken, um in einer Familie dreihundert Jahre lang ein Manuskript zu erhalten!

Man macht sich heute eine Vorstellung von der terroristischen Prüderie der Biedermeier- und der Queen-Victoria-Zeit, wenn man bedenkt, dass die Tagebücher – bei Malern spricht man besser von Skizzenbüchern – des vielleicht größten britischen Malers, des Seemalers William Turner, deshalb vom Nachlassverwalter, der nicht irgendein kunstfremder Idiot war, sondern ein Poeta laureatus, verbrannt worden sind, weil sie Aktzeichnungen enthielten. Zwar spricht Schopenhauer ausdrücklich vom *»pöbelhaft bigotten England«,* doch in Deutschland und Frankreich war es nicht anders: Gibt es im ganzen 19. Jahrhundert ein einziges deutsches Gedicht, das die unaussprechlich schändliche Silbe »nackt« enthielte? Ich kenne nur ein parodistisches bei Wilhelm Busch.

Frankreich hatte neben den Brüdern Goncourt im 19. Jahrhundert einen weiteren Autor, der allein für sein Journal gelebt hat: *»Ich lese Seiten aus diesem Tagebuch: Es ist immerhin das Beste und das Sinnvollste, was ich in meinem Leben geschaffen habe«,* schreibt Jules Renard, bekannt in seiner Zeit als Theater- und Romanautor. Sein Tagebuch begeisterte so unterschiedliche Köpfe und Gemüter wie Gide, Tucholsky, Sartre, Maugham – dennoch, obgleich Renard davon spricht, sein Sohn solle dieses Tagebuch einmal lesen, hat die Witwe die 54 (!) Hefte verbrannt, nachdem sie zunächst mit der Schere so viel vernichtet hatte, dass der Rest abgeschrieben werden musste: eine einzige Seite hat die Vernichtung überlebt! Das Original ist weg, für immer. Auch ein »Freund« des Dichters half bei der Säuberung, und da er für die Fälschung mit haftbar war, gab er kund, an eine Veröffentlichung habe wohl Renard nie gedacht... dabei *lebte* er für diese 54 Hefte, die kein Autor schreibt, wenn er sie nicht publiziert sehen will!

Erst vor dem Hintergrund dieser Tragödien – Mord an einem Autor sieht eben anders aus als der, den Lady Macbeth anzettelt, Mord ist auch Manuskriptvernichtung – wird das Ethos der Familie Wagner deutlich, dieser vermutlich erstaunlichsten deutsch-französischen Familie überhaupt, die sich nicht an dem Riesenjournal Cosimas vergriff, sondern es getreulich nach Jahrzehnten publizierte. Freilich hat Cosima die Briefe verbrannt, die Nietzsche ihr schrieb – vielleicht seine schönsten, denn diese Frau war seine Passion. Dennoch: Ihr Tagebuch ab 1869, das doch »Stellen« mehr als genug enthält, die hundert und hundertzwanzig Jahre später bei der Veröffentlichung den weitaus meisten Familien als »unopportun« – politisch, gesellschaftlich – erschienen und deshalb ruchlos vernichtet worden wären, es blieb verschont von Eingriffen, die nicht von der Autorin selbst vorgenommen wurden. Erstaunlich. Resultat: Eine Kulturgeschichte der Bismarck-Zeit und dazu die Beschreibung zweier Lebensgeschichten, die es Wagner-Biografen künftig so schwer machen musste, denn gute Tagebücher oder riesige Briefvorkommen machen Biografien überflüssig. Der verständnisvollste Interpret der Tagebücher, Peter Wapnewski, stellte denn auch den Rang als Doppelbiografie in der Überschrift heraus: »Cosima Wagner und Cosimas Wagner«.

War Cosima Liszt, geschiedene von Bülow, verheiratete Wagner, die bedeutendste Chronistin des kulturellen Lebens in Deutschland, so war Hildegard von Spitzemberg, die Vertraute Bismarcks, die interessanteste Zeugin des politisch-diplomatischen: Von 1853 – da war sie zehn Jahre – bis fünf Tage vor ihrem Tode am 30. Januar 1914 schrieb sie Tagebuch, von den hinterlassenen achtundsechzig Bänden à 250 Seiten wurde

▪ *Hildegard von Spitzemberg (1843–1914)*

indes bisher nur eine knappe Auswahl gedruckt. Wie glücklich ist Großbritannien, in des Marinestaatssekretärs Samuel Pepys Journal eine Kultur- und Sittengeschichte des 17. Jahrhunderts zu besitzen wie in denen Boswells eine des 18.! Deutsche entschließen sich höchst zögerlich, bedeutende Journalschreiberinnen ebenso zur Literatur zu rechnen wie eine Frau, die Erzählungen schreibt. Was ist Literatur, wenn nicht *auch* Chronik ihrer Zeit: Die Journale Cosima Wagners und der Baronin von Spitzemberg sagen mehr über Kunst und Politik im 19. Jahrhundert als deutsche Romanciers dieser Jahrzehnte.

Letzter Aspekt: Musils Tagebuch setzte sogar den »Mann ohne Eigenschaften« herab, weil es diesen Epiker als einen von Dünkel, Neid, ja wütendem *Hass* auf jeden Kollegen, sofern der erfolgreich war, derart Verzerrten zeigt, dass man daran zweifelt, ob er die Menschen in seinem Roman – zum Beispiel Rathenau – halbwegs fair und gerecht darstellen konnte. Wer als Mensch nicht sympathischer ist als ein Schürhaken, sollte wenigstens einen instinktsicheren Mitmenschen haben, der ihm empfiehlt, kein Tagebuch zu schreiben ...

# Carmen – elf Variationen

## (Gedichtzyklus)

> Führt *Liebe* zum Mord,
> gehört nicht nur das Wort
> zum Tatort, zur Chronik
> – nein, auch *Musik*

## Carmen

> *»Ihre Augen…*
> *einen sinnlichen und zugleich grausamen Ausdruck,*
> *wie ich ihn in keinem menschlichen Antlitz*
> *wiedergefunden habe.«*
>
> Mérimée, 1845

– kennt für den, den *sie* »freistellt«,
so brutal nennen auch Banken, Wirtschaft
*Entlassene* – kein Erbarmen.

Wer ihren Launen nicht standhält,
fliegt raus! *Warum* José so abgeschlafft,
*suchtkrank:* Wer Carmen singen hörte, *sah*

– will nichts mehr als *ihren* Hals, Po, die Vagina!
Wo bleibt – wer kürzlich *ihr* verleibt?
Hoffnungslos, war man in *Carmens* Schoß!

# Bizet

– geht ein an der Presse, erst 37, denn CARMEN
wird weggehöhnt, *einstimmig*, in Paris!
Rezensenten, materiell stets im Warmen,
leben gemessen an »frei« Schaffenden – im Paradies!
Aus *Impotenz*, nie *freiwillig*, Kritiker geworden:
Wissen genau, wie man's macht, doch *können* nicht!
Kommen zum Orgasmus nur, wenn sie Künstler ermorden.
Hassen, weil *wissen*: Furzkurz »hält« ihr Zeitungsbericht.

* * *

# Carmen-Sonett

*»Ich hörte gestern – werden Sie es glauben?*
*– zum zwanzigsten Male Bizets Meisterstück …*
*Wie ein solches Werk vervollkommnet! Ich werde*
*ein besserer Mensch, wenn mir dieser Bizet*
*zuredet. Bizet macht mich fruchtbar.«*

Nietzsche, Turin, Mai 1888

Von ihrer Mitschuld muss man sprechen:
Zwar bildet nur ein Affe sich ein,
doch *musste* nicht José den Liebesbruch rächen!
– *Ihr* Bett gehöre ihm allein …

»Unschuldig« komponierte schon nicht Bizet:
Der Ouvertüre Wucht und Wut,
*Femme fatale* als Grundidee,
signalisieren: *Hier* führt Sex zu Blut!

War für *Carmen Liebe* je mehr als ein Limerick?
»Böse, raffiniert, fatalistisch«, nennt diese Musik
auch Nietzsche ... Bizet, 37, *stirbt sofort* an der Kritik,

die *einheitsdumm* Carmen als »degoutant sittenlos«
abtut! Doch vernichtet sie nur im *Moment* total! Triumphal
stellt der *Welt* Beifall die Verrisse bald als idiotisch bloß.

\* \* \*

## Libido

– wird nie banal,
solange sie illegal:
War sie beim Standesamt

– zur Trivialität verdammt!
Auch weniger sexuell,
wenn nicht kriminell.

Gott sei Dank verschweigen
– Kissen, was sie wissen,
statt's anzuzeigen.

## Südspanierin

– Vater aus Nordwestafrika
nahe Algier,
*die* königliche Mulattin!
Wer sie je sah, quarzschwarz in Achseln, um Vagina,
sie hatte, wird zum Tier,
wenn nach ihr wer greift:
José wusste sofort, alle drei müssen über Bord!
Griff zum Messer – jede Hemmung abgestreift.

\* \* \*

## Carmen II

>*Später am Flügel die Arie des José
nach dem Auszug studiert, damit ich sie
für mich singen kann.*«

Thomas Mann, 22. Mai 1921

José zu sich: Nichts mehr zu hoffen
in ihren Augen, Armen.
War *sie* einem offen,

man bei *ihr* »in« – *wohin?*
Muss sterben, gehören ihre Vagina,
Herz, Po jetzt *allein* dem Torero!

Bin *ich* nicht mehr, war ich *nie* da?
Mord – letztes Wort. Dann Selbstmord.
Nichts bleibt – ist sie nur *ihm* verleibt.

## Liebe vom Zigeuner?

*»Ließ die Arie des José 3mal spielen, indem ich den*
*Text nachlas... Vorsatz, Carmen wieder zu hören.«*

Thomas Mann, 4. Mai 1921

Nein! Muss einer *nicht* sein:
Auch José ein Streuner,
doch Spanier – lässt kein
Weib vorbei, *nie* nur Alberei,
sondern *Ernst,* sein Griff in den Po!
Umso beliebter bei allen
– wie *nicht* comme il faut.
So auch, wie *gern* wir fallen
– schnell, *generell*-sexuell.

\* \* \*

## Mit Worten, so armen

– nicht beizukommen,
was Carmen
empfand,
als sie den Torero genommen
– das Band

zu José brutal zerriss!
Nur mit *Musik*
auszudrücken,
die Chronik,
*wie* das Tier mit zwei Rücken

hier zubiss!

## Zum Messer

»*In jeder großen Trennung liegt ein Keim von Wahnsinn; man muss sich hüten, ihn nachdenklich auszubrüten und zu pflegen.*«

Goethe, Maximen und Reflexionen

– der Verzweiflungsgriff
nicht besser
als scheitern am Venus-Riff?
Wen *Carmen* sich eingeleibt
– dann vertrieben:
*der* weiß, *anders* verweibt,
ist doch nicht mehr lieben.
Mordzwang, da kein Notausgang.

Francicso de Goya: Maja (1803)

## Goya-Bizet

Seine Maja, seine Carmen: ihr Ursprung
im *selben* Epochegefühl,
von dem uns nur *scheinbar* 200 Jahre trennen:
In Wahrheit zeitlos auch *unsre* Sucht, in deren Armen
zu sein, wieder *jung* ...
Zwar so *anmaßend* das wie ridikül:
Doch nur im Vereinen zu zweien lernen Einzelne *sich* kennen.

Sich zur Sucht in ihre Bucht zu verrennen
– Luther nennt Ficken in der Bibel »Erkennen« –

in Wahrheit zeitlos als Sehnsucht in den Armen
einer Carmen zu sein, *erneut* jung ...
Denn niemand ist irgendwo mit sich selbst im Reinen
als zwischen zwei Beinen.

\* \* \*

## Brief an Carmen

Wem *Du* je offen,
fand seinen Platz!
Will, kann nicht hoffen,
fände in Armen
*andrer* Ersatz!
Ohne Rückkehr
in Dich
– einzige Gegenwehr –
Herzstich in Dich, dann mich.

# Tell: Aufruhr in Permanenz

## Schillers Leitbild für einen Che Guevara Europas

(Überarbeitete Akademierede zum 200. Jahrestag der Uraufführung von Friedrich Schillers Drama »Wilhelm Tell«, gehalten in Berlin, München und Hamburg im Jahr 2003)

> *»Bei der ganzen Politik gibt es nur eine Sache,*
> *die ich begreife, und das ist der Aufstand.«*
>
> Flaubert an Louise Colet, 7. August 1846

Wilhelm Tell – *heute*? Ich sage Ja! Und begründe, warum dem »Tell« wie keinem anderen Stück in *jeder* Gesellschaft, *jeder* Epoche – so auch jetzt, unter unserer Parteienoligarchie – seine Lebensnotwendigkeit von der Geschichte auferlegt wird. Denn »Wilhelm Tell«, *die* Magna Charta des politischen Dramas, bleibt seiner Gefährlichkeit wegen auch das einzige in keine Staatsform jemals integrierbare Stück... Weshalb ja auch am 200. Jahrestag der Uraufführung nicht *eines* der mehr als dreihundert deutschsprachigen Theater – allesamt so königlich subventioniert wie nirgendwo sonst auf der Welt – den »Tell« auf dem Spielplan hatte. Logisch. »Wilhelm Tell« nimmt um genau hundert Jahre die Lehre von der permanenten Revolution vorweg, die 1904 Leo Trotzki – natürlich im Gefängnis – zuerst klassisch definiert hat...

Trotzki fragt in »Ziele und Mittel«: *»Ist zum Beispiel vom Standpunkt der ›reinen Moral‹ individueller Terror erlaubt oder verboten?«* Und er antwortet: *»In dieser abstrakten Form existiert diese Frage für uns überhaupt nicht.«* Zweifellos hat er recht, dieses Problem ist nur ad personam zu *erörtern* und im Hinblick auf ein bestimmtes politisches Vorhaben; lösbar ist es ohnehin nicht. So enthält auch Jacob Burckhardt sich jeder moralischen Bewertung, als er in seiner Vorlesung 1867 den »Mord als Hilfsmittel« behandelt und ihn als nicht wegzudenken im Haushalt der Geschichte konstatiert, während er ihn im »Wilhelm Tell« 1859, am 100. Geburtstag Schillers, uneingeschränkt feiert. *Der* Geniale unter den Politikern dagegen, Bismarck, nennt schon auf der ersten Seite seiner »Gedanken und Erinnerungen« den Tell *»einen Rebell und Mörder«*. Während Trotzki ohne eigenen Kommentar schreibt: *»Die konservativen Schweizer bezeugen noch heute dem Terroristen Wilhelm Tell ihr offizielles Lob.«*

Und heute, abermals nach hundert Jahren, beginnt die Lehre dieses Dramas zur Kenntnis genommen zu werden, endlich sogar in Regierungskreisen: Der bayrische CSU-Ministerpräsident Edmund Stoiber und der Vorsitzende der Sozialdemokraten Franz Müntefering haben erstmals dem von CDU-Ministerpräsident Bernhard Vogel »Raubtierkapitalismus« genannten Gangstertum in der BRD die Zähne gezeigt und dem Schweizer Deutsche-Bank-Chef Ackermann ihren Abscheu ausgedrückt, leider noch ohne seinen Hinauswurf zu fordern: Joseph Ackermann hatte die inhumane Schamlosigkeit aufgebracht, ehrlich einzugestehen, dass er abermals nach beispiellosen Gewinnjahren einige Tausend Frankfurter Bankangestellte allein deshalb liquidiere, weil er die Rendite der Deutschen Bank auf 25 % steigern will. Habgier auf Kosten der Existenz von Mitmenschen als das verächtlichste aller Leitziele ist das der repräsentativen Deutschen Bank – die sogar öffentlich damit prahlt. Fische sehen das Wasser nicht, Mächtige hören nicht, wie ihre Untertanen sprechen von ihnen, weil fast alle Medien als Pflichtlinge der Tonangebenden nur berichten, was die hören *wollen*: Tagesschau-Offizialität.

Die zwei profundesten Kenner des Ancien régime, Fürst Talleyrand, Außenminister Napoleons und auch noch der zurückgekehrten Bourbonen, ebenso Österreichs Botschafter in Paris und späterer Staatskanzler Fürst Metternich, haben, beide über achtzig, ausgesagt, kein Mensch am Hofe von Versailles habe auch nur eine Gassenrevolte für möglich gehalten, noch wenige Wochen nicht, bevor man alle zur Guillotine schleifte ... Und so steht auch heute *uns,* steht auch meinen Enkeln und deren Kindern die Revolution ins Haus! Mit nur *einem* Tellschuss wird sie jedoch nicht auskommen. Die Morde, die hierzulande die kommende Revolution einleiten, sie werden von unten initiiert werden, gemäß der Voraussage Jacob Burckhardts 1890 (Brief an den Karlsruher Stadtdirektor von Preen): »*Einmal werden der entsetzliche Kapitalismus von oben und das begehrliche Treiben von unten wie zwei Schnellzüge auf denselben Gleisen gegeneinander prallen.*« Gewiss wird der Che Guevara Europas kommen, weil unentbehrlich. Er wird morden und ermordet werden und dennoch die durch steigende Arbeitslosigkeit dann nicht mehr zu zählenden Entrechteten befreien. Doch zunächst, weil kein Mensch in Deutschland sie mehr kennt, ein Gedenkblatt für die beiden Wilhelm Tells der Jahre 1938 und 1939, Maurice Bavaud und Johann Georg Elser.

Als nach dem 10. Juni 1942 die Berliner regierenden Raubmörder verkündeten, dass wir Deutschen jenes Dorf Lidice dem Erdboden gleichgemacht haben, das angeblich die Tschechen beherbergte, die, per Fallschirm aus London kommend, auf Befehl Churchills Hitlers Prager Satrapen Reinhard Heydrich durch eine Telltat umgelegt hatten, griff Thomas Mann spontan wieder zu »Wilhelm Tell« und notierte: »*Politisch stark, poetisch sehr veraltet.*« Thomas Mann in Kalifornien konnte noch nicht wissen, dass er ein Drama las, dem der Ruhm ohne Beispiel zukommt, das einzige der Weltliteratur zu sein, das Hitler persönlich im Jahre zuvor – geheim, weil schon die Erwähnung von Attentaten den Imitationseffekt auslöst – verboten hatte. Die gehorsamste seiner Kreaturen, Josef Goebbels, der das anordnen musste, genierte sich als Dr. phil. immerhin so sehr, dass er dieses Verbot in seinem Journal unterschlug, obgleich er zuweilen bis zu dreißig Seiten Tagebuch diktierte, in der Erwartung, damit zu Historiker des Dritten Reiches zu werden, was er vielleicht sogar geschafft hat.

Hitler fand sogar am 12. Dezember '41 – als ihm erstmals im Kriege das Wasser an der Nase stand, da seine Panzer vor Moskau geschlagen waren – die Zeit, seinem Verbot des Dramas den Ukas hinterherzujagen, künftig hätten sogar *»Kernstücke und Lieder«* aus »Wilhelm Tell«, der auch als *»Lehrstoff in den Schulen nicht mehr behandelt und nicht mehr ausgeliehen werden«* dürfe, aus neuen Schulbüchern zu verschwinden. Denn soeben hatte er in den Hinrichtungsprotokollen aus Plötzensee gelesen, Tells Eidgenosse, der Schweizer katholische Theologiestudent Maurice Bavaud, habe schon 1938 versucht, ihn in München zu erschießen, und zwar am jährlich am selben Ort zur selben Stunde stattfindenden Gedenkmarsch zum Novemberputsch 1923. Es war ja dies der einzige Tag im ganzen Jahr, an dem jeder wusste, wann und wo genau Hitler sich befinden werde, sodass auch Johann Georg Elser dort eine Tatortbesichtigung für sein Attentat im Bürgerbräu-Keller ein Jahr später vornahm...

Ein Schweizer und ein deutscher Tell – sechs und fünf Jahre früher, als Stauffenberg, der Urenkel Gneisenaus, sein Attentat in der »Wolfsschanze« praktizierte. Und Maurice Bavaud war *der* Heroische, weil allein er schon *vor* dem Krieg den Tyrannen hatte töten wollen und weil nur er es mit Pistole tun wollte, also in der Gewissheit, anschließend gelyncht zu werden, während Elser wie Stauffenberg sehr solide Chancen hatten, unerkannt davonzukommen. War Bavaud deshalb unrealistisch? Im Gegenteil: Als Feldmarschall Rommel am 20. Juli '44 hörte, Stauffenbergs Dynamit habe Hitler nur in den Garten geschleudert, fragte er: »Hat man denn keinen Hauptmann mit einer Armeepistole gehabt?«

Wir heute sind leicht versucht, einer solchen Balladenfigur, die mit zweiundzwanzig aufbricht, den Mann zu töten, der ein Jahr später eine Kriegslawine lostritt, die 56 Millionen Menschen erschlagen wird –, wir sind versucht, diesem Studenten Mangel an Realismus vorzuwerfen. Zu Unrecht! Denn genau dies, doch ein Jahr später, plante auch der Schotte Sir Mason-MacFarlane, damals Militärattaché in Berlin. Er reiste 1939 in die Downing Street – wie David Irving erforscht hat –, um dem Premierminister zu sagen, werde Hitler nicht am 20. April, während der Parade zu seinem 50. Geburtstag, erschossen, so sei der nächste Weltkrieg unvermeidbar. Die Führertribüne lag gegenüber der Berliner Wohnung des Attachés. Im Lärm der Marschmusik, der vorbeirasselnden Panzer, der paradierenden Flugzeuge wäre die Herkunft eines Blattschusses auf den späteren Installateur von Auschwitz niemals rekonstruierbar gewesen. Aber Mason-MacFarlane besprach, weil er einen Scharfschützen benötigte – er selber, schwer verwundet im Ersten Weltkrieg, konnte nicht schießen –, anders als der Schweizer seinen Entschluss nicht allein mit seinem Gewissen, sondern mit Premierminister Chamberlain, der sich zum Tellschuss nicht einmal auf Hitler entschließen konnte... Es ist zu deprimierend, sich auszumalen, was die spurlose Ermordung Hitlers *vor* Kriegsbeginn der Menschheit erspart hätte – womit schon *allein* Bismarcks erstaunlich *ahnungslose* Verwerfung der Telltat widerlegt ist. Mildernder Umstand: Kein anständiger Mensch in Europa *konnte* sich im 19. Jahrhundert vorstellen, was für ein Lebewesen 43 Jahre nach Bismarcks Entlassung in dessen Reichskanzlei einziehen werde... Bei politischer Windstille wie in den Jahren 1871 bis 1914 werden *alle* so vertrauensselig und historisch ahnungslos, wie auch wir es heute sind in unserer mit dem Wirtschaftswunder ab 1950 in Westeuropa und den USA gegründeten Spaßgesellschaft.

Hitler hielt Maurice Bavaud, *»der nur durch Zufall... nicht zum Schuss gekommen sei«*, für gefährlicher als den Tischler Johann Georg Elser. *»Die Aussagen dieses Schweizers seien für ihn insofern von besonderem Interesse, als sie seine Auffassung bestätigt hätten, dass gegen einen idealistisch gesinnten Attentäter, der für seinen Plan rücksichtslos sein Leben aufs Spiel setze, kein Kraut gewachsen sei. Es sei ihm daher vollkommen verständlich, warum 90 Prozent der historischen Attentate gelungen seien«*, schreibt Henry Picker in »Hitlers Tischgespräche im Führerhauptquartier«. Hitler zählte den Eidgenossen zur seltensten Kategorie der Attentäter, zu den Idealisten. Dass er schon fünf Monate vor Bavauds Versuch nicht mit seinen Paladinen in silberblitzenden Generaluniformen ins Burgtheater gekommen war, als die

Führergeburtstagsaufführung »Wilhelm Tell« zur Feier der Annexion Österreichs stattfand, lag an seiner Umsicht: Lebte er doch leider erfolgreich nach der Maxime: Völlig überraschend und unregelmäßig kommen, allein das bietet Schutz vor Attentätern – was ja bei Theaterbesuchen nicht möglich ist. Präsident Lincoln war denn auch der Einzige nicht, der in einem Theater ermordet wurde.

Hitler sprach sehr oft bei Tisch über seine Angst vor Attentaten und allein deshalb auch so oft von Schiller – und er sprach *nur* von Schiller, sonst von keinem einzigen Dichter, und sprach auch von Schiller nur deshalb und stets bedauernd verächtlich, weil der »Wilhelm Tell« geschrieben. Hitler präzisierte: *»Er halte es mit allen seinen Autofahrten so, dass er sie überraschend ausführe … Sobald nämlich die Polizei etwas von seinen Ausfahrten erfahre, durchbreche sie die übliche Art der Diensterledigung und wirke allein dadurch schon auf die Menschen alarmierend, ohne dabei zu bedenken, daß alles, was die Regel durchbricht, auffällt …«* So am 3. Mai 1942, als der mörderische Feigling, der sich kein einziges Mal eine zerbombte deutsche Stadt angesehen hat, allein um *sein* Leben umständlich besorgt, sich wieder einmal über den Tell des Jahres '38 ereiferte: Den im Vorjahr enthaupteten Bavaud, der ihn von seinem märchenhaft günstigen Standort – erste Reihe der »Ehren«-Tribüne – nur deshalb nicht erschossen hat, weil er, in der Manteltasche eine Hand schon an der Pistole, nicht einkalkulieren konnte, dass sich die rechten Arme aller dort Gaffenden zum Gruß erheben und alle Fahnen gesenkt würden vor Hitler, als er vorbeiging, sodass Bavaud ihn nicht mehr sah. Noch am 7. September '41 erwog der Diktator bei Tisch, ob man den Marsch am 9. November in Zukunft überhaupt stattfinden lassen solle, da die gesamte Führung des Reiches hier auf engem Raum zusammen sei. Tatsächlich hat Hitler daran niemals mehr teilgenommen, schon im Jahr '39 nicht mehr, also im ersten Kriegsjahr, als Elsers Dynamit ihn im Saal um nur elf Minuten verfehlte.

Für das Gericht war es später »unfassbar«, dass es Maurice Bavaud hatte glücken können, als Ausländer – und er war der einzige und sprach nur Französisch –, einen Platz auf der »Ehren«-Tribüne beim Münchner Aufmarsch zu erhalten, ja sogar in der ersten Reihe! Und selbst ins Braune Haus vorzudringen und dort keineswegs nur mit Wachen, sondern mit Adjutanten zu sprechen, die ihm gar die Empfehlung gaben, in die Kanzlei des Führers nach Berlin zu gehen – was er auch versuchte, um dann zu hören, die Kanzlei sei ihrem Dienstherrn nach Berchtesgaden nachgereist. Bavaud, der ja von Hause der friedlichste Mensch war und erst jetzt Pistolenschütze werden musste, riskierte, sich auf dem Ammersee einen Kahn zu mieten und Zielschießen auf Papierschiffchen zu veranstalten, ja noch in den Wäldern um Hitlers Berghof übte er Zielschießen!

Die geistige Ermattung nach der Tat, die den sonst monatelang instinktsicher seines einsamen Weges gehenden Münchner Attentäter Elser zuletzt wie träumend in die Arme zweier harmloser Zöllner hineinlaufen und ihn vergessen ließ, eine Ansichtskarte des Tatorts in der Rocktasche wegzuwerfen, sie hat auch Maurice Bavaud vergessen lassen, das an Hitler adressierte Couvert im Koffer zu zerreißen, das *leer* war und nur deshalb die Tortur der Verhöre auslöste! Denn die gefundene Pistole allein hätte ihn niemals überführt. Wie unsagbar hadert man mit dem Schicksal – was immer das ist –, wenn man weiß, dass der große Mann allein wegen einer fehlenden Fahrkarte einem Eisenbahner auffiel. Mit noch fünf Mark in der Tasche hatte Bavaud einen allerletzten Versuch gemacht, in einer Nachtwanderung – um diese letzten fünf Mark zu spa-

■ *Maurice Bavaud (1916-1941)*

ren – eine Außendienststelle der mit Hitler in die Berge verreisten Reichskanzlei zu erreichen. Dann muss er umkehren und kauft ein Billett bis Freilassing, um sich dort ohne Fahrkarte, da sein ganzer »Besitz« noch eine Mark und 52 Pfennige sind, in den Nachtzug nach Paris einzuschleichen. Und nur weil er Ausländer ist – aus keinem anderen Grund –, übergibt ihn die Augsburger Bahnpolizei der Gestapo!

Bavauds Spuren waren schon verwischt und wären es geblieben, hätte nicht der Engländer David Irving den noch lebenden ehemaligen Reichstagsstenografen gefunden, der Hitlers Gespräche mitschreiben musste, so auch am 6. September '40. Da keine Gäste an Hitlers Mittagstisch saßen, sprach der Tyrann fast unverblümt über den »Schweizer Oberkellner« – Bavaud war niemals Kellner, doch Hitler genierte sich, sogar seinem engsten Kreis einzugestehen, ein *Theologe* habe sich zum Meuchelmord entschlossen! Bavaud, nachdem er monatelang seine Verhörer irreführe, hatte, als er nicht mehr kämpfen konnte, mit der unmissverständlichen Kürze und Klarheit eines Epitaphs dem »Volks«-Gerichtshof »eingeräumt« – ich zitiere aus dem Todesurteil, das ich im Koblenzer Bundesarchiv fand –, »*daß er ... den verbrecherischen Plan, den deutschen Führer zu töten, allein aus sich selbst heraus gefaßt habe*«. Er halte »*die Persönlichkeit des Führers und Reichskanzlers für eine Gefahr für die Menschheit, vor allem auch für die Schweiz, deren Unabhängigkeit der Führer bedrohe ... Sein Vorhaben habe er schließlich in Bischofswiesen am 12. November 1938 nur deshalb aufgegeben, weil er kein Geld mehr gehabt habe. Andernfalls hätte er noch weiter abgewartet, bis sich ihm eine günstige Gelegenheit zur Ausführung des geplanten Mordanschlags geboten hätte.*«

Nur dies noch: Einsamer ist keiner zum Schafott gegangen, getröstet selbst durch den Pfarrer nicht – dessen unüberbietbar ekelhafter Nazibrief an den Vater grußlos mit der Versicherung schließt, Maurice habe »Schande« über seine Eltern gebracht. Bavaud ging nach 28 Monaten Haft zur Guillotine, siebzehn Monate lang hatte er täglich auf jenen Pferdeschlächter Röttger zu warten gehabt, der – neben

anderen – in Plötzensee köpfte oder erhängte ... Obgleich es Präze-
denzfälle gab für Besuche inhaftierter Schweizer durch Angehörige
der Schweizer Gesandtschaft zu Berlin, die zuweilen auch Prozessbe-
obachter entsandte, schickte Herr Fröhlicher, Berns Gesandter bei
Hitler, niemals einen Landsmann zu Bavaud und begründete das
am 2. April 1940, als Bavaud noch lebte, gegenüber seinen Berner
Vorgesetzten mit den *»verabscheuungswürdigen Absichten des Verurteilten«*. Als man dreizehn Monate später, am 12. Mai 1941 um
20 Uhr, aufschloss, um Bavaud zu sagen, er werde im Morgengrau-
en geköpft, las er gerade Descartes. *»Ich habe kaltes Blut bewahrt
und werde es bewahren bis um sechs, in dem Moment, wo mein Kopf
fallen wird«*, heißt es im mit fester Schrift verfassten Abschiedsbrief,
den ich 1976 bei der Schwester fand, weil die Eltern nicht ertragen
konnten, ihn aufzubewahren.

Es wäre würdelos, Schillers Dramen allein als historisch abzutun.
Schiller ist wie kein anderer Klassiker – wie kein anderer! – der allzeit
Aktuelle. Der Ruf im »Carlos«, *»Geben Sie Gedankenfreiheit!«*, hat in
Hitlers Machtbereich stets anstößigsten Szenenapplaus ausgelöst ...
Und schon zum zehnten Jahrestag des Attentats vom 20. Juli '44
nannte Bundespräsident Heuß den »Wilhelm Tell« *das* »Drama der
Widerstandsbewegung«. Es ist das einzige, weil es, anders als »Julius
Caesar«, auch das Volk zeigt und deshalb von der Bundesliga der
Feiglinge, unseren Generalintendanten, gemieden wird wie von der
Hundeschnauze das Wespennest. Es wird fast nie gespielt, weil man
es nicht dazu benutzen kann, wie unsere Bühnen zur Napoleonzeit
das vorbildlich getan haben, Schillers Text als Widerstand gegen einen *äußeren* Feind zu inszenieren. Gegen Mächte aber, die *innerhalb*
der Nation zur Tyrannei werden, inszenieren Intendanten keinen
Aufruhr. Wes Brot ich ess, des Lied ich sing ...

Schon Berlins »Direktor des Königlichen Schauspielhauses«, seine
Exzellenz Iffland, der zwar als Erster Goethes Weimarer Inszenie-
rung des »Tell« nachspielen wollte, verlangte aber von Schiller derartige Streichungen, dass der Dichter, der sogar an einigen Stellen

nachgab, endlich am 14. April 1804 drohte, den »Tell« für Berlin zu verbieten: *»Hier übersende ich Ihnen die veränderte Leseart der drei bedenklich gefundenen Stellen. Möchten sie nun für Ihre Verhältnisse passend seyn! Anders konnt ich mich nicht fassen, ohne dem Geist des ganzen Werkes zu widersprechen, denn wenn man einmal ein solches Sujet, wie der Wilhelm Tell ist, gewählt hat, so muß man nothwendig gewisse Saiten berühren, welche nicht jedem gut ins Ohr klingen. Können die Stellen, wie sie jetzt lauten, auf einem Theater nicht gesprochen werden, so kann auf diesem Theater der Tell überhaupt nicht gespielt werden, denn seine ganze Tendenz, so unschuldig und rechtlich sie ist, müßte Anstoß erregen...«* Quälend heute zu lesen, welche Leisetreterei Schiller abgefordert wurde, nicht etwa vom Hof, sondern allein vom Intendanten. Königin Luise lud den Dichter zur Privataudienz, denn im Gegensatz zu demokratischen Herrschern hatten Monarchen, auch noch Wilhelm der Letzte, Interesse an der Kunst und bewiesen das durch persönliches Erscheinen.

Zum 200. Geburtstag wies Carlo Schmid nach, dass Schiller der weitaus meistgespielte Klassiker gerade in Russland war – viel mehr noch gespielt als Shakespeare, da russische Theaterleute sowohl unter der Knute der Zaren wie unter der Zensur der Stalinisten die bedeutendste Aufgabe, den Zweck des Dramas, *Widerstand zu leisten*, von Schiller wie von keinem anderen Dichter erfüllt sahen. Wir Deutschen dagegen haben seit Kriegsende den absolut harmlosesten, das heißt gänzlich apolitischen aller Klassiker zum meistgespielten Autor erwählt: den Russen Anton Tschechow. Harmlos, weil Tschechow während hundertjähriger Diktatur in Russland weder bei Zaren noch bei Stalinisten je mit einem einzigen Wort Anstoß erregt hat, das ist ein hohes Kunststück! Doch Anstoß zu erregen – wörtlich so auch im zitierten Schillerbrief an Iffland –, das verlangt, gegenwärtig zu sein, und ist der Auftrag des Dramas schlechthin, wenn es nicht allein amüsieren will. Und genau das ist auch die Forderung des »Tell«, des populärsten Theaterstücks: seit hundertfünfzig Jahren das meistverkaufte Reclamheft. Denn das Publikum *will* im Theater gefordert, mit *seinen* Problemen konfrontiert werden!

Liest man den »Tell«, bestürzt, dass er auf jeder Seite zum Widerstand aufruft, Widerstand gegen *jede* Bedrückung, egal ob sie von
einem Landesfeind ausgeht oder von einem Feind im Inneren. Nur
sind innere Feinde – Ausbeuter, Bürokraten, Funktionäre – viel
schwieriger zu erkennen, da als harmlose Zivilisten getarnt. An die
Stelle des äußeren, uniformierten Feindes ist in Europa der Feind
*innerhalb* der Nation getreten, zum Beispiel die Diktatur der Banken
und Großkonzerne, die sogar, was zuvor nirgendwo eine Diktatur
vermocht hat, unsere Regierungen entmündigen. Und was zum Alp-
traum aller Lohntütenabhängigen wurde, ist so bedrohlich, dass es
uns Goyas Bild von Saturn, der seine Kinder frisst, aufzwingt.

»Tell« ist demnach weder als
Attentatsdrama noch als das eines Volksaufstands verjährt – so
wenig wie die von Tells Landsmann Jacob Burckhardt 1867
konstatierte Notwendigkeit,
*»den Mord als Hilfsmittel bei Ab-
wesenheit aller legalen Rechtsmittel«* zu praktizieren, *»da es nahe
liegt, dass man zunächst Richter
in eigener Sache wird und eine
Regierung oder ein Individuum
die Zernichtung des Gegners un-
ternimmt«* (Burckhardt schrieb
Zernichtung). So handelten die
drei Hitler-Attentäter, so auch
die Tschechen 1942, die Hitlers
»Landvogt« Reinhard Heydrich
in Prag ermordeten, so die Ostdeutschen beim heroischen Aufstand vom 17. Juni 1953. Dazu
Einzelheiten, weil deutsche Stalinisten damals den Ausnahme-

■ *Francisco de Goya: Saturn verschlingt
eines seiner Kinder (1819-1823)*

zustand über 167 von 217 Landkreisen verhängten: Mindestens 50 Demonstranten wurden ermordet, einige, so der »Rädelsführer«, wie man Ernst Jennrich schimpfte, noch mit den gleichen Guillotinen, mit denen schon die Nazis enthauptet hatten. 765 SED-Mitglieder gaben ihr Parteibuch zurück, zahllose erhielten Zuchthaus – es war dies ja ein Staat, in dem die Weitergabe einer westlichen Zeitung bis zu acht Jahre Zuchthaus »einbringen« konnte! Vierzig Rotarmisten wurden an die Wand gestellt wegen ihrer Verweigerung des Befehls, auf deutsche Arbeiter zu schießen. Natürlich bleibt es unendlich beschämend und deprimierend, dass nicht einmal Ulbricht durch Tellschuss ermordet werden konnte: Die SED-Spitze hatte sich ins russische Hauptquartier geflüchtet. Nicht einmal ein Ortspolizeichef wurde umgelegt, immerhin aber zehn sogenannte »Sicherheitskräfte«, als sie 6000 Beteiligte verhafteten. »Wilhelm Tell« aber lehrt, dass ein Aufstand nichts wird ohne mindestens *einen* höchst prominenten Ermordeten.

Auch die Erschießung Detlev Rohwedders 1989, des ersten Chefs der so sich nennenden »Treuhand«, war ein Politikum. Hatte ihn doch Wolfgang Schäuble in Berlin – federführend für den Kohlstaat – zur totalen Ausbeutung der 17 Millionen Ostdeutschen inthronisiert, ohne dass – wieder das Burckhardt-Kriterium – ein einziger DDR-Bürger dagegen ein »legales Rechtsmittel« gehabt hätte. Beispiel: Schäuble erlaubte *einer* Schweizer Familie, *einhundert* Interhotels zwischen Werra und Oder aufzukaufen – Bonn schenkte den Ausländern dazu noch 50 % Steuerermäßigung –, während systematisch jeder Ossi daran gehindert wurde, auch nur einen Milchladen oder eine Eigentumswohnung im Umkreis von 20 Quadratkilometern um die Friedrichstraße zu erwerben. Was war, gemessen daran, Geßler für ein geradezu mitleiderregend komisches, grotesk harmloses Männchen! So gesehen, war auch der Meuchelmord an Rohwedder ein Tellschuss, zu dem es folgerichtig für jeden, der Geschichte liest, hatte kommen *müssen* – auch wenn sich die Ossis das Unrecht damals widerstandslos, ja schafzahm gefallen ließen ...

Bismarck resümiert mit 69 Jahren in »Gedanken und Erinnerungen«: *»Der Mord ist niemals politisch, er ist immer ein Verbrechen. Die Politik verwendet solche Mittel nicht, sie bedarf ihrer nicht.«* Das hören wir gern, das entspricht unserem Ethos. Wie aber Tell seine Heimat anders als durch Meuchelmord an Geßler habe freischießen können, sagt Bismarck nicht, so ist das meist. Burckhardt dagegen: *»Dramatisch das Meisterhafteste ist Wilhelm Tell... Ein ganzes Volk in reicher Abstufung von Charakteren schreitet unwiderstehlich sicher dem Abschluss seiner Befreiung zu. Der Eindruck ist der einer majestätischen Notwendigkeit, eines evidenten Rechtes.«* Allerdings, wenn einer wie Bismarck zeitlebens obenauf war, Inhaber höchster Ämter, dann kann er gesetzlich-parlamentarisch das Notwendige durchzusetzen versuchen, was jedoch selbst ihm bei seinem bedeutsamsten Vorhaben, nämlich die *friedliche* Revolution anzuzetteln, nicht geglückt ist. Wir Deutschen sind das Volk, das seine Geschichte am stupidesten verdrängt. Keineswegs nur unsere Schandtaten – die verdrängt jedes Volk –, nein, wir tilgen sogar unsere Ruhmesblätter, so auch Bismarcks Geniestreich, die ersten Arbeiterschutzgesetze der Weltgeschichte zu schaffen, was ihm höchste Bewunderung vonseiten Bernard Shaws und Heinrich Manns einbrachte, 1883, vierzehn Jahre *vor* Großbritannien! Der »weiße Revolutionär« (Henry Kissinger, Lothar Gall) forderte vom Reichstag »das Recht auf Arbeit« ein, gekoppelt mit einem »Einspruchsrecht des Staates gegen ungerechtfertigte Entlassungen«, das alles im Bunde mit seinem 86-jährigen Kaiser! Bismarck aber wurde im Reichstag mit einer Wut abgeschmettert, die der Bedeutung seines *revolutionären* Vorhabens durchaus entsprach. Man stelle sich noch heute, nach hundertzwanzig Jahren, das Geschrei vor, verlangte jemand vom Bundestag ein Einspruchsrecht des Staates gegen ungerechtfertigte Entlassungen! Das muss aber kommen, wenn man eine blutige – *sehr* blutige – Revolution den Kindern, den Enkeln ersparen will...

Trotz dieser Niederlage konnte Bismarck sich in jenen friedlichen Zeitläuften von 1871 bis 1914 gar nicht vorstellen, dass eine damals Anarchisten genannte APO auch Vernünftiges, ja Notwendiges anstrebte. Zwar entsandte er seinen engsten Mitarbeiter Lothar

Bucher, den einstigen 48er-Revolutionär, dem er später »Gedanken und Erinnerungen« diktierte, eigens nach London, um Karl Marx zur Rückkehr aus der Emigration einzuladen, doch dass es Revolutionäre geben könne, die ohne »alle legalen Rechtsmittel«, wie Burckhardt definiert, handeln *müssten*, das war Bismarck fremd. Dass selbst *er* dazu die Fantasie nicht hatte, ist der Hörigkeit geschuldet, mit der ausnahmslos jede Generation, sogar ihre Genies, der sich einschleichenden Macht des immer wieder *anders kostümierten* Zeitgeists verfällt. So wird jede Generation, keine ist ja klüger als die andere, *ihrem* Zeitgeist – Goethe sagt: »*bewusstlos*« – gehorsam. So heute auch wir, wenn wir überhaupt nichts mehr dabei finden, dass unsere Regierungen seit Jahren von Mammutkonzernen regiert werden. Wir alle wissen das zwar, doch niemand, der legalen Einfluss hätte, lehnt sich dagegen auf gemäß der Hegel-Maxime: »*Das Bekannte überhaupt ist darum, weil es bekannt ist, nicht erkannt.*« So ist auch bekannt, dass noch nie eine Epoche ohne eine Telltat auskam. Wir aber bilden uns ein – wieso eigentlich? –, die Geschichte beschere ausgerechnet unserer Generation in Europa die Ausnahme von diesem Gesetz, diesem ewigen, Schillers, Burckhardts, Trotzkis. Zwar gibt es glücklicherweise *kurze* Jahrzehnte, da ist es überflüssig. Was jedoch ist ein Mord, gemessen an Krieg?

Auch Winston Churchill wird ein Mord vorgeworfen: dass er 1943 den polnischen Ministerpräsidenten Sikorski nebst Tochter und Stabsoffizieren erschlagen ließ – die Leichen wurden über den Stromschnellen von Gibraltar »entsorgt«, nur die Sikorskis bewahrte man für das Staatsbegräbnis in der Westminster Cathedral auf: Churchill opferte seinen Gastfreund der Erhaltung der weltrettenden Koalition Kreml-Downing Street, weil Sikorski Stalin und die Rote Armee der Erschießung des polnischen Offizierskorps bei Katyn hatte anklagen müssen. Dennoch wird kein Vernünftiger anzweifeln, dass Churchill, der allein die Front hielt, 1940, als Stalin seinem Vertragspartner Hitler noch ein Glückwunschtelegramm zum Einzug in Paris schickte, dass der Brite ein Noah war, was »Mann der Ruhe« heißt. Gerade aber weil sogar er glaubte, ohne Meuchelmord nicht auszukommen, bleibt Mord die meist problematisierende aller Handlungsweisen, abgesehen, wie gesagt, von der Anstiftung eines Krieges. »Times« gab am 4. Juli 2003 erstmals zu, Sikorski sei, wie zuerst in meiner Tragödie »Soldaten« 1967 veröffentlicht, *nicht* einem üblichen Flugzeugabsturz zum Opfer gefallen. Doch hat »Times« natürlich den englischen Meuchelmord dem Kreml angehängt.

Drücken wir uns hier aber nicht unter Hinweis auf Jahrzehnte zurückliegende Tellschläge vor der Erörterung aktueller! Denn große Dramen, mögen sie auch an geschichtlichen Ereignissen präzise festgemacht sein, verjähren nicht mit denen, sondern haben einen neuen Auftrag an jede neue Generation. Muster: Nathan der Weise, das die Pflicht, nein die Selbstverständlichkeit der Toleranz lehrt, ganz gleichgültig, welcher Zeit, welcher Religion, welcher Staatsform, welcher Rasse die Menschen im Stück oder ihre Zuschauer angehören. Und so ist auch der Ruf nach Gedankenfreiheit – in die Gegenwart übersetzt, muss er heißen: Geben Sie Freiheit vor der Wirtschaft! – keineswegs nur an einen dogmatisch vernagelten König gerichtet, sondern an jede Diktatur, wie demokratisch auch immer sie sich maskiert. Denn es ist ja *stets* die *Macht*, nie die Staatsform, die Diktatur auslöst, die sich in jeder Epoche *anders uniformiert,* und sich heute eben als zivil getarnter Absolutismus zeigt.

Erst heute merken wir, was 1996 der Schweizer Philosoph Arnold Künzli festhielt, dass *»unsere Demokratie… an einem schweren Geburtsfehler leidet: sie bestimmt nur die staatliche, nicht auch die wirtschaftliche Ordnung. Demokratie impliziert Gleichheit der Rechte. Die Bürgerinnen und Bürger sind jedoch nur vor den staatlichen Gesetzen gleich, vor den ›Gesetzen‹ einer kapitalistischen Wirtschaftsordnung sind sie jedoch krass ungleich. Hier entscheidet nicht die Mehrheit, sondern das Eigentum. Deshalb war unsere bürgerliche Demokratie von allem Anfang an nur eine halbe. Und diese Hälfte schrumpft zusehends, je mehr die undemokratische Wirtschaft die demokratische Politik dominiert.«* So ist das heute: Wird einem das Portemonnaie geklaut, kann man vor Gericht gehen. Nimmt man ihm den Arbeitsplatz, steht er da ohne einziges

Rechtsmittel. Das war aber 1948 nicht vorauszusehen. Denn damals war die kaputtgebombte Industrie ohnmächtig, um dann nach Jahren zum segensreichen Motor des Wiederaufbaus zu werden, und von Banken und Konzernen ging keine Bedrohung des Einzelnen aus. Aber Verfassungen veralten ebenso wie Generationen. Folglich müssen sie korrigiert, ergänzt werden gemäß der Mahnung im »Egmont«, denn Goethe war sich keineswegs zu fein, Verfassungsfragen sogar in Dramen abzuhandeln: »*Muss nicht in jeder Zeitfolge sich jedes Verhältnis verändern und eben darum eine alte Verfassung die Ursache von tausend Übeln werden, weil sie den gegenwärtigen Zustand des Volkes nicht umfasst?*« Ja. Und wo Gerechtigkeit nicht auch für eine Minderheit ist, ist überhaupt keine; und wo zum Schutz der Minderheiten keine Gesetze sind wie etwa bei der Enteignung der Ostdeutschen, muss der Aufstand gegen eine scheinbar verfassungsgeordnete Staatlichkeit immer erneut gewagt werden, da die Lehre des »Tell« eine permanent gültige, weil immer neu notwendige ist. Man muss sich das vorstellen: Da wird von einem, der sich selber als »Rechtsstaat« feiert, in vollen Friedenszeiten Land entwendet! Wilhelm Tell:

> »*Wenn der Gedrückte nirgends Recht kann finden,*
> *wenn unerträglich wird die Last – greift er*
> *hinauf getrosten Mutes in den Himmel*
> *und holt herunter seine ewgen Rechte,*
> *die ... unzerbrechlich wie die Sterne selbst*
> *... auch in gerechter Sache ist Gewalt ...*«

Im »Tell« geht es ebenfalls um Land – Land ist der heiligste Besitz, den der Mensch neben seiner Familie hat. Und hier sind auch Menschen betroffen, deren Familien dieses ihnen jetzt ad infinitum geraubte Land seit dreihundert Jahren gehört hat – stell dir vor, *deine* Sippe werde hier beraubt, ohne Einspruchsrecht! Und dem stimmten sogar jene Parteien zu, die ihr ganzes bisschen Moral seit Gründung dieser Republik aus der Garantie des Privateigentums abgeleitet haben – auch sie sagten Ja zu diesem ruchlosen Raubzug, den das Straßburger höchste Gericht zunächst als rechtlos verurteilte, doch dann als legitim erklärte. Wie viel wert sind also Parteien und Gerichte? Denen soll sich der Bürger unterordnen, die soll er respektieren? Parteien, die einander nur noch unterscheiden wie Biersorten? Gerichte, die sich expressis verbis für »unzuständig« erklären – was sie dennoch nicht hindert zu urteilen? Und das Gegenteil dessen zu sagen, was sie vierzehn Monate zuvor für rechtens erklärten?

Parteien haben, da sie allemal zu Parteienoligarchien entarten, sogar wenn sie *nicht* mitregieren, Macht, Übermacht gegenüber dem einzelnen Bürger – sie bleiben nur erträglich dann, wenn sie *unterwandert* werden, um eine notwendige Revolution, immer erneut notwendige, so unblutig wie möglich anzuzetteln, nämlich *im* Parlament! Der politisch Fähige, wenn er auch Verantwortungsgefühl hat, schafft nicht das Parlament ab, sondern benutzt es als Basis. Allein Unterwanderung der Parteien durch Revolutionen schützt sie vor dem Stumpfsinn der Gemütlichkeit und Verbonzung, schützt sie davor, zur Helfershelferin einer neuen, der herrschenden Kaste zu werden ... Zentenarien epochemachender Stücke nur im Rückblick, also historisch zu feiern, wäre auch ein Unrecht gegen diese Dramen, deren Wert ja gerade darin liegt, dass sie zeigen, welcher Auftrag auch an unsere Zeit, auch an uns heute von ihnen ausgeht. »Tell« ist das forderndste, ja jede Generation fast überfordernde Stück, daher heute, schon gesagt, in unserer Akklamationsgesellschaft auch das meistgemiedene.

Wir Europäer haben uns ja 1945 tatsächlich eingebildet, nun sei kein Krieg mehr möglich, doch kommt »der Vater aller Dinge« heute eben als Bürgerkrieg. Krieg ist in der Wirtschaft ein perverser *Dauer*zustand. Wie können ausgerechnet wir uns angesichts dieser beispiellosen Bedrohung einbilden, unserer Lebenszeit bliebe der Meuchelmord als Hilfsmittel der Geschichte nach dem Vorbild Wilhelm Tells erspart? Das Wertvollste am »Tell« ist doch, dass er uns lehrt, erstens, es gibt keine Staatsform, die *nicht* auch Tyrannen an die Macht bringt, es gibt kein Gesellschaftssystem, es *kann* keines geben, natürlich auch kein angeblich demokratisches, das nicht ebenso wie Diktaturen auch Individuen obenauf spült, die allein

Meuchelmord »ablöst«. Wieso? Auch dies lehrt »Tell«: weil nicht die Staats*form* – ob Diktatur, ob Demokratie, ob Kommunismus, ob Kapitalismus – die Verhaltensweise der Menschen bestimmt, sondern die *Macht.*

Die Generation meiner Eltern war die erste in Deutschland, die *alle* uns bisher bekannten Staatsformen durchlitten hat: Monarchie, Demokratie vor und nach der Diktatur und Diktaturen erstens der Hitlerbanditen, zweitens der Kommunisten. Außerdem die Militärregierungen in zwei Weltkriegen und in einem okkupierten Vaterland. Daher keiner mehr – immer eine Ausrede – uns vormachen kann, wie schlecht oder gut eine Regierung sei, das hänge ab von ihrer *Verfassung.* Nein, das hängt ab von ihrer *Macht!* Denn die *Menschen* sind es, die ein System gut oder schlecht machen – es gab in beiden deutschen Diktaturen, der braunen wie der roten, Einzelne wie auch Gruppen, die zum Märtyrertum bereit waren, so die Schulze-Boysen-Harnack-Gruppe in Görings Luftfahrtministerium, in der Nachwelt durch das Nazi-Verdikt »Rote Kapelle« entehrt, weil diese Linken ebenso wie das Nationalkomitee »Freies Deutschland« – Mitglied: Graf Einsiedel, der Urenkel Bismarcks – mit Russen arbeiten mussten, da der Westen mit keiner deutschen Opposition redete, sondern auf bedingungsloser Kapitulation beharrte. Und es gab vor allem den Arbeiteraufstand vom 17. Juni: Volksaufstand ohne Attentäter, dann den 20. Juli: Attentat ohne Volk.

Zurück zur Gegenwart, die eine vorrevolutionäre Phase ist: Denn auch in einer *scheinbar* verfassungsrechtlich abgesicherten Demokratie kommen immer erneut auch Schurken zur Macht – die sitzen dann nicht im Kabinett, sondern haben sich das Kabinett unterworfen: die Wirtschaftsmacht, vom Staat steuerbegünstigt, die so vielen Zeitgenossen wie möglich das Kostbarste raubt, was die haben, den Arbeitsplatz. Das Kostbarste? Allerdings: Arbeit ist kostbarer geworden als sogar Geld, weil ihr Verlust den Seelenkrebs zur Epidemie steigert. Seelenkrebs nenne ich eine noch kaum diagnostizierte Massenerkrankung letalen Ausgangs. Wenn der Mann bis um neun schlafen kann als Dauerarbeitsloser, obgleich er pausenlos Angst hat, Kinder oder Enkel könnten ihn fragen: Papa, Opa, was willst du eigentlich mal werden, dann kriegt er Seelenkrebs. Umso schneller, wenn seine Frau noch um sechs aufstehen darf, um zur Arbeit zu fahren ... Glücklicherweise führt Seelenkrebs aber Einzelne, sofern nicht zu hohe Renten und täglich dreimal Tagesschau-Konsum den Entrechteten schon zu weit entmannt haben, zum Schlaffi denaturiert, zur Rebellion. Und nur ein Narr könnte hoffen, die sei nicht auch mit Attentaten verbunden, ungeschminkt gesagt: mit Meuchelmord.

Doch im »Tell« und im Schiller überhaupt kommt Wirtschaftsmacht gar nicht vor, jedenfalls nicht als Bedrohung, ja die Wirtschaft war noch für Schillers entscheidenden Lehrer Voltaire *der* vorbildlichste Berufsstand überhaupt, als Bindeglied zwischen den Nationen. Und so waren vor zweihundert Jahren, auch lange später noch, Kaufleute, an der Spitze die englischen, die segensreichsten Berufstätigen. Das belegen Voltaires witzige Briefe aus England. Ein Beispiel: »*Man gehe auf die Börse in London, einen Platz, ansehnlicher als manch ein Hofstaat, wo sich die Abgeordneten von allen Völkerschaften einfinden, um die Wohlfahrt der Menschen zu befördern. Hier treten der Jude, der Türke und der Christ miteinander in Unterhaltung, als wären sie Glaubensgenossen, und nennen nur denjenigen einen Ungläubigen, welcher bankrott ist.*« Diese Briefe, »selbstverständlich« 1734 bei Erscheinen sofort öffentlich verbrannt, sind deshalb hier so aufschlussreich, weil sie drastisch verdeutlichen, wie sehr in jedem Zeitalter die Einschätzung von Gut und Böse sich wandelt. Für Voltaire waren die Banker noch so nützliche wie komische Leute. Zweihundertfünfzig Jahre später sind sie *die* Repräsentanten einer Tyrannei, die weltbeherrschend wurde. Damals aber göttlich heiter auch, wie im gleichen Brief Voltaire vor Einheit, Alleinherrschaft – praktisch heißt das Globalisierung – *warnt*, die wir heute absolut gedankenlos ahistorisch preisen. »*Hier (auf der Börse) vertraut der Presbyterianer dem Wiedertäufer, und der Anglikaner nimmt von dem Quäker Versprechungen entgegen. Beim Verlassen dieser friedfertigen und freien Versammlung gehen einige in ihre Synagogen, andere zum Trinken; jener lässt sich im Namen des Vaters, durch den Sohn, im Heiligen Geist taufen; dieser lässt seinem Sohne die Vorhaut wegschneiden… Und alle sind vergnügt.«*

Warum ist das als Warnung *heute* so alarmierend? Weil unsere Generation – eben das ist *ihr* Umgebungsblindsein – derart hirnlos von Einheit schwärmt, dass sie die Gefahren überhaupt nicht mehr sieht, die doch auch in ihr liegen. Siehe die *erste* politische Warnung im Alten Testament, die gegen die *Einheitssprache* – heute die englische – und gegen das Einheitsgehäuse, den Babylonischen Turm, verfasst wurde. Voltaire warnt vor allem aber vor Einheits*religion,* heute also dem *Kapitalismus.* Der Kapitalismus als einziger Gott der Epoche, die Marx und Engels so verbannt aus dem Blick, ja ebenso verachtet, wie einst die Götter der Antike verachtet waren, seit der totalitären Alleinherrschaft Jesu Christi. Doch wer nichts mehr zu fürchten hat auf Erden wie heute die Banker, den muss Gott wieder zugrunde richten – irdisch, durch Revolution. Denn an dem erfüllt sich das Gesetz Lord Actons: Macht korrumpiert, absolute Macht korrumpiert absolut. Praktisch heißt das – und so muss das sein, so ist das gut in dem Sinne, der allein Weltgeschichte erträglich macht –, die Allmacht der Wirtschaft züchtet den neuen Klassenkämpfer und damit ganz natürlich auch endlich einen neuen, zeitgemäßen Wilhelm Tell, den Che Guevara Europas. Diese Tatsache macht Schillers Stück für alle Epochen und auf je andere Weise so bedrohlich für Machthaber wie vorbildlich für Untertanen.

Der einzige Trost sonst Verlorener: Wo kein Richter, kommt ein Rächer, ein Tell. Und nur ein Fanal kann die Menge, die alleingelassen immer unschlüssig wird, zum Aufruhr bringen, zum Aufruhr auch gegen die Mehrheit, die ängstlich angepasst mitmacht: Das ist nur die sich aufdrängende Folgerung aus dem Arsenal der Geschichte. So kurz nämlich das Gedächtnis der Menschen, so lang und unnachsichtig das des Weltgeistes. Eine Telltat ist da unentbehrlich, denn ein »Waldgang« allein führt zu nichts: Und ist gar nicht zu machen von Menschen mit Anhang, der ihnen teuer ist… Er ist meist nur die tatenlose Resignation des Einzelnen angesichts einer ungerechten

Welt, die ihn begreiflicherweise anekelt. Doch wer Kinder macht, hat laut Lord Bacon dem Schicksal Geiseln in die Hand gegeben und handelt unverantwortlich, wenn er nichts wird als Waldgänger, gesetzt sogar den unmöglichen Fall, er könne seine Kinder auch dort großziehen. Heute gibt es keine so milde Obrigkeit mehr wie noch beim sehr bürgerlich verwöhnten Henry David Thoreau in dem damals gegenüber Weißen – nicht auch gegenüber seinen Farbigen – ach so gesitteten Amerika um 1860. Nein, so einfach ist Ungehorsam gegen den Staat nirgendwo mehr zu praktizieren: Thoreau verweigert die Zahlung einer Gemeindesteuer und wird deshalb für *eine* Nacht ins Gefängnis gesperrt; seine Nachbarn jedoch entrichten am gleichen Tag die Steuer für ihn, sodass Thoreau schon am anderen Morgen mit ihnen in die Heidelbeeren gehen darf...

Dagegen muss zu Ehren des immer mutigen Ernst Jüngers ergänzt werden, dass er im »Waldgang« eine Telltat als so nötig wie vorbildlich preist. Jünger schreibt: *»Wir wollen annehmen, dass in einer Stadt, in einem Staate noch eine gewisse, wenn auch geringe Anzahl von wirklich freien Männern lebt. In diesem Falle würde der Verfassungsbruch von einem starken Risiko begleitet sein. Insofern ließe sich die Theorie der Kollektivschuld stützen: die Möglichkeit der Rechtsverletzung steht im genauen Verhältnis zur Freiheit, auf die sie stößt. Ein Angriff gegen die Unverletzbarkeit, ja Heiligkeit der Wohnung zum Beispiel wäre im alten Island unmöglich gewesen in jenen Formen, wie er im Berlin von 1933 inmitten einer Millionenbevölkerung als reine Verwaltungsmaßnahme möglich war. Als rühmliche Ausnahme verdient ein junger Sozialdemokrat Erwähnung, der im Hausflur seiner Mietswohnung ein halbes Dutzend sogenannter Hilfspolizisten erschoss. Der war noch der substanziellen, der altgermanischen Freiheit teilhaftig, die seine Gegner theoretisch feierten. Das hatte er natürlich auch nicht aus seinem Parteiprogramm gelernt.«*

Kein Zufall, dass die meistbekannte Zeile im »Tell« von der »Axt im Haus« wörtlich sich auch in Jüngers »Waldgang« findet: *»Wenn wir nun ferner annehmen wollen, dass in jeder Berliner Straße auch nur mit einem solchen Falle zu rechnen gewesen wäre, dann hätten die Dinge an-*

*ders ausgesehen. Lange Zeiten der Ruhe begünstigen gewisse optische Täuschungen. Zu ihnen gehört die Annahme, dass sich die Unverletzbarkeit der Wohnung auf die Verfassung gründe, durch sie gesichert sei. In Wirklichkeit gründet sie sich auf den Familienvater, der, von seinen Söhnen begleitet, mit der Axt in der Tür erscheint.«* Wir sehen überall: Es gibt keine Kontinuität in der Geschichte, aber Kontinuität in der Verhaltensweise des Menschen. Exakt gesagt: Das Inklinieren eines jeden Individuums und ausnahmslos auch jeder Institution zum Bösen, sobald sie die Macht dazu haben. Hier liegt ja der Grundirrtum von Marx: Dass der Werkmeister oder Oberpolier eines verstaatlichten Betriebes oder dessen Boss automatisch *menschlicher* seien zu ihren Unterlingen als Vorgesetzte eines Betriebes in Privateigentum. Nein, nicht nur Eigentümer, auch Banker, denen die Bank nicht persönlich gehört, »stellen Leute frei«, wie sie beschönigen, so wie die Aufseherin an einem dem Staat gehörenden Fließband sich ebenso sadistisch an einer ihr Untergeordneten vergehen kann wie der Eigentümer Müller & Schulze. Dass sogar Marx dafür blind war, ist nur ein Beleg mehr, dass selbst Genies *ihrer* Zeit umgebungsblind ausgeliefert sind.

Und sie zeigt ihre Fratze, die Macht, jeder Epoche *anders.* Von der »Fratze« des Raubtierkapitalismus musste z. B. 1999 der CDU-Ministerpräsident Vogel in Thüringen sprechen, als dort die ostdeutschen Kalibergwerke, die seit Generationen und auch noch während der vierzig DDR-Jahre eine ganze Region anständig ernährt hatten, von Westdeutschen aus Konkurrenztrieb stillgelegt wurden – vernichtet von der Badischen Anilin und Soda, im Aufsichtsrat der damals amtierende Kanzler Kohl. Ein Aufstand Betroffener gegen die Anordner und Durchführer dieser Untat wäre zwar laut BGB »ungesetzlich«, aber ethisch total gerechtfertigt gewesen. Was geht *vom Gesetzgeber Entrechtete* das BGB an? Kriminell dagegen ist, die Kaliwerke stillzulegen und von Menschen, denen das angetan wird, zu verlangen, den Kniefall vor *den* Anordnern zu tun, die das befohlen haben, Kohl und Schäuble. Hat Geßler Gemeinheiten dieses Unmaßes jemals den von Habsburg okkupierten Schweizern angetan? Nur ein Tellschuss, nichts weniger, auf die Dioskuren Kohl und Schäuble hätte das verdeutlichen *können,* doch da kein Attentat, wurde das ja bis heute gar nicht deutlich, *wie* die zwei Häuptlinge sich in der DDR *ausgetobt* haben. Zu spät, wie das zweite Straßburger Urteil zeigt.

Die Zwangsmaßnahmen, denen der Kohlstaat die DDR-Deutschen unterworfen hat, sind allenfalls verständlich – bleiben trotzdem unentschuldbar –, wenn die Geschichte diesen Bonnern eines Tages bescheinigt, was Hannah Arendt an Eichmann in Jerusalem so erschüttert hat: dass der sich – wörtlich – *»niemals vorgestellt hat, was er eigentlich anstellte…«* Denn die »Treuhand« hat sich damit an den Ossis vergangen, so wie die Amerikaner das nach dem Krieg *hätten* tun können – haben sie aber nicht, weil sie unter Truman und Eisenhower die weitaus anständigste Besatzungsmacht *der ganzen Weltgeschichte* waren –, wenn sie ihre Marshall-Plan-Milliarden nicht uns geschlagenen Kriegsverbrechern in den Westzonen zum Wiederaufbau geschenkt hätten, sondern ihren *eigenen* Geschäftsleuten, und sie ermutigt hätten: Fliegt mit den Dollars nach Frankfurt und kauft euch die Düsseldorfer »Kö« und Siemens und die IG-Farben und das Ruhrgebiet und die Zeil, die süddeutschen Rittergüter und die Hotels und die Brienner Straße und den Kudamm und die Kaiserstraße und in Hamburg und Bremen die Werften. Die liegen jetzt zwar alle angebombt im Dreck, aber eben *deshalb* kriegt ihr die für'n Appel und 'n Ei. So handelte die Kohl-Mafia »Treuhand« an den Ossis! Und wenn die BRD auch drei Milliarden in das Volkswagenwerk investiert, das zweifellos zum Glück auch für Dresdner Industriearbeiter erbaut wurde – Aktionäre, Mitbesitzer auch nur in allerbescheidendstem Maß wurde keiner, *keiner* der Ossis…

Die europäische Geschichte kennt kein Beispiel, dass die Hälfte einer Nation die andere Hälfte um ihr gesamtes nennenswertes Eigentum geprellt hat wie die Kohl-Schufte die Honecker-Untertanen, indem sie deren ganzes Land und jede erwähnenswerte Straße an Wessis und andere Ausländer verkauften, um die Ossis allesamt und ad infinitum zu Proletariern zu erniedrigen, zu Besitzlosen. Was ist *ein* Brudermord, gemessen an dem, was wir Brüder im Westen damit denen im Osten angetan haben? Während der anständige Václav Havel in Prag – nach dem Muster der freien Schweiz – zwar Ausländer ermutigte, in Tschechien zu investieren, ihnen aber grundsätzlich verbat, Boden und Bauten zu erwerben: *Die* blieben allein den Tschechen, dem Volk, das in diesem Land geboren ist.

Und wie Lessing die für Machthaber furchteinflößende Maxime prägte »Heute ein Dichter – morgen ein Königsmörder« und wie Napoleon der Literatur *den* Ritterschlag überhaupt zuteilwerden ließ, als er feststellte: *»Die Revolution ist der ›Hochzeit des Figaro‹ entsprungen«,* und wie Burckhardt das bestätigt in seiner Vorlesung am 2. Januar 1868 über das Revolutionszeitalter: *»Die Revolution entstand vorwiegend durch literarische Bewegung, die den ganzen alten Zustand, Staat und Kirche, förmlich in Frage stellte«* – so werden spätestens unsere Enkel sie machen müssen, ja *wollen,* die Revolution – hoffentlich, jedoch unwahrscheinlich, ohne größeres Blutvergießen wie im »Tell«. Übrigens ist nie eine geglückt, die nicht notwendig war, eine die Not wendende. Man predigt nicht Gewalt, wenn man daran erinnert, dass der Weltgeist sie benutzt, immer wieder – außer unter *»dem milden Himmel des Friedens und der Banalitäten«,* wie Churchill wusste. Gewaltfrei vollziehen sich Nichtigkeiten wie Rechtschreibreformen oder ob auch Frauen Fußballerinnen sein dürfen ...

Wem aber Tells ewig gültiges Gesetz – ich fasse es zusammen in *einem* Leitsatz: Wo kein Richter, folgt der Rächer – zu radikal ist – radix heißt Wurzel –, der möge den zwei unverantwortlichen Sprüchemachern zur Unfreiheit sich unterstellen, Lao-tse und Jesus. *»Der Gewalt ausweichen ist Stärke«,* so der Chinese. *»Widerstehe nicht dem Bösen«,* so der Jude. Wer jedoch dieser Welt Kinder *»in die Krallen geliefert«* hat (Burckhardt), hat sich *in ihr* ethosverankert und darf sich folglich so amoralisches Junggesellengequatsche wie von diesen zweien nicht leisten. Wem aber Rebellion in Permanenz gegen welche Diktatur auch immer, diese Forderung im »Tell« zu gefährlich ist, der sollte sich in Weltflucht üben, im Glasperlenspiel. Der sollte nicht Schiller lesen, sondern Hermann Hesse.

# Der deutsche Tell:
# Johann Georg Elser

(Fragmente aus zwei Reden: 1. »Warum ein Elser-Denkmal – und wo?«
Zum 70. Jahrestag des Attentats im Bürgerbräukeller am 8. November
2009; 2. Ansprache anlässlich der Enthüllung des Denkmals Berlin/
Wilhelmstraße am 8. November 2011; beides überarbeitet)

> *»Hoch über den Baumwipfeln ragt die markante Silhouette hervor:
> Johann Georg Elser, ein Mann, der im Leben Weitblick und Profil
> bewies, wird in Berlin mit einem Denkmal geehrt. Der schwäbische
> Schreiner hatte 1939 versucht, Adolf Hitler mit einer Bombe zu töten.
> Mitten im einstigen Berliner Machtzentrum der Nazis – an der Ecke
> Wilhelmstraße/An der Kolonnade – erinnert nun ein ungewöhnliches
> ›Denkzeichen‹ an Elser.«*

www.berlin.de/tourismus/insidertipps

Als Dr. Johannes Tuchel, Leiter der »Gedenkstätte Deutscher Widerstand«, in der Presse las, ich würde den Berlinern empfehlen, dem
Münchner Attentäter Johann Georg Elser ein Denkmal zu errichten,
da sagte er spontan: »Das gehört dorthin, wo Hitlers Reichskanzlei
gestanden hat!« Wahrhaftig, wohin sonst! Noch in der gleichen Woche schrieb Herr Herrmann-Hinrich Reemtsma, der den Berlinern
bereits die Umwandlung von Liebermanns Wannsee-Villa in ein
Museum bezahlt hat, dem damaligen Regierenden Bürgermeister
Wowereit, er werde ein Elser-Denkmal stiften. Doch gelangte dieses
Angebot »auf den Dienstweg« – zu Deutsch: Es verschwand in wort-
reichen Diskussionen im Abgeordnetenhaus, vielleicht auch schon
in den bedeutenden Archiven mehrerer Berliner Kulturinstitute, sodass lange keine Rede mehr davon war ...

Mit Elsers Standbild haben wir Deutschen nun einen Landsmann vor Augen, der als Einziger unserer Nation eine Wilhelm-Tell-Tat vollbracht hat – eben deshalb ethisch so unvergleichlich, weil er schon *vor* dem Krieg begann, die Bombe in die Säule einzubauen, vor der Hitler sein Rednerpult hatte. Hier die Details zu Elsers Biografie, die ich vor über 40 Jahren noch von seinem Bruder

▦ *Berliner Elser-Denkmal: Der Autor vor der 17 Meter hohen Stahlskulptur des Künstlers Ulrich Klages*

Leonhard hatte überprüfen lassen, denn niemand, nicht einmal
die 20-bändigen Meyer und Brockhaus, nannten bis 1996 Elsers
Namen:

## Johann Georg Elser

Unauffällig liquidieren beim nächsten Luftangriff:
Gestapo-Brief am 3.4.45 nach Dachau.
Im Krematorium des KZs wird Elser
– geboren 1903 in Hermaringen –
vermutlich stranguliert, vielleicht erschossen.
Die Zeugen, jetzt pensionsberechtigt, schweigen,
da sie die Mörder sind …

Elf Monate vor Hitlers Weltkrieg
geht Elser, Sprengstoff zu entwenden,
als Hilfsarbeiter in den Steinbruch:
*Ein* Deutscher ist so konsequent wie Hitler!
Gefoltert ein Jahr später, verhörzermürbt
– er glaubt, Gott habe seine Tat verworfen –,
nennt Elser ungebeugt nur *ein* Motiv:

Friede oder – Hitler! Der Tell totalitärer Zeiten,
Einsamster in seinem Volk, das ihn fast kollektiv
verriete, weil es den Führer liebt wie Bier
und Beischlaf – sogar noch, ja dann erst recht,
seit Hitler fünfzigmal mehr Menschen, als vor
dem Krieg in München wohnten, in Gräber wirft,
auf Aschehalden, 400 000 vor die Fische.

Vier Wochen früher als die Wehrmacht losbricht,
bricht Elser aus der Säule, die den Saal stützt
(hier hetzt der Führer jedes Jahr die Mitbanditen
auf), die ersten Steine für die Pulverkammer.

Kniet 35 Nächte vor der Säule
– ein Bluterguss im Knie wird ihn verraten.
Die Taschenlampe abgeschirmt, Schutt, Steine
trägt er in einem Köfferchen zur Isar.

Drei Tage vor der Explosion
Uhrwerke, Zünder abzustimmen:
die Polizei glaubt nicht, dass er das konnte,
bevor er die Maschine nachbaut in der Haft.
Sooft er – vierzigmal – zum Tatort schleicht,
betritt er Kirchen, das beruhigt ihn ...

Der Schwabe war nach sieben Dorfschuljahren
der prüfungsbeste Tischlerlehrling.
Musiziert in Vereinen, spielt vier Instrumente,
beliebt bei Frauen, eheloser Vater. Bevor er
aufbricht zur Tat, muss er die Bassgeige verkaufen:
braucht 400 Mark. Gewöhnt den Hund
des Nachtwächters im »Bürgerbräu« an sich:

bringt täglich Fleisch zum Zwinger
von seinem Mittagsteller dort im Gasthaus.
Hat, als er in die Schweiz will, noch 10 Mark,
die Schwester schenkt ihm 30.
Damit reist er zurück nach München,
um seine Uhren nachzuprüfen. In Konstanz,
schon in Haft, hört er im Radio Adolf Hitler.

Den Saal zu früh verlassen – elf Minuten!
Sieben Nazis tot, auch eine Kellnerin. 60 verwundet.
Noch sechs Jahrzehnte nachher nennt
kein Lexikon den Namen Elser! Nur München endlich
wie sein Heimatdorf haben Elser-Straßen.
Dies Volk liebt zwar die Freiheit
– doch nicht die, die sich für sie geopfert.

Twens, die in Berlin Abitur gemacht haben, kennen den Namen Elser nicht. Mein Versuch, dpa über die heutige Feierstunde anlässlich der Enthüllung seines Denkmals zu unterrichten, wurde abgeschmettert: »Nicht so wichtig!« In keiner Zeitung stand etwas. *Warum* dieses feindselige Nichtverhältnis der Deutschen zu Elser? Warum haben Golo Mann in seiner Deutschen Geschichte oder Joachim Fest in der Hitler-Biografie Elser nicht einmal im Register genannt, wenngleich der Brite Irving in seinem »Hitler« längst detailliert über ihn berichtet hatte? Nicht zu viel gesagt: Bei Historikern, weil nicht Geldgier, sondern Mangel an Sympathie sie zu ihren Unterschlagungen veranlasst, sind sie häufiger als bei Bankiers ... Warum ist der Einzelgänger, der »Nichtorganisierte«, besonders unter Demokraten oder denen, die sich dafür halten, ewig ein Ärgernis?

Und selbstverständlich kann nur der Einzelgänger Attentäter werden: Selbst Stauffenberg, der Schwerstverwundete mit nur noch einem Auge, einem Arm und zwei Fingern – er musste im Klo der Wolfschanze seinen Mund zu Hilfe nehmen, um den britischen Zeitzünder scharf stellen zu können –, war keineswegs mehr repräsentativ für Hitlers Generalstab, sondern *der* eine, der unwechselbar *Unaustauschbare*.

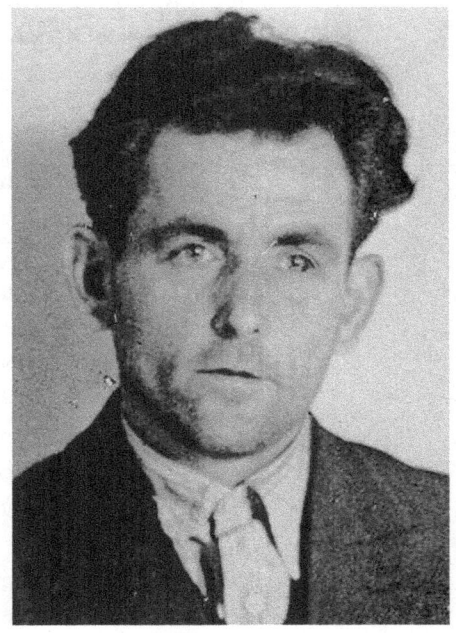

Nein: Tell ist eben nicht im Kollektiv zu haben.

Elsers Standbild, so war es einmal geplant, sollte stehen, wo Hitlers Bunker war, an diesem *Unort*, wo der Auschwitzer sich in den Mund schoss und ver-

▓ *Johann Georg Elser (1903-1945)*

223

brennen ließ, also unter dem Rasen hinter dem Restaurant »Peking-Ente«, neben der Dauerausstellung »Topographie des Terrors« – vermutlich meistbesuchter Sammelpunkt aller Berlin-Touristen unter freiem Himmel.

## Pilgerstätte Hitlerbunker

Täglich schon jetzt 40 Reisebusse aller Länder,
mindestens 50 Gruppen zu Fuß, strömen zu »Führungen«,
schnell vorbei an den 2711 Holocaust-Stelen,

doch zu langen Vorträgen, wo Hitlers Bunker war. Zu dick
die Mauern: Sprengen konnte Stalin nur die Reichskanzlei!
So beginnt hier seit Jahren die Napoleonisierung Hitlers

– zuerst *verschuldet* durch de Gaulle in Stalingrad:
Als Ehrengast des Kremls dorthin geflogen,
sagt er zu Malraux: »Ein großes Volk, die Deutschen!«

– nur weil die auf Befehl des *kriminellsten* aller Irren
3000 Kilometer weit in ihren Untergang gestiefelt.
Der Franzose ahnt nicht, dass er hier ebenso

verblendet *spricht,* wie Hunnengenerale in Russland
gewütet hatten! Verblendet auch, nach 70 Friedensjahren,
glückverdummt der Holocaust-Architekt: Lässt ruchlos

aus »künstlerischen« Gründen die 6 Millionen Namen weg;
wären durchaus zu platzieren gewesen auf den Stelen!
Auch die SS verbrannte noch *vor* den Menschen

deren *Pässe.* Den »zur Vernichtung durch Arbeit«
vorerst Überlebenden tätowierte sie Nummern
ins Handgelenk... *Davon* wird die Welt noch wissen,

wenn Deutschland so lange schon weggemacht ist,
aus *gleichem* Grund wie, laut Bibel, Sodom und Gomorrha:
weil »seine Sünden übergroß geworden« in der Endlösung

– und doch die Berliner den Hitlerbunker
zum Anheizen des Tourismus bald ausgraben werden,
wie Pompeji einst freigelegt wurde:

Nachkommen, moralisch impotent, weil kriegverschont,
werden taub gegen Heines Mahnung: *»Nicht gedacht*
*soll seiner werden, nicht im Buche, nicht im Liede.«*

# Frau Bundeskanzlerin, geben Sie Snowden Asyl!

(Offener Brief, abgedruckt in der FAZ am 10. Juli 2013)

Sehr verehrte Frau Bundeskanzlerin,

darf ich mir erlauben, an Sie die Petition zu richten, dem Amerikaner Edward Snowden Asyl zu geben! Sie wissen, gerät er in die Fänge der USA, erwartet ihn die Todesstrafe in Form von mindestens 30 Jahren Zuchthaus. Wo der Staat auch der Täter ist wie hier, hat kein Angeklagter etwas zu hoffen von der Justiz. So war das stets in jedem Land, von dem die Geschichte weiß, das vor Gewalt nicht zurückschreckt. Und Gewalt ist es, die Edward Snowden zur Flucht zwingt…

War jedermann so überrascht wie erleichtert, dass Russland ihn nicht ausliefert – dass plötzlich Herr Putin ihm den Maulkorb verordnet, zeigt nur, dass Russland blieb, wie es immer war: an Wahrheit völlig desinteressiert. Will Snowden noch den Mund aufmachen, muss er weg aus Moskau.

Sie werden vermutlich wie viele fragen: Warum soll ausgerechnet die BRD diesem Amerikaner Asyl gewähren? Meine Antwort als Deutscher ist so simpel wie plausibel: Mehr als jedes andere Volk ist das deutsche verpflichtet, das Asylrecht zu heiligen, seit unsere Elite 1933, ausnahmslos, von den Brüdern Mann bis zu Einstein, die zwölf Jahre Nazidiktatur allein deshalb überstehen konnte, weil andere Länder, am vorbildlichsten die USA, diesen Flüchtlingen vor Hitler Asyl gewährten!

Sie kennen, gnädige Frau, teilweise, was ich schrieb, und werden mich nicht für so verrückt halten, die USA oder irgendeine sonstige

Regierung auf der Welt mit der des Auschwitzers zu vergleichen. Vergleichbar aber durchaus sind Diktaturen generell – im Sinne Jacob Burckhardts: *»Nun ist die Macht an sich böse, gleichviel wer sie ausübt. Sie ist kein Beharren, sondern eine Gier.«*

Ich schrieb mehrfach, dass die USA unter ihrem größten Präsidenten Franklin Roosevelt, der laut Churchill durch seinen New Deal Amerika die Revolution erspart hat – Roosevelt fand bei Amtsantritt mehr als 12 Millionen Arbeitslose vor –, die sittlich höchstgestellte Nation der Weltgeschichte war, insbesondere in ihrem Verhalten zu Deutschland: Als die Amerikaner 1945 Buchenwald aufmachten – in der ersten Wochenschau nach Hitlers Tod sah man Eisenhower in Tränen, als er Zeuge wurde, wie dort seine GIs mit Bulldozern die Leichenhügel in die Massengräber schoben –, konnten sie nicht begreifen, dass wir Deutsche dazu fähig gewesen waren. Doch wie war die Antwort Amerikas? Sie retteten vor Stalins Zugriff Berlin durch ihre Luftbrücke.

Dies nur eine der Wohltaten, die Amerika dem Volk schenkte, das ziemlich einstimmig gejubelt hat, als der Braunauer 1941 den USA den Krieg erklärte. (Roosevelt hätte niemals gegen uns marschieren können, da er seine 4. Wahl nur mit dem Ehrenwort gewonnen hatte: »Ich schicke unsere Boys nicht nach Europa!«) Dies sind keine Ausflüge in die Geschichte, Frau Bundeskanzlerin, sondern nur Bezeugungen meiner Ehrfurcht und Dankbarkeit vor den Vereinigten Staaten. Doch wie jeder Einzelne, so ändert sich auch jedes Volk innerhalb von 70 Jahren. Jenes Amerika, das mit seinem Marshallplan das zertrümmerte Europa 1945 wiederaufbaute, ist völlig unvergleichbar mit dem heutigen. Keine Nation bleibt dauernd groß! Dies alles, Frau Merkel, wissen Sie wie ich und wie jeder.

Ein Beispiel noch: Als ich einem Jahrgänger sagte, ich würde Ihnen heute diese Bitte vortragen, sagte der: »Vergiss nicht, Snowden ist ein vereidigter Geheimdienstler! Er hat Verrat begangen.« Ich entgegnete: »So einen hatten auch wir, Admiral Canaris, Hitlers Geheimdienstchef, auch der war vereidigt. Doch auch für den kam die Stunde der Entscheidung wie für Snowden, als er nämlich über das damals neutrale Spanien Frieden mit England und Amerika machen wollte.« Wofür Hitler Canaris aufhängte.

So entstehen für Verantwortliche immer wieder unvergleichbare Situationen, das muss ich, Frau Bundeskanzlerin, nicht ausgerechnet Ihnen erläutern, wo Landesverrat noch das einzige und letzte Mittel jedes anständigen Menschen ist, der sich plötzlich einem Problem ausgeliefert sieht, wie heute Mr. Snowden: Wäre er mit der fürchterlichen Wahrheit, die auch jeden von uns betrifft, nicht ins Ausland gegangen – in vollem Bewusstsein, seine Familie nie wiederzusehen –, hätte er diese Wahrheit überhaupt nie an die Öffentlichkeit bringen können! Oder jedenfalls nicht, ohne sofort und für den Rest seiner Tage inhaftiert zu werden.

Sie kennen den Sarkasmus von Bernard Shaw: »*Man hält mich für einen Meister der Ironie. Doch auf die Idee, im Hafen von New York eine Freiheitsstatue zu errichten, wäre selbst ich nicht gekommen.*« Aktueller Bezug: Wie sehr die Verfolgungsjagd auf Edward Snowden binnen acht Tagen sogar völlig unbeteiligte Länder infiziert hat, das ist drastisch abzulesen an ihrem Verbot, in Wien die Maschine eines südamerikanischen Präsidenten starten zu lassen, bevor sie untersucht hatten, ob nicht der Gehetzte mitfliege. Ebenso hatten ja schon mehrere Länder, die sich vermutlich ohne Selbstironie wie auch unsere BRD für souverän halten, auf Befehl der USA diesem Staatsoberhaupt die Überflugrechte verboten! Trotzdem: Kennen Sie, Frau Bundeskanzlerin, seit Stalins Tod einen ähnlichen Willkürakt über einen europäischen Staat, der sich für souverän hält, wie jetzt jene »Anordnungen« der USA, sogar die Maschine eines südamerikanischen Präsidenten volle zwölf Stunden am Weiterfliegen zu hindern?

Noch einmal: Es ist in diesem Moment die oberste moralische Pflicht Deutschlands, Edward Snowden Asyl zu geben – wir wie kein anderes europäisches Land sind dazu verpflichtet, im Hinblick auf unsere schimpfliche Vergangenheit! Denn wie oben gesagt: Vor genau 80 Jahren hat auch jeder deutsche Intellektuelle vom Range Edward Snowdens allein deshalb überlebt, weil fremde Länder ihm Schutz gewährten.

Selbstverständlich werden für Sie persönlich, verehrte Frau Merkel, wie auch für die BRD nur allergrößte Schikanen aus Washington damit verbunden sein, wenn Sie Snowden dank Ihrer persönlichen Menschlichkeit und auch der unseres Staates Zuflucht gewähren! Doch auch den Schweizern – ein weiteres Beispiel – machte es nur höchst bedrohliche Scherereien, als sie Thomas Mann 1933 Asyl gewährten, weil Hitlers Berner Botschafter von Weizsäcker dem Dichter die deutsche Staatsbürgerschaft »entzogen« hatte...

Mit Dank und Grüßen, sehr verehrte Frau Bundeskanzlerin, Ihr Ihnen sehr ergebener
Rolf Hochhuth

# Wollen Deutsche Demokratie?

(Brief an den Präsidenten des Deutschen Bundestages
an Silvester 2013)

Sehr geehrter Herr Präsident,

als Normalverbrauchter habe ich mit Bestürzung – wie so viele Mitbürger, doch wie leider fast keine unserer Zeitungen – Ihre wiederholte Ablehnung des Referendums auf Bundesebene gelesen.

Sie wissen doch selbst: Demokratie ist nicht, wenn nicht auch der Untertan mitsprechen darf bei Einzelfragen. Woher nehmen Sie das Selbstbewusstsein, dass ausgerechnet Berufs*politiker* von Detailproblemen mehr verstehen als Berufs*tätige?*

Ich erlaube mir, den Elfzeiler zu schicken, da ich Sie als Mottogeber eingebaut habe.

Rolf Hochhuth

## Wollen Deutsche Demokratie?

>*»Auf Bundesebene sind die zu regelnden*
*Sachverhalte meist so komplex, dass man ihnen durch*
*Volksabstimmungen kaum gerecht werden kann.«*

Bundestagspräsident Norbert Lammert, 23. August 2012

– mitnichten, sonst würden sie auf die nicht verzichten!
Deutsche wollen den Einheitsmatsch Schwarz-Rot.
Wollen »Ordnung«, hassen, wenn Parteien zerstritten.

Obwohl sie lernten – ein Beispiel –,
              dass die USA bei Roosevelts Tod
in seiner 4. Amtszeit, die auf nur zwei beschnitten,
auch dass England, Amerika die Große Koalition,
              weil stets ein Hohn
auf die Demokratie, nur im Krieg erlaubt! Denn sie raubt
MPs die Freiheit wie auch dem Volk, hat das kein Referendum:
Denn Demokratie ist nur, wenn auch in Einzelfragen!
Deutsche wehren sich dagegen – warum?
Streit, nicht der Fetisch »Einheit«,
              ist von Freien nur zu ertragen.

# »Nun ist die Macht an sich böse«

## Gedichte zur Geschichte

### Dreihundert Jahre: Die neunte Welle

> *»Früherer Kaiser raue Geschlechter,*
> *wie ihre Geschosse sind sie verflogen.«*
>
> Mao Tse-tung, »Schnee«

1913: die Romanows feiern,
seit dreihundert Jahren regieren sie Russland.
Fünf Jahre später: der Zar ist erschossen,
verscharrt samt Familie.
Was blieb: auf amerikanischem Wodka
ein Etikett namens Romanow.

Dreihundert Jahre dauern
auch in China vier Dynastien:
von 618 bis 906 die Tang.
Die Sung von 961 bis 1278.
Die Ming von 1368 bis 1644.
1912 treten die Mandschu ab
mit des Kaisers zweijährigem Neffen Pu Yi.
Einheitsgekleidet und willig,
ein Untertan Mao Tse-tungs,
stirbt er als Gärtner.

974 gibt Otto II. Österreich
den Babenbergern. 1246 sind die erloschen.
Die Merowinger beginnen 430 den Aufstieg.
751 steckt den letzten ins Kloster

der Vater Karls des Großen, dessen Sippe
687 die Macht an sich riss.
987 verjagt den letzten Nachkommen Karls
aus Frankreich Capet. Auch die Medici:
1434 wird Cosimo Herr in Florenz,
1737 stirbt dort der Letzte seines Geschlechts.

1619: Habsburgs steirische Linie
gelangt in Wien zur Alleinherrschaft.
1919: Rückkehr der Sippe in die Schweiz.
Ein Zürcher Juwelier zerschneidet den Florentiner,
um ihn vermarktbar zu machen.
Karl und Zita raubten Vitrine 13 leer
in der Schatzkammer der Hofburg,
ehe sie Wien verließen.

Dreihundert Jahre auch bleiben
die Gonzagas Herren über Mantua,
womit Kaiser Ludwig der Bayer
sie 1329 belehnt; 1627 erlischt dort
im Mannesstamm ihr Geschlecht.

1618: Der Herrschaft Berlins
wird Ostpreußen untertänig.
1918: Wilhelm der Letzte von Preußen
verlässt Schlüters Berliner Schloss,
das dreißig Jahre später geschleift wird.
Die Teller aus seinem »Silbernen Saal«
wird der Enkel des Kaisers verhökern:
dem Sohn jenes Feldwebels,
der in Persien 1925
ein Kaiserhaus gründete.

Generationen wie Wellen: Erlerne am Meer
die Kategorien von Ebbe und Flut.
Der Kamm jeder neunten schwillt höher als der
Kamm der acht ersten – bricht ab dann und ruht,
befreit vom Zwange zur Wiederkehr ...
Neun Generationen ermüden das Blut,
das sind dreihundert Jahre, dann sinkt der Speer.

\* \* \*

## Dianas »Unfall«

>»Diese besondere Phase meines Lebens ist die gefährlichste –
mein Mann plant ›einen Unfall‹ mit meinem Auto:
Versagen der Bremsen.«*

Brief Dianas, drei Jahre vor ihrem Tod.
Faksimiliert im Film »Unlawful killing«, Cannes 2011

>»Neue Indizien nähren den Verdacht,
eine Spezialeinheit der britischen
Armee habe den Unfall arrangiert.«*

Focus, 18. August 2013

Staaten verursachen jene Balladen,
die *nie* aufzuklären, nach Burckhardts Maxime:
»Nun ist die Macht an *sich* böse, gleichviel,
wer sie ausübt.« Meist folgen ihren Untaten

noch Mitwisserermordungen, Intime
zum Schweigen zu bringen, Spurlosigkeit höchstes Ziel.
Sie kann, ist der *Staat* der Täter, leicht gelingen!
»Bremsversagen« zwar bedauerlich, doch nie anzuklagen.

Motiv: Die Prinzessin war schwanger vom Sohn
eines Ölscheichs – verkündete das glücklich am Telefon!
Also Halbgeschwister des künftigen Königs?
       Höchst unbequem
dieser Spross, wenn bald sein Halbbruder als King
       hoch zu Ross

in Whitehall einzieht. *Vor* der Geburt ihn töten,
       löst das Problem.

■ *Graffiti in Berlin*

## Die Mauer

Vergessene verkörpern Geschichte als Dauerruin.

Ewig Verschwundene – nie mehr Gesuchte!
Erst zehn Jahre nach seinem Sturm auf Berlin
entlässt der Kreml schon abgebuchte
30 000 »Zivilinternierte« und Hitlersoldaten
– nur weil das Rote Kreuz die gefunden?

Zehn Jahre nach Russlands Siegerparaden
in Schweigelagern noch geschunden!
Gab es mehr? Chruschtschow wie Bulganin
verneinen. Geben ihr Ehrenwort Adenauer.
Doch sie umzingeln dann für Ulbricht Berlin

Achtundzwanzig Jahre mit der Mauer.
Argwohn bleibt: Ließen sie *alle* Gefangenen ziehn?
Zwei, die brutal wie einst Stalin die Zufahrt schlossen?
Zweihundertacht Zivilisten, die fliehn,
werden »im Frieden« an der Mauer erschossen!

Vergessene verkörpern Geschichte als Dauerruin.

## Ab Reichskanzlei bis Pekingente

– an genau demselben Ort: drei Chinesinnen
bewirten jetzt, wo Bismarck, wo Hitler
ihr Amt hatten: Ecke Wilhelm-/Voßstraße.
Bismarck folgt zeitlebens der Skepsis des Predigers.
Wagt nie, eine Reichskanzlei zu bauen:
Kaum dass der Baustaub verweht, wird man selbst

rausgetragen, die Füße voran:
Nur eine Äußerung seiner Schicksal-Angst ...
Variante des chinesischen Sprichworts:
Ist das Haus fertig – kommt der Tod!
So erwarb Bismarck, als er sein Reich gegründet,
das litauisch-polnische Fürstenpalais Radziwill

zum Kanzleramt, geglückte Fassade, 18. Jahrhundert.
Hitler und sein Liebling Speer – reißen es ab,
dort »für alle Zeiten« binnen neun Monaten
– damit sie fertig werde zum geplanten Krieg –
überhastig maßlos die Neue Kanzlei zu bauen;
»gemäß« dem Größenwahn, auch die Ukraine

Großdeutschland einzuleiben ... Nicht sieben Jahre (!)
später sprengt Stalin als Sieger in Berlin
Hitlers kaum gebombte babylonimperiale Residenz.
Rettet ihren rot-weiß geflammten Marmor
der »Wandelhalle zum Arbeitszimmer des Führers«
für den U-Bahnhof Mohrenstraße, 100 Meter seitab.

Verschwunden brunststolze Schwert- und Fackelträger,
den Pferden gleich aus Stein – schön
nur der Garten, »natürlich« kein Brunnen, kein Frau-Leib.
Kaum weniger kurz überlebte Wilhelm der Letzte als Kaiser
seinen Abriss der Kirche Friedrichs II. am Schlüter-Schloss.
Sie war ihm zu schlicht! Zwar ergänzt durch Schinkel, »ersetzt«

Wilhelm sie dimensionslos, wie Epigonen bauen: groteske
Kopie der Peterskirche! Verliert prompt
            Thron und Reich – rächen
die Seelen traditionsreicher Häuser am Abreißer ihren Abriss?
Warum sonst, komisch-absurder Witz,
            wo einst Hitlers Schreibtisch
der fünf Meter lange Foto-Fries: Mao Tse-Tung,
            noch einvernehmlich
mit dem Dalai Lama, zwischen 540 Mitgliedern
            des Pekinger ZKs?

                        Gert Ueding in Dankbarkeit!


                    * * *


## Till Eulenspiegel im BND

Hatte das Kaiserreich den Hauptmann von Köpenick,
so die FDJ-Spitzelstaat-Kanzlerin der Bankier-Republik
den Spaßvogel, unentdeckt, der hier Freitagabend zahllose
Wasserhähne in drei Etagen aufgedreht – eine grandiose

*Überschwemmung* Montagfrüh! Abermillionen-Kosten.
Die Unzahl der Überflüssigen, die hier auf Posten
stehn, sämtliche Mitbürger grundgesetzwidrig abzuwanzen,
müssen dämlicher sein, als sogar Polizei erlaubt. Wer *glaubt*

– die regierungshörige FAZ bringt vor Entsetzen ein Luftfoto –,
die BRD sei ein Rechtsstaat, nehme endlich
zur Kenntnis: Nirgendwo
haben Stalin, Hitler, Mao ein so großes Gebäude gehabt,
als Geheimdienst-Wanze! Symbol fürs BRD-Ganze:

Großdeutschland ist abermals amoralisch übergeschnappt!

■ *BND-Neubau in Berlin*

# NATO-Militärparade in Estland

> *»Die größte Seuche, die wir haben, ist Amerika und*
> *sein Anspruch auf die Führungsposition. Die Ukraine*
> *und andere Dinge dienen dabei nur als Vorwand. ...*
> *Die Welt steht am Abgrund eines großen Unglücks.«*
>
> Gorbatschow, Radio RSN, 26. September 2014

> *»Offiziell zählen zu den Vereinten Nationen (UNO)*
> *derzeit 193 Staaten – in 130 von ihnen sind US-*
> *Militäreinrichtungen.«*
>
> Compact-Magazin, Februar 2015

– nur 120 (!) *Meter* »entfernt« von Russland, in Narwa,
bloß durch ein Flüsschen von ihm getrennt ...
Höhepunkt aggressiver Vermessenheit der USA!
Tiefpunkt europäischer Hörigkeit gegenüber Amerika.
Wer, der Geschichte kennt, glaubt, das werde erlaubt

vom Kreml? Mag sein, Washington will den Krieg nicht,
denn hat zu viele Armutsprobleme. Doch *muss* ihn machen
auf Befehl der Banken, der Rüstungsindustrie, die wie *nie,*
seit Hitlers Ende vor 70 Jahren, ihn so vehement entfachen:
sogar den Atombomben-Einsatz – kämpft doch jeder Yankee

in der Gewissheit, *nie* würde seine Heimat Kriegsschauplatz.

## Die Macht des Umfangs

– bis zum 20. Jahrhundert kann man
sie dank Europas Weltführung, sogar die USA, fast vergessen:
War doch 1917 Wilhelm dem Letzten geglückt
– keinem zuvor, keinem nachher gelang's –,

*das* Riesenreich Russland in die Knie zu zwingen!
Auch dank der genialen List, Lenin aus Zürich, wo er sich
abwartend versteckt, nach Petersburg zu bringen ...
Doch über diesem Sieg wurde ganz Deutschland so verrückt

wie im Märchen »Der Fischer un sine Fru«! *Besessen*
von Größenwahn: Noch *belgische* Häfen zu annektieren,
kämpften des Kaisers Generale *weiter* gegen England
und Frankreich. Ergebnis bekannt – um alles zu verlieren.


\* \* \*


## J. P. Morgan is back!

»Krise *bewusst* herbeigeführt«, allen Banker-Balladen
der angemessne Titel, samt Kleists Rezept:
»Warum sich nur nicht einer findet,
der diesem bösen Geiste der Welt die Kugel
durch den Kopf jagt!« Napoleon war gemeint.

100 Jahre später, exakt: 1907, verkörpern sich
des Korsen Machtgier, Dämonie in Pierpont Morgan,
King von General Electric, Eisenbahn, United Steel.
Seine 141 Banken und 36 Industriekonzerne
*entziehn über Nacht* dem Weltmarkt Geld:

verkaufen alle Aktien, verweigern fremden Banken
Kredite, steigern deren Verknappung durch Goldabzug
aus London – bis zur Verzweiflungshöhe der Sätze
für Leihgeld. Als keins mehr da, Industrieimperien
kollabieren, Anteilscheine, Aktien gesunken

bis zum tiefsten Punkt: Kauft Morgan fast für *nichts*
im Riesenunmaß Aktien, auch jene wieder, die er selbst
zum dreifach höheren Kurs vor kaum acht Monaten *verkauft*.
Doch 2008 *beschönigt* der Globus das *gleiche* Gaunerstück
mit der Beschwichtigung, kein Mensch sei schuld daran ...

Kleists Mordempfehlung: Was hätte sie der Welt erspart!


\* \* \*


## 20. 7. 44: Kopfprämie

Dem 500 000 Mark, der General Lindemann fände!
Hat Attentäter Stauffenberg den Sprengstoff zugesteckt,
britischen! Gilt als Meistverruchter ...
Jetzt bei Lilo und Erich Gloeden, Berlin, Architekt.

Steckbrief. Von Ingenieur Schärer angezeigt.
Als die Bullen am 3. 9. eingedrungen,
ist – Gloedens nicht zu belasten –
Lindemann aus dem Fenster gesprungen.

Unbekannt bis heute: War er tot? Wie verletzt?
Hat er – agonierend – noch ausgesagt?
Gloedens und Mutter, verwandt mit Liliencron,
wurden des »Landesverrates« angeklagt.

Gloeden glückt, dem Gericht weiszumachen,
er habe – Frau und Mutter zu schonen –
denen nie gesagt, wem er gestattet,
nach dem Staatsstreich bei ihnen zu wohnen.

So erhielten die Frauen »nur« Zuchthaus:
Ohne Lebensmittelmarken leben war illegal.
*Das* hatten »zweifelsfrei« auch sie gewusst,
als »angeblich« mit falschem Namen den General

Gloeden in ihre Wohnung gebracht,
doch sie – »angeblich« – nie Verdacht geschöpft ...
Gloeden, der schon früher Verfolgte versteckt,
wusste, *er* werde geköpft.

Kaum war dieses Urteil gefällt, die Frauen
gerettet, sagte Lilo dem »Volks«-Gericht
– sie gehe denselben Weg wie ihr Mann,
sie leugne nicht,

gewusst zu haben, wen sie versteckten,
das bekannte auch die Geborene von Liliencron.
So wurden in zwei Minuten Abstand enthauptet:
Mutter, Tochter, Schwiegersohn.

\* \* \*

## Am 27. Oktober 1806

– ritt Napoleon durchs Brandenburger Tor,
im Gefolge: Henry Beyle, später der Dichter
des Romans »Rot und Schwarz«.
Er nennt sich dann Stendhal, nach dem Städtchen,
das er für den Korsen kommandiert hat.

Er verachtet die Berliner, weil die
den Kaiser begaffen, statt auf ihn zu schießen!
Der schickt Schadows Quadriga als Beute
nach Paris; vom Sarg Friedrichs des Großen
nimmt er den Degen mit ... Und sagt:

»Lebte der noch, stünde ich nicht hier.«

- - - - -

Als Wilhelm der Letzte zum letzten Mal
Bismarck besucht hatte, der bald starb,
sagte der 83-Jährige seiner Schwiegertochter:
»Zwanzig Jahre nach dem Tode
Friedrichs des Großen kam das Ende:

Napoleon ritt durchs Brandenburger Tor.
Zwanzig Jahre nach *meinem* Tod
kommt das Ende für – *den!*«
Bismarck »irrte« um exakt vier Monate:
Er starb am 30. Juli 1898 – im November 1918

entwich Wilhelm ins Exil: Finis der Monarchie.

\* \* \*

## Spengler

– übertrug auf die Geschichte, was Shakespeares
Warwick über Einzelne gesagt:
»Ein Hergang ist in aller Menschen Leben,
abbildend der verstorbnen Zeiten Art:
Wer *den* beachtet, kann – zum Ziele treffend –
der Dinge Lauf im Ganzen prophezeien.«

Heinrich IV. fragte Warwick, ob diese Dinge denn
»Notwendigkeiten«. Spengler hätte dem König erwidert:
Ja! Durch acht Kulturen seit der ägyptischen belegt ...
Nur *eine*, die mexikanische, starb *nicht* wie sonst
an Ausgangsschwäche, sondern sinnlos,
»als schlüge wer einer Sonnenblume den Kopf ab«:

Eine Handvoll Spanier hat sie restlos ausgerottet!
Der Untergang der andern sechs war keine Katastrophe
– nein: ihre *Vollendung.* Wie wird die achte untergehen,
unsere europäisch-nordamerikanische, etwa 2100?
Dann übernehmen die Völker zwischen Weichsel und Amur
die Vorherrschaft: Russen – der dann neunte Kulturkreis.

Benn, zehn Jahre nach Spenglers Tod, zehn Jahre vor seinem,
schrieb am 21. XI. 46, aus den Trümmern Berlins:
»*Übrigens der interessanteste Denker seit Nietzsche:*
*nicht Keyserling, nicht Klages, nicht Bergson,*
*sondern Spengler wäre heute genauso unerwünscht*
*u. schwarzbelistet, wie er es bei den Nazis war.*«

Gleichzeitig hob Jaspers, trotz Antipathie, Spengler weit
über alle Historiker bisher, die nur »Aggregate zu Lokalge-
schichten« verfasst. Doch erstmals *das Panorama der Welt* seit
Anbeginn. Golo Mann – sein Vater schrieb widerwillig dem
»Snob ... das wichtigste Buch« zu: »Untergang des Abendlandes« – resümiert, die BRD habe »keinen Nietzsche, keinen
Spengler hervorgebracht ...«

# Warum ging Helena nach Troja?

## Frauen der Antike – heute gesehen

Helena, Queen in Sparta, von allen Frauen die einzige, die niemand nennt, ohne »die Schöne« voranzustellen, steht als die Schlüsselfigur zum Trojanischen Krieg wie zur Operette Jacques Offenbachs nie infrage. So wenig wie der Startschuss zum Ersten Weltkrieg 1914: die Ermordung des österreichischen Kronprinzen und seiner Frau durch einen serbischen Studenten. Der Startschuss, ja – doch die *Ursache?*

*Warum* Helena den Prinzen Paris, der auf Staatsbesuch nach Troja eingeladen war, dazu verführte, sie nach Hause mitzunehmen; *warum* ein Serbe die zwei Wiener auf der Fahrt durch Sarajevo in ihrem offenen Auto abgeknallt hat – jede Generation findet eine *andere* Begründung! Und so überhaupt *unterscheiden* sich die Bilder, die Deutungen der uns überlieferten Gestalten – jede Epoche sieht sie *anders,* sieht sie nach Maßstäben *ihrer* Lebenserfahrungen, die meist den Beurteilungen der Vergangenheit widersprechen. Fast so stark sie anders deuten, ja zuweilen stärker als unumstößlich überlieferte Fakten. Auch wenn wir das nicht merken, wir *können* die Menschen, die früher lebten, annähernd nicht mehr beurteilen wie ihre *Zeitgenossen* – was ja wenigstens gerecht wäre. Sofern wir sie überhaupt noch sehen und ihre Taten oder Unterlassungen uns noch interessant sind, was höchst selten ist, schon deshalb weil wir mit den Problemen unserer Gegenwart bereits mehr als genug Scherereien haben. Doch gibt es auch Zeiten – die griechisch-römische Antike wie keine andere –, in die wir uns zur geistig-seelischen *Erholung* sehr gern vertiefen. In die Frauen und Männer der griechischen Mythologie vorwiegend aus erotischer Lust, sogar dann wenn *Krieg* – allen voran der Trojanische – uns diese Menschen nahegebracht hat ... Helena ist die meisterotisierende Frau der Geschichte – ohne den *Krieg,* den Homer überliefert, kennten wir sie gar nicht!

Das verletzt unseren Stolz fast so sehr wie Heraklits Wort: Der Krieg ist der Vater aller Dinge – was leider stimmt bis in unsere Tage, bis zur Eröffnung des Raketenzeitalters. Die beiden Männer Oberth und von Braun, wenn die dem Hitler einen seiner Urwünsche erfüllten – weil ihm nichts anderes einfiel, England anzugreifen –, zuerst Raketen ins Londoner Häusermeer hineinzuschießen, so haben sie nur wenige Jahre später auch einen Menschen auf den Mond schießen können. Wenn alle Welt schreibt, der Erste Weltkrieg – doch es war gar nicht »die Welt«, sondern nur die eurasische Halbinsel, auf der dieser Krieg sich vier Jahre abgetobt hat –, dieser Krieg sei 1914 »ausgebrochen«, so ist wahr: Ab dann, ab August wurde zuerst scharf *geschossen*, ja! Und doch wissen wir, dass der schon damals bedeutendste Brite, der sogenannte Erste Lord der Admiralität, der die schiffreichste Schlachtflotte befehligte, die jemals gebaut worden war – nie wieder gab es irgendwo auf allen Meeren eine so gewaltige Armada –, dass Winston Churchill schon 1912 gesagt hatte, in spätestens zwei Jahren sei man im Krieg. Ob Propheten, die so exakt einen Krieg voraussagen, wenn sie zugleich *die* Überredungskünstler in ihrem Kabinett sind, nicht auch ein bisschen *mitwirken*, dass es zu Kriegen kommt? Eine sehr dumme Frage! Übrigens zog es in diesem Krieg auch Churchill zu *Helenas* Tatort, den Dardanellen, wo er mit Teilen der britischen Flotte durchbrechen wollte – dort bei Gallipoli, schon in der Antike ein vielgefürchteter Kampfplatz, wurden die Engländer zum Rückzug gezwungen.

So friedlich Handel treibend, auch noch gesichert durch Staatsverträge, lebten die Halbinsel Eurasien und die Insel Großbritannien vor sich hin, dass es *schwierig* war, die Kriegslawine mutwillig loszutreten. Man musste dazu eine schon über 35 Jahre alte *Warnung* Bismarcks als *Rezept* benutzen. Er hatte als alter Rentner einst gesagt, Krieg sei gar nicht möglich in Europa, es sei denn »*wegen irgendeiner Schweinerei auf dem Balkan*«. Und diese Schweinerei wurde nun mit Fleiß herbeigeführt, endlich ausgelöst durch das oben geschilderte Attentat des 21-jährigen serbischen Nationalisten auf die beiden Österreicher ...

Doch eine alle Staaten auf diesem Kontinent *anödend* lange, wohlstandsgesättigte Friedensepoche war diesem Krieg vorausgegangen. Ganz oft konnte man, obwohl es kaum nennenswerte Zwiste zwischen den Völkern gegeben hatte, dann buchstäblich lesen: »*Erlösend*« habe der Startschuss auf fast alle gewirkt, sogar auf jene, die zur Schlachtbank, meist auch noch freiwillig, geeilt sind! Fast 10 Millionen kamen um, schon weit mehr als ein Fünftel derer, die 25 Jahre später Hitlers Krieg verschlungen hat...

# AIDS in Venedig

Spätere Ehepartner, die sich nicht im Beruf ausleben, doch zuweilen auch die – das kann aber nicht jeder –, werden mörderisch gegen die Kinder des früheren. Immer betrügen alte Männer mit jüngeren Frauen Kinder, die eine frühere ihnen geschenkt hat, ums Erbe – sogar dann wenn die spätere Partnerin nicht (oder nicht ihnen) geboren hat. Abschreckendstes Beispiel, doch schreckt es niemanden ab: Livia, die als zweite Frau des Kaisers Augustus dessen sämtliche Leibeserben beseitigt, um *ihrem* Sohn, der nicht von Augustus ist, dessen Thron zu sichern, dem Tiberius. Natürlich schaffte sie, was sie vorhatte, obgleich sie mehrfach deshalb zur Giftmörderin werden musste. Frauen, wenn kein Beruf sie überfordert, sind genau um so viel erfolgreicher im Privatleben, wie die beruflich überforderten Männer es vernachlässigen, sodass ja die meisten Gatten, insbesondere als Väter, die Halbidioten in den Familien sind … So auch der schon sterbemüde, ja sterbende König David, dessen Endschwäche seine zweite Frau benutzte, *ihren* Sohn zum Erben des Reiches Israel zu machen, obgleich der König Söhne aus erster Ehe gehabt hat, denen die Thronfolge zugestanden hätte. Diese so berühmte Bathseba, die König David seinem Unterführer Urias geraubt hat, indem er den Ahnungslosen an der Front so postieren ließ, dass er fallen *musste*, erlistete für ihren Sohn Salomo den Thron. Und dieser angeblich ach so weise König Salomo hat sich dann nicht damit begnügt, seinen älteren Halbbrüdern das Erbe zu stehlen, sondern hat sie auch noch – so ist das oft – ermordet! Nicht jede Frau nimmt aber hin, dass ihre Kinder zugunsten der späteren Ehegattin und deren Kinder entrechtet werden vom Vater. Die folgende Geschichte hörte ich in San José, der Hauptstadt von Costa Rica, Mittelamerika: das höchst schockierende »Beispiel einer weiblichen Rache«, wie eine klassische deutsche Erzählung genannt wird.

Die von einem Millionär pausenlos betrogene Ehefrau, Mutter seiner zwei Söhne – er ließ dann die drei sitzen, erzwang die Scheidung und heiratete eine Neunzehnjährige, die rasch zwei Kinder zur Welt brachte –, weiß, dass sie an Krebs sterben wird, Ursache vermutlich psychosomatisch »dank« der Dauerdemütigungen durch den Ehemann. Nun erfährt die immer noch Schöne, der es eher gut steht, dass Krebs sie abmagern ließ, dass der Mann auch noch ihre gemeinsamen Kinder weitestgehend um ihr Erbe betrügt, indem er durch Überschreibungen auf seine beiden Jüngsten aus der zweiten Ehe das gemeinsam mit dieser ersten Frau erworbene Vermögen so beiseiteschafft, dass bei seinem Tode die Kinder aus erster Ehe fast nichts mehr vorfinden können.

Die Todkranke und ihre Söhne haben *einen* machtvollen Verbündeten, den Bruder der Frau, der einst Justizminister war und jetzt der gefürchtetste Anwalt im Lande ist. Sie hat in die Scheidung eingewilligt unter der Bedingung, dass dieser Bruder – der einzige Mensch, den sein Schwager fürchtet – der Vormund der Söhne wurde, der Inhaber der sogenannten »elterlichen Gewalt«. Krebskrank macht nun die Geschiedene ihrem Exmann ein – wie sie das nennt – »Friedensangebot«, da sie vor ihrem Tode zugunsten der Söhne die beiden aussöhnen wolle mit ihrem Vater, wie sie ihm aus Venedig schreibt: Er solle kommen, selbstverständlich ohne seine Frau, und ihr in einem neuen Vertrag garantieren, dass die Söhne nicht völlig enterbt würden; sie sei dann bereit, *ihm* die Vormundschaft und elterliche Gewalt zu übertragen. Der Mann kommt nach Venedig. Wie Früchte, die – innerlich schon total faul – im Gras liegend oft besonders leuchtend und stark in den Farben sind, ist auch diese Todgeweihte sehr schön.

Wie man es auch Tuberkulösen nachsagt, hat die Gewissheit, verloren zu sein, diese Costa Ricanerin ebenfalls noch sinnlicher gemacht, als sie es ohnehin stets war. Dass sie schlank wurde – das war sie nie –, macht sie für den, der sie einst deflorierte, wieder höchst attraktiv, was sie übrigens einkalkuliert hat. Ihre letzte Hemmung, diesen Mann und seine »neue« Frau mitzunehmen in den Tod, fällt von ihr ab, als sie beim ersten Tischgespräch beiläufig auf eine der zwei seiner größten Kaffeeplantagen, vorwiegend von ihrer Mitgift gekauft, zu sprechen kommt und hören muss, *die* sei leider nicht mehr in seinem Besitze: *Die* habe er schon seiner Tochter und seinem Sohn (»um Erbschaftsgerangel unter meinen vier Kindern später zu vermeiden«) im Grundbuch überschrieben, also den Kindern aus seiner zweiten Ehe! Sie lässt ihre siedende Empörung nicht merken, während er ausflüchtig quatscht: »Deine beiden Jungen fahren ja nicht schlechter, sie kriegen Zuckerrohr, das auch nicht renditeschwächer ist als Kaffee.«

Sie wird, was sie zum Sieden brachte – denn es ist glatter Betrug –, nach Tisch in ihrem Mittagsbeischlaf mit ihm »investieren«. Sein Mitgefühl mit ihr steigert seine Lust an dem, was sie mit ausgepichtester Kennerschaft einbringt in jeden Akt. Sie hat unter dem Vorwand, ihr »Haus bestellen zu müssen«, ihrem Hausarzt, der einst auch seiner war, erlaubt, ihm die Wahrheit über ihren Krebs zu sagen. Aber dieser Arzt weiß auch nicht, dass sie seit sieben Monaten, um ihrem Sterben doch noch einen Sinn abzugewinnen, in der Nachbarhauptstadt Caracas (Venezuela) hoffnungslos Aidskranke gepflegt hat. Vom Tode gezeichnet, sah sie keinen Grund, sich in dieser Fünf-Millionen-Metropole irgendeinem ihrer Pfleglinge zu verweigern. Ja, seit sie wusste, dass sie ihren Mann und ihre Rivalin umbringen will, nahm sie an Aidskranken, wen immer sie kriegen konnte. Sie zählte nicht, wie vielen sie das letzte Glück geschenkt hat – nun schenkt sie ihrem Peiniger den Tod. Und hofft, auch seiner Frau! Als sie nach acht Tagen aus dem »Danieli« abreisen, in dem sie das gemeinsame Bett so selten verlassen haben wie einst auf ihrer Hochzeitsreise, besitzt er die Vollmacht über ihre Söhne. Diese Vollmacht zu befristen, hielt sie für unnötig.

# Mutterliebe

*»Der König weiß von Ihrem ganzen Anschlag,*
*durch Kundschaft,*
*die sie sich nicht träumen lassen.«*

Shakespeare, »König Heinrich V.«

Zeitungen meldeten am 5. August 1985, dass im burgundischen Avallon ein Fünfzigjähriger mit seinem Gewehr einen Zwanzigjährigen erschossen hat in der irrigen Annahme, der Junge habe ein vom Alten gezähmtes, ihm dann aber entwischtes Eichhörnchen getötet. Der Zwanzigjährige hatte es tot aufgefunden und dem Alten gebracht ... Und lange ist es noch nicht her, dass auf der Autobahn drei Menschen umkamen, weil ein vierter – am Steuer – bei hoher Geschwindigkeit einem Eichhörnchen ausweichen wollte, das die Fahrbahn überquert hat. Beide Nachrichten erneuern die Mahnung, diesem auch Eichkätzchen genannten Sciurus vulgaris – »auszuweichen«, das kann man ja nicht mehr sagen, seit an diesem Ausweichmanöver drei Menschen gestorben sind –, sagen wir vorsichtiger: dass es nie gut war, einem Eichhörnchen zu begegnen. So erzählen schon Historiografen vom Hofe Ludwigs XIV., dass nur ein Eichhörnchen Seine Majestät veranlassen konnte, gegen seinen langjährigen Finanzminister Fouquet einen Untersuchungsausschuss zu bilden, als das Gerücht aufkam, der Minister habe öffentliche Gelder veruntreut. Als Ludwig das Schloss Fouquets besuchte, da habe ihn verstimmt, an vielen Wänden auf dessen Wappen das an einem Baum hochlaufende Eichhörnchen zu sehen, darunter den so aufreizenden wie anmaßenden Spruch: »Wohin käme ich nicht« – »Quo non ascendam«. Jetzt war der König bereit, die Geschäfte dieses Hausherrn untersuchen zu lassen – der dann den Rest seines Lebens bei enteignetem Vermögen im Kerker absaß ...

Nicht in seinem Wappen, doch in seinem Munde führte Hitlers Stabschef der Luftwaffe, der schon mit vierzig Jahren den Gipfel seiner Karriere erreicht hatte – vier Jahre später schoss er sich tot –, das Eichhörnchen: So sehr liebte und so oft wiederholte dieser Generaloberst die Redensart »Der Teufel ist ein Eichhörnchen«, dass er offenbar darüber vergessen hat, dass solche Sprüche konkreten Erfahrungen abgewonnen wurden und dass man nicht die Mahnung, die in ihnen enthalten ist, schon deshalb außer Acht lassen darf, weil man einen solchen Spruch ständig im Munde führt ... Übrigens hat dieser General sich erschossen, ohne noch zu erfahren, dass der Teufel, als er ihn in seinen Dienst nahm, sich nicht damit begnügte, getarnt als Eichhörnchen zu kommen – er kam als etwas noch Lieblicheres getarnt: als Mutterliebe ...

Sie entschuldigte sich: »Wenn das senil ist, war ich schon mit dreißig senil. Und mein Vater immer. Die Schwester einer Großmutter hat mir noch erzählt, auch ihr Vater habe – wenigstens im Alter – stets lidschlagschnell die Augen voll Wasser gehabt, wenn er oder jemand sonst auch nur seine verstorbenen Eltern erwähnte!«
Der dreißig Jahre Jüngere sagte zu der Fünfundachtzigjährigen: »Was heißt da ‚nur‘ – immerhin: die Eltern!«
Sie ergänzte lachend und so lebhaft, wie er nie eine so Betagte hatte sprechen hören: »... nur, das sollte nicht heißen: nur die Eltern; ich hatte sagen wollen, Eltern, die den nur normalen Tod alter Leute in ihrem Bett hatten sterben dürfen. Doch ich hab's halt geerbt, vom Urgroßvater schon, dass mir immer sofort das Wasser in die Augen schießt, sobald ich mich aufrege – und natürlich rege ich mich immer auf, wenn ich an den Jungen denke!«

Der Junge war ihr einziger Sohn, als Seekadett auf dem Schlachtschiff »Bismarck« umgekommen, vor über vierzig Jahren. Und sie sagte und legte ihrem Besucher die Hand aufs Knie: »Das ist Treue, Günter, dass Sie sich aufgemacht haben, herzufahren zu meinem Fünfundachtzigsten, um mir dieses Foto von euch Seekadetten zu bringen. Hätten Sie mir das Bild im Brief geschickt, dann hätte ich heute mit keinem über meinen Jungen reden können ... Sie aber hätten sich's erspart, ›eine alte Frau weinen zu sehen‹, wie die letzte Zeile von Rilkes Cornet heißt – heißt die nicht so? Cornet war eines der Modebücher im Krieg; schon meine Generation kannte es beinah auswendig. Liest das noch jemand? Und die Novellen von Binding wurden viel gelesen – am meisten natürlich Carossa und Hesse; auch der Wiechert, von dem wir wussten, der habe sogar eine Weile im Konzentrationslager gesessen. Die wurden viel mehr gelesen als die Nazischriftsteller, soweit ich weiß, und die Nazis ließen sich diese Dichter auch gefallen, weil die so unpolitisch sind. Liest man die noch?«

Der Besucher sagte: »Hesse ist wieder ein Bestsellerautor.«

»Mein Herbert, wie Sie wissen, war ja auch ganz unpolitisch, eben ein Poet, und Rilke war sein Gott, und die besten Gedichte des Jungen sind natürlich Rilke-Ableger. Ich gab ihm an Bord der ›Bismarck‹ zwei Bände Rilke mit, selbstverständlich. Wüsste ich doch nur einen Verleger, der die Gedichte Herberts druckt, wenn schon sonst von ihm nichts mehr da ist! Wer wird von ihm noch jemals reden, wenn ich demnächst weg bin?« Wieder traten Tränen in ihre Augen.

Günter Neuenburg sagte: »Ihre Tochter wird den Bruder so wenig vergessen, wie ich den Freund vergessen kann: Er war ja nicht nur der übliche Bordkamerad – deren gab's einige –, er war mein Freund, mein einziger. Ein so enger, dass diese Freundschaft andere, Dritte, ausschloss. Mädchen hatten wir noch nicht, das war ja ganz anders als heute, man schwärmte sogar an Land nur von ferne, jedenfalls wenn man noch nicht zwanzig war wie wir.« Er schwieg, sah vor sich hin, als habe er ein Mädchen von damals vor Augen, dann fuhr er fort: »Seine Gedichte, ja, er zeigte sie mir. Ich will gern versuchen, einen Verleger zu finden. Stuttgart ist schließlich eine Verlegerstadt. Wenn ich persönlich auch keinen Schriftsteller kenne – außer eben unseren früheren Vorgesetzten auf der ›Bismarck‹, den vierten Artillerieoffizier des Schiffs, den ranghöchsten der wenigen Offiziere, die aufgefischt wurden, Müllenheim-Rechberg. Er hat das gründlichste aller Bücher über die ›Bismarck‹ geschrieben. Ich will ihn gern bitten, den schriftstellerischen Nachlass von Herbert seinem Verleger zu empfehlen.«

Die Frau fragte: »Müllenheim-Rechberg? Das Buch fehlt mir noch. Wird man alt, entgeht einem alles!« Sie hatte eine armlange Reihe von Büchern gesammelt, die alle die »Bismarck« betrafen oder jedenfalls die Atlantikschlachten des Hitlerkrieges, und sie hatte sie außerhalb ihres Bücherschranks für sich aufgestellt, dort wo auch drei Fotos von Herbert als Mariner standen: in einer abgeschlossenen westfälischen Barockvitrine, neben altem Silber und Porzellan. Und schon war sie zum Schreibtisch gegangen, rasch, riss – immer eilig, die rüstige Fünfundachtzigjährige, brettlang, brettmager – ein Blatt vom Terminkalender und wollte den Autor des ihr noch nicht bekannten Buches über das Schicksalsschiff ihres Sohnes notieren. Erschrocken sagte der Besucher, während ihm durch den Kopf ging, was er neulich bei einer Quizsendung im Fernsehen mitbekommen hatte: dass allein in der BRD über siebenundzwanzigtausend Uralte leben, die 95 oder älter sind –, jetzt sagte er: »Bitte, nein – Sie werden gestatten, dass ich Ihnen das Buch noch zusende, als nachträgliches Geburtstagsgeschenk.«

Doch er dachte, was bin ich für ein Idiot, dass ich das Buch erwähnt habe! Die ist so geistesgegenwärtig, dass sie's bestimmt nicht vergisst – und sie kann sterben nach der Lektüre! Er redete weiter, um die alte Frau vergessen zu machen, dass sie Autor und Titel hatte notieren wollen. Sie kam auch zu ihrem Sessel zurück, ohne den Zettel. Und als sie wieder Platz nahm, sagte sie, noch immer die Frau, die zeitlebens Personal genug gehabt hatte, um auch jetzt noch anzuordnen, ja zu befehlen, sie sagte gebieterisch: »Aber wenn Sie mir das Buch zusenden lassen von Ihrem Buchhändler, dann bitte ich mir aus, dass die Rechnung beiliegt! Bücher sind ja heute schrecklich teuer – ich weiß noch, wie die Buddenbrooks in Ganzleinen drei Mark fünfundachtzig kosteten – in Leinen! Also bitte, keinesfalls dürfen Sie's ohne Rechnung schicken – ich kann ja meine hohe Pension gar nicht verzehren.«

Sie hatte die opulente Pension einer Generalswitwe. Er dachte: So viel habe ich bei weitem nicht im Monat. Er war aber nicht nur ein schlichter Geschichts- und Englischlehrer, sondern immerhin Studiendirektor. Sie war schon wieder aufgestanden, nahm nun doch das Kalenderblatt und sagte: »Ich schreibe diesem Verfasser, diesem – wie sagten Sie: vierten Offizier? Vielleicht besorgt er mir einen Verleger für meinen Sohn. Haben Sie die Adresse?«

Er hatte sie, doch sagte Nein. Er werde sie ihr schreiben. Und er wiederholte nur den Namen, setzte hinzu, von Müllenheim sei ein pensionierter Botschafter der Bundesrepublik, und plötzlich war er sich sicher, dass er risikolos die Adresse des Autors und sogar das Buch an die alte Dame senden könne, weil ihm einfiel, dass ja der Chronist zwar die letzten Details der Tragödie aufgezeichnet hatte, nicht aber die Namen der schätzungsweise achthundert Matrosen und Offiziere, die – fast schon gerettet – dem britischen Kreuzer beinahe in Griffnähe nahe gekommen waren und dann doch nicht aufgefischt wurden wie er selber und wie Müllenheim, sondern am nächsten Tag oder auch schon in der kalten Mainacht gestorben waren, weil das Schiff weggedampft war, ohne sie zu retten. Und da sie durch die Todesangst noch enger zusammengeblieben waren, bis zum letzten Moment, als während des ganzen Gefechts, so wusste Neuenburg, dass auch Herbert zu denen gehört hatte, die der See überlassen blieben, ohne begreifen zu können, was man ihnen antat... Wozu einen – wie oft hatte er im Rückblick auf Freund und Schiff das gedacht –, wozu einen das Schicksal, was immer das sein mag, zuweilen aufhebt! Wie wäre doch den Kameraden, die einen Tag lang und eine Nacht noch oder wenigstens Stunden, Stunden, Stunden lang im Wasser sich zu Tode erschöpften, bis sie durch Kälte abstarben oder bis ihnen Möwen die Augen auspickten, wie wäre ihnen allen zu gönnen gewesen, gleich ihrem Admiral von der schweren Schiffsartillerie des britischen Schlachtschiffs »King Georg V.« getötet zu werden. Anstatt unverwundet und voller Hoffnung, auf den beigedrehten britischen Kreuzer klettern zu können: den Briten abdampfen zu sehen!

Die ruhelose Alte war längst wieder aufgestanden; denn da die Whiskystunde gekommen war, Viertel nach fünf, so glaubte sie, sie müsse ihrem Gast etwas anbieten. Und wahrhaftig, er hatte ihn nun nötig, den Cognac, den sie ihm und auch sich selber hinstellte. »Oder nehmen Sie lieber einen Wodka – ich hab diesen polnischen, der schmeckte meinem Mann immer am besten!« Er entschied sich, den Wodka zu probieren. »Aber wieso sind Sie nicht müde, heute, nach der gästereichen Gratulationscour!« Sie lachte, tat das ab: »Ich hatte meinen üblichen Mittagsschlaf… Und dann hab ich die Enkel und die Urenkelin schwimmen geschickt« – vor dem Fenster lag, keinen Kilometer weit, das Seeufer –, »damit ich mit Ihnen noch allein reden könnte. Denn das ist mein Geburtstagsgeschenk – dass ich über Herbert sprechen kann. Von Ihnen, Günter, habe ich, gleich nach dem Krieg, das Einzige bekommen, was mich, wenn man wach liegt – morgens, wenn es nebelt vom See her, werde ich seit Jahren in der Dämmerung wach –, was mich dann ein wenig trösten konnte: die Gewissheit, dass der Junge noch an Bord gefallen ist, statt zu denen zu gehören, die da nicht aufgefischt wurden, sondern stundenlang sterben mussten…«

Ihre Stimme war gekippt, sie wischte Tränen. Ihr Taschentuch, da zu oft gebraucht während dieses Gesprächs, war nicht mehr in der Tasche, sie hatte es in den Gürtel gesteckt, es dauerte, bis sie herausbringen konnte: »Doch ein Trost, dass Sie gesehen haben – dass er gleich tot war. Ich hab mir das in den vielen Jahren seither immer wieder als den einzigen Trost gesagt. Ich fragte mich oft – und sprach mit allen darüber, die mich besuchen von den Freunden meines Mannes –, woher wohl dieser englische Kreuzerkommandant den Vorwand genommen hat, die bald tausend ›Bismarck‹-Überlebenden einfach ertrinken zu lassen und abzudampfen mit seinem Kreuzer. Denn wenn er auch wirklich geglaubt hat, dass da ein deutsches U-Boot am Tatort sichtbar geworden ist: dann müsste dieser Engländer doch auch gedacht haben – aber das kann er nicht gedacht haben! –, dieses deutsche U-Boot wolle ausgerechnet das einzige englische Schiff torpedieren, das ›Bismarck‹-Überlebende auffischte! Ein deutsches

U-Boot, hätte es dort eins gegeben, würde sich ja wohl auf eines der britischen Schlachtschiffe gestürzt haben, um es zu torpedieren – nicht aber auf einen Kreuzer, und noch dazu auf den, der als einziger Deutsche auffischte!«

Ihr Besucher deutete mit Händen und mit einem her und hin bewegten Kopf Ratlosigkeit an: Er vermute ja auch nicht, sagte er endlich, dass Captain Martin von H. M. S. »Dorsetshire«, der immerhin ihm und noch hundert anderen Deutschen das Leben gerettet hatte, dass Martin geglaubt habe, ausgerechnet seinen Kreuzer werde ein U-Boot dabei angreifen. Doch wollte Neuenburg das international noch immer gängige Klischee vom britischen Fair Play nicht anzweifeln. Leise sagte er, resigniert und auch schon ein wenig ermüdet gegenüber einem Thema, das so oft wie dieses auf allen ihren Kameradentreffen seit Kriegsende und sogar schon im britischen Gefangenen-Camp erörtert worden war: »Martin hat sicher nicht vermutet, ein deutsches U-Boot greife den an, der Deutsche rettete, aber es könnte ja auch sein, dass die schweren Einheiten der Briten für ein deutsches U-Boot schon nicht mehr erreichbar waren – sofern da wirklich ein Boot gewesen ist, was aber nach dem Krieg nicht bestätigt wurde. Doch vergessen Sie nicht, gnädige Frau, den Briten war vor drei Tagen das stärkste Schlachtschiff der Welt in die Luft gejagt worden, sechs Minuten nach Gefechtsbeginn. Die ›Hood‹ war ja nicht versenkt worden, nach einer Seeschlacht – sondern war explodiert, weil eine ›Bismarck‹-Granate ihre Munitionskammer erwischt hatte. Drei Matrosen überlebten ihr Schiff, drei von über vierzehnhundert Mann und neunzig Offizieren, und das wusste seit Tagen natürlich auch dieser Captain Martin. Menschlich fragwürdig ist ein Racheakt immer – aber menschlich ist er auch, menschlich-schweinisch, wie leider das meiste, was wir Menschen tun. Wozu achthundert Deutsche auffischen, wenn die ausgerechnet von jenem Schiff kamen, das erstens keinen Versuch gemacht hat, beizudrehen und nach Überlebenden der ›Hood‹ Ausschau zu halten, und das zweitens ganze drei Männer von der ›Hood‹ am Leben gelassen hatte – drei, die nach Tagen von Engländern aufgefunden, aufgefischt wurden.

Vielleicht wären es mehr gewesen, hätte am Tatort wenigstens das Flugzeug der ›Bismarck‹ nach ›Hood‹-Überlebenden die See abgesucht, aber das Flugzeug wurde zu dieser Suche gar nicht loskatapultiert! Doch wenn hier ein Grund vorliegt zu Anklage und Verbitterung: Dann dürfen wir nicht die Briten anklagen, sondern unsere eigene Seekriegsleitung, die in nationalbewusstem Größenwahn 2221 Männer mit der ›Bismarck‹ hinausgeschickt hatte – obgleich die Briten auf ein größeres und älteres Schiff nur 1500 Besatzungsmitglieder kommandierten! Die ›Bismarck‹, zwei Jahrzehnte moderner als der Brite: Modernes technisches Gerät benötigt doch stets weniger Menschenhände zur Bedienung als veraltetes, wie das der ›Hood‹ veraltet war – wieso aber ›benötigte‹ angeblich die ›Bismarck‹ ein Drittel mehr Menschen als die größere ›Hood‹? Und so wie wir Deutschen auch unsere eigenen Männer schon mit der ›Bismarck‹ in Scharen zwecklos verheizt haben, so auch wieder zwei Jahre später, als im Eismeer die vergleichsweise so kleine ›Scharnhorst‹ – auch mit Hunderten von Seekadetten – in der Weihnachtsnacht versenkt wurde: An Bord der ›Scharnhorst‹ waren sogar fast fünfhundert Männer mehr als an Bord der fast zwanzigtausend Tonnen schwereren ›Hood‹! Selbst die ›Titanic‹ hatte noch 14 Menschen weniger an Bord als die ›Bismarck‹. Größenwahn hat ja nicht nur unsere ›größten‹ Aktionen, die zwei Weltkriege, ausgelöst, sondern auch viele Tragödien innerhalb der Kriege mitbestimmt…

Ich wollte auch immer schreiben, ein Schulmeister wie ich hat ja vierzehn Wochen Ferien im Jahr – ich bitte Sie, was macht ein gesunder Mann mit vierzehn Wochen Ferien, wenn er dann nicht nur seine Familie schikanieren will? Ich wollte schreiben; alle historischen Archive stehen uns ja seit 1950 offen, aber ich konnte es nicht, weil es zu traurig ist für einen Deutschen, über Kriege zu schreiben; nicht weil wir die Kriege verlieren, sondern weil wir so blöd sind, noch blöder als ruchlos. Das belastet zu sehr. So lerne ich lieber noch eine Sprache in meiner Freizeit. Ich lerne Chinesisch und gehe auch bald zum dritten Mal schon nach Hongkong. Denn Chinesisch lernen geht außerhalb Chinas nicht, jedenfalls mir fällt's zu schwer.«

Er war erleichtert, von Sprachen statt von Schlachten zu reden, doch Herberts Mutter sagte: »Schrecklich, sich auch noch sagen zu müssen, wie unnötig sie hinausgeschickt wurden, viele unsrer Jungen ...« Unnötig, dachte Neuenburg, doch das sagte er nicht, unnötig – um das so neutral, so farblos wie möglich auszudrücken – war überhaupt das alles. Aber das kann man einer Mutter nicht sagen, zuletzt. »Unnötig« war keineswegs nur, siebenhundert Menschen mehr auf der »Bismarck« als auf »Hood« hinauszukommandieren in den voraussehbaren Tod. Neuenburg hatte sich »noch einen – diesmal aber doch lieber einen Cognac« erbeten und war aufgestanden und sah zu dem Seeufer hin, und er wünschte, die badenden Enkel kämen jetzt heim und brächten ihn und vor allem die Großmutter und Urgroßmutter ab von ihrem Thema. Er war ans Fenster getreten, um das Gesicht des Freundes abzuschütteln, das ihn jetzt wieder verfolgte – so wie er es zuletzt gesehen hatte: Herberts ölverschmierte Hände waren zum zweiten Mal von einem der Taue abgeglitten, und er war zurückgerutscht ins Wasser – und niemand mehr konnte ihm helfen, denn der britische Kreuzer – von dessen Deck diese Taue herabgelassen worden waren, damit ein paar wenige Deutsche sich an ihnen noch hochziehen konnten, so wie Neuenburg es schließlich geschafft hatte, gerade noch –, der Kreuzer nahm nun brutal volle Fahrt auf zwischen den Schwimmenden und machte, dass er wegkam. Brutal, sagte sich Neuenburg, weil durch das sofortige Aufnehmen der vollen Fahrt vermutlich einige, gar nicht so wenige der Schwimmenden in den Sog des Schiffs geraten und von den Schrauben in Stücke zerfetzt worden waren, hoffentlich auch Herbert. Dann wäre er wenigstens gleich tot gewesen, statt womöglich von einem Hai gefressen zu werden!

Nein, so beruhigte er sich, den Haien ist es am 27. Mai vermutlich so weit nordöstlich des Golfstroms noch zu kalt ... Und so unschuldig er daran war, gerettet worden zu sein, während vor seinen Augen der Freund zurückfiel in die See, so sehr bedrückte ihn doch, absurderweise, jetzt und schon so oft das Gefühl, ihn im Stich gelassen zu haben. Verrückt. Aber dass er lebte, doch der tot war ... Herberts Augen zuletzt, wie er geschrien hatte – und sie hatten fast alle geschrieen, die da noch schwammen, als sie begreifen mussten, der Kreuzer dampfe auf und davon –, wie die Augen des Freundes ihn, der sich rettete, ansahen zuletzt, die würde er nie mehr los... Und er dachte noch, was ist das Leben, wenn eine Lüge das einzige Gute ist, das man der Mutter eines Umgekommenen noch zuteilwerden lassen kann, die Lüge, Herbert sei gefallen – statt erfroren, ertrunken, nach Stunden... Stunden...

Jetzt hatte Neuenburg wieder seinen Admiral vor Augen, den Einundfünfzigjährigen, der die »Bismarck« und die ihm anvertrauten zweitausend in den Tod gefahren hatte, weil er – obgleich gewarnt vor der Ausfahrt – dennoch zwecklos seinem Führer funkte, wo er war... Des Admirals Gesicht, verzerrt durch Pessimismus und Arroganz – zuweilen verträgt sich das –, belegte geradezu, dass Unbelehrbarkeit sein Hauptcharakteristikum war: Dass die schiffreichste Armada der Welt volle dreißig Stunden keine Berührung mit ihm hielt, der soeben das Flaggschiff dieser Armada vernichtet hatte, hätte doch Lütjens mindestens eines lehren können: dass die Briten ihn nicht fanden! Doch war er überzeugt, sie wüssten, wo er sei – und funkte seinem Führer, er fahre nach Brest, da Ölverlust ihn zwinge, den Plan aufzugeben, in den Atlantik durchzubrechen... Und da Lütjens »Bismarck« der Vernichtung überantwortet hatte, so taufte nach dem Hitlerkrieg die neue deutsche Marine ihr erstes großes Schiff auf den Namen Lütjens, um zu dokumentieren, sie sei keineswegs bereit, Folgerungen aus der Geschichte zu ziehen oder gar zuzugeben, Hitlers Admiral habe »seine« Besatzung aus Dummheit umgebracht... Nein, dachte Neuenburg – es ist zu deprimierend, zu beschämend für einen Deutschen, Geschichte des zwanzigsten Jahrhunderts zu schreiben; schriebe ich, ich wählte unseren sinnvollen Krieg, den der Befreiung von Napoleon...

Nun war er nicht mehr allein. Die Unruhige hinter ihm, aus dem Zimmer gegangen, war zurück, sie ordnete irgendetwas an bei der Haushälterin; heute war sogar eine zweite Aufwartung da, wegen der

Gäste. Diese Hektische, dachte Neuenburg, die würde mich wahnsinnig machen, hätte ich sie immer um mich; ihre Tochter hatte ihm erzählt, wenn sie in den Ferien bei der Mutter sei, dann müsse sie der Alten ausreden, schon morgens um sechs den Kaffee nicht nur zu kochen, sondern ihr auch ans Bett zu bringen. Die Alte redete wie eine lebhafte Sechzigjährige – wusste sie auch nicht mehr, was sie vor zwanzig Minuten getan und gesagt hatte, was sie vor zwanzig, vor vierzig Jahren gesagt hatte, das wusste sie noch bis auf den Wochentag genau. Jetzt sprach sie von der Stunde, zu der »diese verdammte Sondermeldung um halb sechs angekündigt wurde; immer noch habe ich die Liszt-Fanfaren im Ohr, die diese Meldungen aus dem Führerhauptquartier ausposaunten... Wir waren ja noch bedrückt, weil am Vortag, am Freitag, die Marine hatte zugeben müssen, dass die Engländer den berühmtesten deutschen U-Boot-Kommandanten zur Strecke gebracht hatten, diesen listigen Prien, der ihnen bald nach Kriegsbeginn in Scapa Flow ein Schlachtschiff versenkt hatte. Ich weinte nach der Sondermeldung, doch mein Mann nannte mich hysterisch, denn für ihn war völlig sicher, Lütjens brächte euch und sein Schiff sofort zurück nach dem rettenden Norwegen, weil doch jetzt zweifellos die ganze Home Fleet Jagd auf die ›Bismarck‹ machen würde; mein Mann sagte: ›Die stürzen Churchill, wenn der nicht fertigbringt, uns das heimzuzahlen, denn die ›Hood‹ ist ja nicht irgendein Schiff, sondern das Flaggschiff des Empire, sein Stolz. Und deshalb kannst du beruhigt sein, das weiß auch Lütjens und bringt die Jungen auf dem kürzesten Weg nach Hause...‹«
Neuenburg unterbrach, leicht war's ja nicht für ihn, zu Wort zu kommen: »Sogar Hitler hat das gehofft und ist schlau genug gewesen, es nicht zu befehlen, weil er für möglich hielt, dass die Briten mithörten. Nur unser Admiral war nicht so intelligent und funkte in der Weltgeschichte rum – der Idiot funkte heim, dass er nach Brest fahre...« Doch nun – totkalt und so plötzlich ein Fuchseisen zuschlägt – würgte Neuenburgs Hals die Garotte. Angesteckt von der Unrast der Rüstigen, war er wieder am Fenster mit seinem Cognac, vor sich den noch föhnschweren Augustspätnachmittag, nun musste er sich die Krawatte lockern und setzen. Damit hatte er nicht ge-

rechnet, heute früh, als er aufgebrochen war, einer Fünfundachtzigjährigen zu gratulieren. Die hatte, als der Ortsname Brest fiel, rasch
– rasch, wie sie alles sagte – hinzugesetzt: »Brest, ja – und das hat
mich dann auch beruhigt für die nächsten, die letzten zwei Tage!«

Sie also, dachte Neuenburg, sie also ist es gewesen, die ihren Sohn
und zweitausend Söhne anderer Mütter ersäuft hat. Er hätte auch
dann nichts sagen können, wäre er zu Wort gekommen. Doch er
war so fertig, dass er »sie nicht einmal totschlagen konnte«, wie er
das am nächsten Tag nannte ... Er wankte in den Sessel, weich in den
Kniekehlen, und hörte die Alte weiter schwadronieren, während sie,
statt wenigstens still zu sitzen, bereits wieder etwas tun musste – zum
Verrücktwerden! –, ihm wieder Kaffee nachschenken musste, den er
ja gar nicht mehr trinken wollte. Diese Unrast, die vielleicht schon
die Unruhe vor dem Grab war! Und Neuenburg hätte aufschreien
mögen – doch saß er da, total unfähig, ihr auch nur ins Wort zu
fallen. Ihr uferlos-ahnungsloses Gequatsche hatte ihm jeden Willen
genommen, während er sich anhören musste, in quälender Breite,
was er ja nun wusste: wie diese Frau es endlich doch noch – gegen
jede Wahrscheinlichkeit – durch ihren vor vierzig Jahren vermutlich geradezu teuflischen Mitredetrieb zuwege gebracht hatte, den
Briten die »Bismarck« vor die Rohre zu liefern. Volle 31 Stunden
lang hatten sie die Spur des flüchtenden Giganten verloren. Als die
Engländer dank der Mutterliebe dieser furchtbaren Frau das Schiff
endlich doch noch wiederfanden, hatte die »Bismarck« noch immer
einen Vorsprung vor Admiral Sir John Tovey, dem Commander-in-
Chief der Home Fleet, auf der »King George«, seinem Flaggschiff,
von hundertfünfzig Meilen. Und das schützende Brest war vierhun-
dert Meilen – nur! – nahe ... Neuenburg dachte: Ich gehe jetzt, ich
muss jetzt sofort hier raus, oder es geschieht was so Sadistisches, dass
ich ... Doch da waren wieder die Augen Herberts vor ihm, so wie ihn
der Freund zuletzt angesehen hatte, ihn, den Geretteten, er, der Er-
saufende ... Und das hielt ihn zurück. Und da wusste er, das war nun
der letzte ihm mögliche Freundesdienst: dass er es Herberts Mutter
ersparte, ihr ins Gesicht zu sagen, dass sie es gewesen war, die ihren

Sohn und die zweitausendundsechs anderen, die mit »Bismarck« umgekommen sind, der Abschlachtung überliefert hatte...

Nicht frei von Genugtuung berichtete rasch und konzentriert und lückenlos die Alte, wie sie damals »in Berlin Himmel und Hölle in Bewegung« gesetzt habe, um sich endlich beruhigen zu können, dass ihr Junge gerettet werde, weil die »Bismarck« nicht in den Atlantik durchbreche, sondern Brest anlaufe. Ja, die Hölle, dachte Neuenburg. Sie aber empfand jene Genugtuung, die in jedem ist, der abseits lebt, doch davon sprechen kann, wie er früher einmal irgendetwas Bedeutsames bewirkt, gesteuert, erreicht hat. Ihr war bis heute erspart geblieben zu erfassen, was sie »erreicht« hatte – nämlich die Erreichung der »Bismarck« durch die Briten, bevor die in Brest war. Ohne zu sprechen – das konnte er noch nicht wieder –, ohne zu fragen, goss Neuenburg, die Füße da im Sessel weit von sich gestreckt, den Blick nach unten gerichtet, um das intelligente Gesicht der Bornierten nicht sehen zu müssen, sich abermals einen Cognac ein.

»Wir konnten Jeschonnek erst gar nicht erreichen, denn er war selber nach Athen geflogen, um von dort Nachschub nach Kreta zu kommandieren, da ja die Landung der Fallschirmjäger auf Kreta beinahe im Blut erstickt wäre. Doch dann hat ja Jeschonnek sich auf mein Drängen hin von Athen aus mit Berlin in Verbindung gesetzt und bekam den Funkspruch der ›Bismarck‹ im vollen Wortlaut mitgeteilt. Da konnten wir erleichtert aufatmen, weil wir nun wussten, wohin das Schiff fährt.« Vor allem aber, dachte Neuenburg, wussten das nun auch die Engländer, weil sie zwar noch nicht so weit waren, den Marinefunkschlüssel zu entziffern, den Lütjens an Bord benutzte, um dem Führerhauptquartier mitzuteilen, wohin er sein Schiff steuere, doch den Luftwaffen-Chiffrierschlüssel, den konnten die Briten seit neun Monaten schon so mühelos lesen wie unsereiner die Zeitung. Und da Jeschonnek Chef des Generalstabs der Luftwaffe war, wurde auf diesem Weg ihm nach Athen gemeldet, was der Admiral von Bord der »Bismarck« Hitler gefunkt hatte... Und so hatten sie die »Bismarck« wiedergefunden, nach 31 Stunden, in denen 64 britische Schiffe – die schiffreichste Treibjagd der See-Weltgeschichte! – und zahllose Flugzeuge ein Gebiet von über fünf Millionen Quadratkilometern vergebens abgesucht hatten, anderthalb Tage lang! Und nun schickten die Briten Trägerflugzeuge, und einem glückte, mit einem Lufttorpedo das Ruder der »Bismarck« zu demolieren, dass der Gigant nur noch Kreise fuhr und – kurz vor Brest – in Ruhe eingeholt, von Sir John Toveys »King George V.« im Morgengrauen zusammengeschossen werden konnte ...

Neuenburg, trocken im Schlund, sagte, um irgendetwas zu sagen: »Ja, danke, Wasser – ja, Wasser mit Kohlensäure hätte ich gern.« Er konnte ja nicht noch einen Cognac nehmen als Autofahrer, so nötig er ihn gehabt hätte. Die Uralte klingelte schon, ordnete an, beinah sofort kam das Wasser. Neuenburg sagte: »Für Herberts Bescheidenheit war auch typisch, dass er nie davon sprach, dass er ja diese direkten Beziehungen in die höchste Generalität hatte. Aber wenn der Generalstabschef in Athen war – wer hat ihm denn dann aus Berlin den Funkspruch der ›Bismarck‹ dorthin gefunkt?«

»Keine Ahnung«, sagte Herberts Mutter, während Neuenburg dachte: Das ist die schauerlichste Umkehrung dessen, was man sonst unter Nepotismus versteht. Wäre Herbert nicht der Neffe eines sogenannten großen Mannes gewesen, der wie die meisten großen Männer auch nur ein verhängnisvoller Stümper war, vielleicht lebte er heute noch – er und zweitausend andere! Teuflisch, dachte Neuenburg, ohne noch hinzuhören, was die Alte, so lebhaft wie schon lange Jahre nichts Gegenwärtiges mehr, jetzt erzählte. Aber kaum hatte Neuenburg an den Teufel gedacht, da erwähnte ihn Herberts Mutter, sie sagte: »Der Teufel ist ein Eichhörnchen.« Dieser Satz sei die immer wiederkehrende Redensart des Generalobersten Jeschonnek gewesen, wie auch des Führers Luftwaffenadjutant, Herr von Below, Jeschonneks engster Freund, es überliefere in seinem Buch.

So, dachte Neuenburg, jetzt spricht sie schon nicht mehr von Hitler, sondern vom Führer, was nur belegt, dass sie zweifellos auch im Krieg nicht Hitler sagte, sondern »der Führer« – wie wir alle. Und des

Führers Luftwaffenadjutant, dieser hübsche von Below, der neben Jeschonneks Vorzimmer ein kleines Büro unterhielt und Hospitant im Stabe Jeschonneks war, ohne deshalb aufhören zu müssen, Hitlers Luftwaffenadjutant zu sein, dieser Below wusste natürlich alles von der »Bismarck«, was auch Hitler wusste... Sollte er seinem engsten Freund mitgeteilt haben, was von Bord des verfolgten Schiffes Hitler mitgeteilt worden ist? Die Mutter Herberts legte nun aus, was das Schicksal damit gemeint haben könne, sollte der Lieblingssatz Jeschonneks, »Der Teufel ist ein Eichhörnchen«, auch zugetroffen haben, als die »Bismarck« versenkt wurde. Und sie hatte das schon so oft in den vergangenen vierzig Jahren anderen erzählt, dass sie es automatisch vorbrachte: »Mein Mann«, sagte sie traurig, und wieder wurden ihre schönen Augen nass, »hat oft mit Kummer davon gesprochen, dass die Wahrscheinlichkeit, ausgerechnet das Ruder eines so schnellen Schiffes zu treffen, eins zu einer Million sei. Das war der Teufel, nicht wahr, nicht gerade in Gestalt eines Eichhörnchens, aber doch eines – denkt man – so harmlosen, altmodischen Doppeldeckers... Diese englischen Flugzeuge sahen aus wie die in meiner Jugend, wie die im Ersten Weltkrieg, und doch hatte der Teufel diese harmlose Gestalt angenommen, um die ›Bismarck‹ zum Stehen zu bringen oder vielmehr zum Kreisefahren...«

Neuenburg war aufgestanden, um zu gehen. Sonst kann ich's doch nicht lassen, ihr noch ins Gesicht zu sagen, dass nicht der britische Doppeldecker das Eichhörnchen war, das so harmlos aussieht, aber doch der Teufel ist, sondern dass sie selber, die übergeschäftige Mutter samt ihrer Sohnesliebe der Teufel war oder das Eichhörnchen oder der Teufel im Eichhörnchen oder – ach! Ach, wer das wüsste... Und laut sagte er, während sie erschrocken aufblickte und ihn daran erinnerte, er habe doch noch zum Abendessen bleiben wollen: »Ihr allzu guter Cognac, gnädige Frau, hat mir doch ein wenig stärker zugesetzt, als ich für möglich hielt – und ich will von der Autobahn herunter sein, ehe es dunkel wird. Und dann, wissen Sie, wenn ich dabeisitze auch heute Abend noch, das könnte doch Ihre Familienfröhlichkeit mit Enkeln und Urenkeln dämpfen, denn wenn Sie mich sehen, seinen Freund, wie sollten Sie dann nicht an Ihren Sohn denken… Wenden Sie sich lieber zum Ausklang Ihres Geburtstages der neuen Generation zu!«

Und sie widersprach nicht, doch auch wohl erleichtert, dass er abfuhr. Im Rückspiegel sah er sie zwischen den hohen Sonnenblumen im Vorgarten, und er dachte, so lieb wie sie jetzt aussieht – so lieb sieht nicht einmal ein Eichhörnchen aus, wenn sich der Teufel in ihm versteckt…

# »Macht macht böse«

(Erschienen in »Die Weltwoche«, Ausgabe 21/2015)

Rolf Hochhuth hat mit dem Stück »Der Stellvertreter« 1963 den Vatikan erschüttert. Er pflegte Kontakt zu Geistesgrößen wie Hannah Arendt, Karl Jaspers und Ernst Jünger. Hausbesuch bei einem Monument.

*Von Rico Bandle*

Bei ihm ist alles historisch aufgeladen. Seine Arbeitswohnung in Berlin befindet sich in einem Edelplattenbau nahe dem Brandenburger Tor, gleich hinter dem Luxushotel »Adlon«. Die DDR-Führung hatte diese Wohnungen mit Sicht über die Mauer für die treuesten Parteikader vorgesehen. Doch kaum waren sie bezugsbereit, fiel die Mauer. Anstatt in den feindlichen Westen sieht man von Rolf Hochhuths Arbeitszimmer aus nun direkt auf das Holocaust-Mahnmal mit seinen Touristenströmen. Auch Angela Merkel wohnte eine Zeitlang hier, bevor sie Bundeskanzlerin wurde, ein Stockwerk über Hochhuth. Heute allerdings wirken Treppenhaus und Wohnungen etwas heruntergekommen, vom Glanz ist nichts mehr da.

Hier arbeitet der 84-jährige Autor noch immer täglich, schreibt Gedichte und Theaterstücke in einem Tempo, das jeden Leser, jeden Verlag überfordert. Der Mann, der mit seinen Enthüllungen die katholische Kirche in eine tiefe Krise gestürzt hat – vergleichbar mit dem Missbrauchsskandal –, der sogar schon einen Ministerpräsidenten zum Rücktritt gezwungen hat und dem das legendäre Brecht-Theater Berliner Ensemble gehört, begrüßt den Gast aus der Schweiz barfuß, aber in Hemd und Krawatte gekleidet.

*Herr Hochhuth, die Welt feierte in den letzten Tagen siebzig Jahre Kriegsende. Können Sie sich noch an den Augenblick erinnern, als die Amerikaner nach Eschwege kamen, wo Sie wohnten?*

Sehr genau sogar. Das war am 3. April 1945, zwei Tage nach meinem 14. Geburtstag. Ich war in meinem Großeltern- und Elternhaus. Die Amerikaner sind in die Häuser eingedrungen, haben geschaut, ob da deutsche Soldaten sind. So auch bei uns. Wir verschanzten uns im Keller. Als sie kamen, hielten wir alle die Hände hoch. Doch das waren sehr freundliche Leute.

*Die ganze Familie war im Keller versteckt?*

Nicht versteckt. Man ging in den Keller in der Erwartung, dass die Amerikaner erst in die Stadt eindringen, nachdem sie sie zerbombt haben. Es gab aber nur einzelne Schüsse. Als sie in unser Haus kamen, sagte mein Vater: »No soldiers here.« Sie durchsuchten das Haus trotzdem. In der Stadt gab es Sperrzeiten, man durfte nicht immer auf der Straße sein. Am nächsten Tag klingelte es während der Sperrzeit an der Haustüre, mein Onkel stand leichenblass da. Er sagte, die Amerikaner hätten ihn eben zum Bürgermeister von Eschwege ernannt, anstelle des Nazis.

*Und was war mit Ihnen?*

Die Schulen waren geschlossen, mein Onkel stellte mich als Laufjunge an für zwanzig Reichsmark im Monat. Ich rannte zu jenen Häusern, die die Amerikaner beschlagnahmen wollten, um die Leute darin zu informieren. Im Juli nahmen die Amerikaner auch mein Elternhaus ein, innerhalb von zwei Stunden mussten wir es verlassen. Das war damals üblich. Trotzdem waren die Amerikaner sicher die humanste Besatzungsmacht aller Zeiten – ich habe sie mit vierzehn vergöttert. Sie sorgten sich um uns, haben uns die herrlichste Bibliothek gebracht. Die Gesamtausgabe von Thomas Mann, die man unter Hitler nicht lesen durfte, war auch da. Jahre später habe ich in Basel den Philosophen Karl Jaspers besucht und mit ihm darüber gesprochen, dass wir uns eigentlich wundern müssen, dass die Amerikaner uns nicht umgebracht haben, nachdem sie Lager wie Buchenwald gesehen hatten. Stattdessen haben sie uns die Kriegsschulden gestundet und die Wirtschaft wieder auf eine Höhe gebracht wie zur Kaiserzeit.

*Im Nachhinein ist klar: Der Einmarsch der Amerikaner war eine Befreiung. Waren Sie sich dessen bereits an dem Tag bewusst, als sie kamen?*

An dem Tag begriff man nur etwas, und auch das nur sehr elementar: »Jetzt ist keine Gefahr mehr, dass wir kaputtgebombt werden.« Was alles überschattet hat, war die Sorge um die Angehörigen in der Armee. Aber dafür konnten die Amerikaner nichts.

*Kurz darauf kamen die Russen und haben direkt vor Ihrer Nase die Grenze dichtgemacht.*

Ja, 1500 Meter vor meinem Großelternhaus fiel der Eiserne Vorhang und wurde die Ostzone errichtet. Die Amerikaner waren ja erst bis Leipzig vorgedrungen und haben dann Sachsen und Thüringen wieder geräumt. Es gab Gerüchte, dass auch wir russisch würden, denn Hessen hatte vor Jahrhunderten auch zu Thüringen gehört, und das war Russland zugeschlagen worden. Das war aber zum Glück nicht der Fall.

*Der Krieg, die Befreiung, das hat Ihr ganzes Leben geprägt. Fast jeder Ihrer Texte lässt sich auf dieses unfassbare Kapitel deutscher Geschichte zurückführen.*

Nicht nur mein Leben. Es ist doch verrückt, dass Hitler heute noch, siebzig Jahre nach seinem Tod, vier- oder fünfmal die Woche im Fernsehen zu sehen ist. Das Wort von Heine: »Nicht gedacht soll seiner werden, nicht im Liede, nicht im Buche«, ist der Beweis der totalen Ohnmacht der Literatur gegenüber der Geschichte. Meine

Frau wohnt 300 Meter von hier, dort steht ein Glaskasten, der den Grundriss des Führerbunkers darstellt. Täglich halten dort vierzig Reisebusse aus aller Welt, zusätzlich pilgern fünfzig bis sechzig Gruppen zu Fuß dahin, als gäbe es etwas zu sehen. Es ist entsetzlich. Ich habe ein Gedicht darüber gemacht: »Pilgerstätte Hitlerbunker«.

*Die Faszination des Bösen.*

Ja, das Bösartige überwiegt an Faszination alles.

*In Ihrer lebenslangen Beschäftigung mit dem Thema: Sind Sie der Ursache auf den Grund gekommen, weshalb sich die Deutschen für Hitlers fürchterliche Idee haben begeistern können?*

Ich wurde deswegen schon als fremdenfeindlich beschimpft, aber ich glaube, es war eine nötige Voraussetzung, dass Hitler Ausländer war. In der amerikanischen Verfassung ist klugerweise festgeschrieben, dass nur jemand Präsident werden kann, der in Amerika geboren worden ist. Napoleon, der kein Franzose war, und Hitler, der kein Deutscher war, haben Frankreich und Deutschland vernichtet, weil sie kein Mitgefühl für das Volk hatten, das sie regierten. Hitler sagte bei Kriegsende: »Das deutsche Volk war meiner nicht würdig, deshalb geht es jetzt zu Recht unter.« Ähnlich abschätzig hat sich auch Napoleon geäußert, nachdem seine Truppen in Russland untergegangen waren. Es ist gut, wenn kein Ausländer Staatsoberhaupt werden darf.

*Ist das nicht etwas gar weit hergeholt?*

Natürlich war Hitler äußerst begabt. Golo Mann hat gesagt: »Er kam zur Macht, weil er von den Politikern der Weimarer Republik weitaus der begabteste war.« Es gibt Mirakel in der Geschichte, denen wir mit Vernunft nicht beikommen. Schrecklich, oder? Ich glaube auch, dass Churchill recht hatte, als er 1951 auf der Überfahrt nach Amerika zu Außenminister Anthony Eden sagte: »Hätte man

1918 einen Enkel des Kaisers auf dem Thron gelassen, die Welt hätte den Hitler nie zu sehen gekriegt.« Die Monarchie ist nicht schlecht.

*Zurück zu Ihrer Biografie. Sie haben mit vierzehn, als der Krieg zu Ende war, die Schule abgebrochen und Buchhändler gelernt.*

Ich habe aber nicht eine einzige Minute lang erwogen, einen anderen Beruf zu ergreifen als jenen des Schriftstellers. Sie können dies keinem erzählen, ohne sich vollkommen lächerlich zu machen. Zu jedem Beruf gibt es Schulen, auch für künstlerische Berufe, für Schriftsteller nicht. Also wurde ich Buchhändler. Mein Vater, ein Mathematiker, war mit meiner Wahl nicht zufrieden. Ich habe mich aber durchgesetzt.

*Sie sind nicht einfach Schriftsteller geworden, sondern ein Autor, der Missstände aufdeckt, der die katholische Kirche in ihren Grundfesten erschütterte, der 1978 den Ministerpräsidenten von Baden-Württemberg, Hans Filbinger, mit einem literarischen Text zu Fall brachte.*

Ist denn das etwas Besonderes? Ist das nicht die Aufgabe der Literatur?

*Ich hätte eher gedacht, das ist die Aufgabe des Journalisten.*

Ich weiß nicht, ob man den Unterschied zwischen Journalist und Schriftsteller überhaupt definieren kann. Denken Sie doch mal an Thomas Mann, der fand es auch nötig, als der Erste Weltkrieg ausbrach, dass er »Friedrich und die große Koalition« schrieb.

*Thomas Mann hat doch die Gesellschaft beschrieben, nicht etwas aufgedeckt, was man nicht wusste.*

Das stimmt. Ich habe auch Glück gehabt. Zum Beispiel, dass es beim »Spiegel« Rudolf Augstein gab, der meine Aufsätze druckte, auch wenn die Redaktion geschlossen dagegen war.

*Eine andere große Leistung: Sie haben bereits vor fünfzig Jahren ein*
*Gedicht über den Hitler-Attentäter Georg Elser geschrieben, als noch*
*niemand etwas von ihm wusste. Nun ist ein Spielfilm über ihn in die*
*Kinos gekommen, er wird als Held gefeiert. Wie kamen Sie zu Ihren*
*Informationen?*

Oft geht es einfach darum, die nächstliegende Frage zu stellen. Bei
der katholischen Kirche lautete sie: Wie konnte jener Mann zu
Auschwitz schweigen, der sich selbst unzynisch als Stellvertreter
Gottes auf Erden bezeichnet? Weshalb vor mir dies niemand gefragt
hat, weiß ich nicht. Auch zu Elser ist es doch unglaublich, dass der
Name im Großen Brockhaus und im großen Meyer-Lexikon bis zuletzt nicht vorkam. Ich habe Schadenfreude verspürt, als ich hörte,
dass die beiden Lexika wegen des Internets eingegangen sind. Fünfzig Jahre nach Kriegsende hatten die jenen Mann noch mit keinem
Buchstaben erwähnt, der sechs Jahre vor von Stauffenberg bereits
ein Attentat auf Hitler geplant hatte und nur ganz knapp gescheitert
war. Elser ist ein ganz großer Mann! Er gehört zu den vier oder fünf
Deutschen des 20. Jahrhunderts, die man in 200 Jahren noch kennt.

*Wie sind Sie auf ihn gestoßen?*

Der hat mich beeindruckt. Dann habe ich recherchiert. Ich war
ja auch der Erste, der euch Schweizern 1976 von Maurice Bavaud
berichtet hat. Aus den stenografischen Mitschriften aus dem Führerhauptquartier hat nach dem Krieg jemand ein hochinteressantes
Buch gemacht. Darin konnte man lesen, dass Hitler mehrmals gesagt
hat, dass ihm kein Mensch je so gefährlich geworden sei wie dieser
Schweizer Oberkellner. Im Gegensatz zu Elser und Stauffenberg, die
beide sehr solide Chancen hatten zu entkommen, hat der Schweizer
gewusst, dass er nach dem Attentatsversuch auf der Stelle gelyncht
wird – und hat es trotzdem riskiert. Heroisch wie kein anderer! Ich
suchte in Schweizer Telefonbüchern nach dem Namen Bavaud. Tatsächlich fand ich über Umwege seine Eltern in Boudry, Kanton Neuenburg. Ich besuchte sie, sie waren beide 86, sie gaben mir sein Foto.

*Bavaud ist nur knapp gescheitert.*

Ja. Trotz imponierender Umsicht und Intelligenz. Obwohl er nicht Deutsch sprach, hatte er es am 9. November 1938 tatsächlich fertiggebracht, beim Gedenkmarsch zur Münchner Feldherrnhalle einen Platz auf der Ehrentribüne in der ersten Reihe zu erhalten. Unglaublich! Er hielt die Pistole unter dem Trenchcoat versteckt. Er ist nur gescheitert, weil er nicht wusste, dass die Fahnen zum Gruß gesenkt werden, wenn Hitler vorbeischreitet. Bavaud konnte deshalb Hitler nicht sehen, als dieser zwei Schritte vor ihm vorbeiging. Der sogenannte liebe Gott gibt Teufeln einen Schutzengel – Hitler hatte in seinen zwölf Amtsjahren oft einen ...

*Sie waren Lektor beim Sigbert-Mohn-Verlag, wo man Ihnen 1959 drei Monate freigab, damit Sie für den »Stellvertreter«, Ihr erstes großes Drama, recherchieren konnten.*

Die Auszeit hat man mir gewährt, weil ich dem 160 Jahre alten Verlag den bis dahin größten Erfolg beschert habe. Ich hatte festgestellt, dass am 1. Januar 1959 die Urheberfrist für die Werke Wilhelm Buschs auslief. Also habe ich genau auf diesen Tag hin eine repräsentative Busch-Ausgabe in zwei Bänden herausgebracht. Es war mir gar gelungen, den amtierenden Bundeskanzler Theodor Heuss für ein Vorwort zu gewinnen. Wir haben in sechs Wochen eine Million Exemplare verkauft.

*Als Dank durften Sie nach Rom. Wie kamen Sie zu der höchst brisanten Information, dass Papst Pius XII. nie bei Hitler interveniert hatte?*

Ich habe mich – ein bisschen infam – angefreundet mit einem hochgestellten Mann im Staatssekretariat des Vatikans, Monsignore Bruno Wüstenberg, einem Deutschen. Wegen mir wurde er nachher als Nuntius nach Tokio strafversetzt, er hat auch nie mehr auf meine Briefe geantwortet. Er organisierte mir einen Arbeitsplatz im Vatikan. Und er fragte mich: »Was wollen Sie eigentlich?« Ich sagte:

Wenn in Auschwitz einer getürmt war, wurden zehn unschuldige Insassen zum Tode verurteilt mittels Verhungern. Als das wieder einmal passiert war, trat der polnische Pater Kolbe – der wurde später selig gesprochen – vor, um freiwillig für einen Familienvater in den Tod zu gehen. Also fragte ich Wüstenberg: Der Papst hat doch bestimmt auch einmal an Hitler geschrieben? Er antwortete: »Nein.« Ich glaubte ihm nicht, das könne doch nicht sein. Doch Wüstenberg beharrte darauf. Das war mein Glück. Obschon die Archive allegesperrt waren, hatte ich die Bestätigung: Da war nichts. Und niemand konnte bisher das Gegenteil beweisen.

*Es dauerte nach der Fertigstellung ziemlich lange, bis das Stück endlich veröffentlicht werden konnte.*

Drei Jahre. Ich war Cheflektor in dem Verlag. Wie im Dritten Reich war es ein kleiner Denunziant, der mein Buch verhinderte. Ein Setzer meldete seinem Vorgesetzten, der Hochhuth schreibe ein Buch, in dem stehe, der Papst sei ein Verbrecher. Da wurde ich zur Verlagsleitung bestellt: Den damals kolossalen Vorschuss von 1500 Mark durfte ich behalten, aber das Buch wurde nicht gedruckt. Ich bat den Verleger, den Bleisatz nicht wegzuschmeißen. Der Rowohlt-Verlag übernahm ihn. Allerdings lag er auch dort eineinhalb Jahre herum, bis klar war, dass Erwin Piscator den »Stellvertreter« an der Berliner Volksbühne inszenieren würde. »Wenn der Verrückte das macht, dann drucken wir 1500 Stück mit«, hieß es.

*Es gab Vorwürfe, Sie hätten für den »Stellvertreter« Informationen des sowjetischen Geheimdienstes KGB erhalten.*

Unsinn. Jedem, der etwas Überraschendes sagte in der BRD, wurde angehängt, er habe seine Weisheit aus der Ostzone! Wir sind die Nation der Denunzianten – Zehntausende kamen unters Fallbeil, weil von »Volksgenossen«, vor allem »Volksgenossinnen«, angezeigt.

*Sie gehörten zu den wenigen Intellektuellen, die keine Sympathien für den Osten hatten.*

Ich habe die Ostzone schon mit fünfzehn total verabscheut. Auch dem Intendanten des Deutschen Theaters in Ostberlin, Wolfgang Langhoff, habe ich 1963 gesagt: »Ihr dürft den ›Stellvertreter‹ erst spielen, wenn der Philosoph Wolfgang Harich (damals politischer Gefangener) freigelassen wird.« Nach drei Monaten Anstandsfrist kam Harich tatsächlich im Zuge einer Amnestie frei, also konnte mein Stück auch dort gespielt werden. Als die Linke bei uns begann, den Honecker-Staat ganz passabel zu finden, habe ich immer mit Hass dagegen gesprochen. Ein Staat, der eine Mauer bauen muss, damit ihm die Untertanen nicht weglaufen, ist nicht weniger übel als der Hitler-Staat, abzüglich der Judenvernichtung.

*Die Uraufführung des »Stellvertreters« sorgte international für einen riesigen Aufruhr. Sie sind dann in die Schweiz geflüchtet, um in Ruhe weiterarbeiten zu können.*

Das stimmt nicht ganz. Ich zog in die Schweiz, weil Friedrich Schramm, der Direktor des Theaters Basel, den »Stellvertreter« als Erster nach der Uraufführung auf die Bühne brachte.

*Wegen dieser Aufführung sind Sie nach Basel gezogen und dann 41 Jahre geblieben?*

Ja. Der Buchhändler Bider-Wackernagel kam zu mir und sagte: »Bei dem Krach hier gegen Ihr Stück – das muss ja furchtbar sein, allein im Hotel zu wohnen.« Und hat mich eingeladen, mit Frau und Sohn zu ihm in das herrliche Barockpalais, den Seidenhof, zu ziehen.

*Dies, obwohl in Basel 4000 Leute gegen das Stück auf die Straße gingen und jede Vorstellung nur unter massivem Polizeischutz gespielt werden konnte?*

Damals soll es ja weniger Katholiken als Juden in Basel gegeben haben. Da war zwar dieser wüste Fackelzug samt Plakaten gegen mein Stück, aber die Juden waren auf meiner Seite. Ich wurde mit rührender Gastfreundschaft aufgenommen: Walter Muschg, Ordinarius für Germanistik, Verfasser der »Tragischen Literaturgeschichte«, begrüßte in den leider wegfusionierten Basler Nachrichten den »Stellvertreter« mit dem Satz: »Auf ein solches Stück haben wir lange gewartet!«

*Wegen der Gastfreundschaft sind Sie in der Schweiz geblieben? Das hört man selten …*

Die Aufnahme in der Bevölkerung war großartig, als Reaktion auf die Proteste! Regierungspräsident Lukas Burckhardt sagte sogar: »Nun werden Sie doch Schweizer, Herr Hochhuth.« Ich Idiot war ihm zwar sehr dankbar, lehnte aber ab, was ich heute mehr als je bereue, denn ich muss leider mit Gottfried Benn sagen: »In Deutschland blieb ich stets das rote Tuch.« Ich begründete die Ablehnung damals damit, dass ich mir wie ein Hochstapler vorgekommen wäre, denn alles, was ich schriebe und noch schreiben würde, sei deutsche Geschichte. Was gottlob totaler Quatsch war – aber das wusste ich nicht vor 52 Jahren.

*Ein anderer sehr berühmter Deutscher damals in Basel, mit dem Sie Kontakt hatten, entschied sich anders und wurde Schweizer: der Philosoph Karl Jaspers.*

Ich hatte ihn zuvor wenig gelesen, da wurde ich zu ihm in die Austraße 126 zitiert. Er war 83 Jahre alt, wollte einen Eindruck von mir, bevor er im Basler Rundfunk mit zwei Professoren und mir diskutierte. Es war das letzte Mal in seinem Leben, dass Jaspers öffentlich auftrat.

*Worüber haben Sie mit Jaspers gesprochen?*

Die Mutter meiner ersten Frau wurde 1943 als Mitverschwörerin der Widerstandsgruppe Schulze-Boysen in Plötzensee enthauptet, das war der Anknüpfungspunkt. Jaspers hatte 1937 seinen Lehrstuhl in Heidelberg verloren, weil seine Frau Jüdin war. Was mich heute von ihm ein bisschen entfremdet hat, ist seine Affenliebe – ich kann es nicht anders sagen – zu Nietzsche: Eine ganze Generation, auch Thomas Mann und Gottfried Benn, war geradezu berauscht von Nietzsches absolut neuem Deutsch. Auch als Aphoristiker ist er ersten Ranges – als Denker aber albern: Was sollen solche komischen Aphorismen wie: »Du gehst zum Weib? Vergiss die Peitsche nicht!«? Nietzsche war tatsächlich, was kein Intellektueller außer Otto Flake zu schreiben wagte, »Hitlers Kirchenvater«. Doch darüber konnte man mit Jaspers nicht reden – wie übrigens mit keinem Menschen. Heinrich Mann war der einzige Deutsche, der außen vor blieb und den hirnlosen Nietzsche-Kult nie mitgequatscht hat.

*Eine enge Bezugsperson für Sie in Basel war der Germanist Walter Muschg, der Halbbruder von Schriftsteller Adolf Muschg.*

Er war entscheidend dafür, dass ich nicht mehr weg bin aus Basel. Unersetzlich, dass Muschg folgende Kritik an mir übte: »Sie sind zu gründlich – Sie müssen schreiben, wie wir Schweizer den Käse machen, mit Löchern! Sie unterschätzen Ihre Leser und Zuschauer – die wissen schon, was Sie meinen, speziell auf der Bühne!« Wertvoller hat mir tatsächlich nie einer am Zeug geflickt.

*Bei Werner Wollenberger, dem legendären Zürcher Autor und Journalisten, haben Sie auch einmal gewohnt.*

Seine Familie hat mich versteckt, während ich über die Ermordung des Polen Sikorski (von 1939 bis zu seinem Tod 1943 Ministerpräsident der polnischen Exilregierung in London; Anm. d. Red.) durch Churchill schrieb. Ein britischer Geheimdienstmann hatte mich davor gewarnt, nachts allein zwischen Basel und Riehen hin- und herzuradeln.

*Hier ging es um das Stück »Soldaten« (1967), in dem Sie die These aufstellten, dass Sikorski 1943 in Gibraltar nicht mit dem Flugzeug abgestürzt, sondern auf der Piste samt seinem Stab erschlagen worden sei. Wie kamen Sie darauf?*

Ich war in Paris eingeladen, dort war der »Stellvertreter« über 360-mal gespielt worden, häufiger als in ganz Deutschland. Wie immer fragte man natürlich: »Was schreiben Sie jetzt?« Ich erzählte von meinem Stück über Churchill, der immerhin 75 000 deutsche Zivilisten totgebombt hat. Die Amerikaner haben das verurteilt, sie bombten nicht blind und nachts in die Städte, sondern gezielt und bei Tage, was sie 44 000 Piloten kostete. Aber je mehr ich mich in die Person Churchills vertiefte – ich habe ja auch noch seinen Sohn interviewt –, desto mehr spürte ich: »Ich werde ihm gegenüber völlig unfähig zur Kritik.« Er hat mich während des Schreibens total überwältigt: Er ist tatsächlich ein Gigant, in der Kunst nur vergleichbar mit Michelangelo! Auch den Literaturnobelpreis hat er völlig zu Recht erhalten. So lobte ich ihn in Paris. Da unterbrach mich die Frau meines Verlegers Rowohlt, eine Britin: »Jetzt hören Sie auf, Hochhuth, den so zu idealisieren, immerhin hat er Sikorski umgebracht.« Von diesem Staatsgeheimnis der Briten hatte ich natürlich niemals ein Wort gehört. Doch Frau Rowohlt als Britin war im Krieg in der SOE (Special Operations Executive) gewesen, der Abteilung, wie das sogar offiziell in Großbritannien heißt, für »Sabotage, Ermordungen und ähnliche Unternehmen«.

*Ihre Ermordungsthese wird oft als Verschwörungstheorie abgetan.*

Von wem noch! Nennen Sie mir einen Briten oder Polen, der noch glaubt und schreibt, Sikorski sei bei einem Flugzeugabsturz umgekommen.

*Ich behaupte nun mal: Sie sind Literat geworden und nicht Historiker oder Journalist, um sich einen Fluchtweg offenzuhalten: Erweist sich etwas als nicht korrekt, können Sie sich immer mit der literarischen Freiheit herausreden.*

Da muss ich widersprechen. Ich bin sehr exakt. Der einzige Ernstzunehmende, was historische Stücke betrifft, Schiller, hat in seinem »Wallenstein« überhaupt nichts erfunden. Meine Exaktheit macht mich sogar zu einem Lyriker zweiten Ranges, weil Gründlichkeit Gedichte versaut. Auch die Dramen sind durch meine Dokumentiersucht schwer und umständlich. Aber wenn Sie einen Stoff aufnehmen wie Sikorski, der Sie vor Gericht bringen kann, müssen Sie halt exakt sein. Es ist nicht ganz ungefährlich, wenn man politische Stücke schreibt, die in der eigenen Epoche spielen.

*Kehren wir zurück in die Schweiz. Sie waren eng befreundet mit dem Philosophen Hans Saner, dem Assistenten von Karl Jaspers. Saner war und ist ein großer Schweiz-Kritiker, wie fast alle Intellektuellen, Sie aber loben das Land über alle Maßen.*

Das ist doch normal. Ich spreche kritisch über die Deutschen, weil ich selbst einer bin. Saner spricht aus demselben Grund zu kritisch über die Schweiz. Jeder Mensch, der zur Selbstbetrachtung neigt, spricht über sein Vaterland abfälliger, als es sachlich gerechtfertigt ist.

*Sie kritisieren die Machenschaften der Banken und Großkonzerne, zum Beispiel in Ihrem Stück »McKinsey kommt«. Die Schweiz muss doch schlimm sein für Sie.*

Josef Ackermann wollte mich wegen des Stückes verklagen, hat es aber bis heute nicht gemacht. Schweizer Banken sind bestimmt nicht menschenfeindlicher als andere. Ich selbst habe ja immer die Liberalen gewählt, bin auch befreundet mit Hans-Dietrich Genscher. Jaspers hat mir einmal mit ausgestrecktem Finger gesagt: »Sie wählen die FDP? Die ist nichtig!« Mittlerweile sehe ich das ähnlich: Die FDP wurde immer mehr zum Werkzeug der Konzerne. Deshalb habe ich den Niedergang der Partei in den letzten Jahren auch mit Genugtuung beobachtet. Für die Schweiz bin ich aber noch immer voller Bewunderung, sonst hätte ich nicht 41 Jahre dort gelebt, wo ja auch meine Enkel geboren sind wie schon zwei meiner Söhne.

*Ihnen gehört das Berliner Ensemble, das Theater Bertolt Brechts. Wie kommt man in den Besitz einer der bekanntesten Bühnen im deutschsprachigen Raum?*

Indem man, als die Ostzone weg war, die enteigneten Besitzer anruft, die berühmte Familie Wertheim in London. Ich sagte, wir könnten das Theater doch zusammen führen, an Kaufen hatte ich gar nicht gedacht. Frau Wertheim, eine geborene Beer aus Köln, sagte, die Nazis hätten 37 Mitglieder ihrer Familie ermordet. Das Theater solle nicht an Berlin gehen, wo auf der Wannseekonferenz der Holocaust beschlossen wurde. Herr Wertheim sagte einfach: »Das kriegt der Deutsche, der schon als Junge den ›Stellvertreter‹ schrieb.« Alles im Sinn Fontanes, der gesagt hat: »Die Juden finanzieren uns die Kultur, und wir Arier finanzieren den Antisemitismus.«

*Und dann konnten Sie das Theater einfach so kaufen?*

Ja, und habe mir den ungeheuren Hass der Berliner Intellektuellen zugezogen. Heiner Müller sprach von einer »feindlichen Übernahme«.

*Mit dem Intendanten des Berliner Ensembles, Claus Peymann, sind Sie im Dauerstreit. Macht Empörung glücklich?*

Keineswegs, ich bin von Natur ängstlich und habe keinen anderen Wunsch, als in Frieden noch mein Stück »Bei Coco Chanel, Jackie, Marlene, Strawinsky« zu schreiben.

*Aber Sie orten dauernd gravierende Missstände, kürzlich haben Sie vor einem dritten Weltkrieg angesichts des Konflikts mit Russland gewarnt. Halten Sie den Menschen für grundsätzlich böse?*

Da geht es keineswegs um einen »Missstand«, sondern um die Frage: Wie sonst ist eine NATO-Parade in Narwa, hundert Meter – nicht Kilometer – vor der russischen Grenze, zu deuten oder ein Flottenmanöver der Nato vor der Krim, wenn man nicht vermutet, dass die USA Russland zum Krieg zwingen wollen? Und warum muss ausgerechnet die deutsche Rüstungsministerin für eine halbe Milliarde Waffen ins Baltikum verkaufen?

*Aber nochmals: Ist der Mensch grundsätzlich böse?*

Nein. Der Mensch ist nicht böse von Geburt an, sondern wird es erst, wenn er die Macht hat. Das beobachte ich immer wieder: Macht macht böse.

*Erst die Macht?*

Ja. Die »Weltgeschichtlichen Betrachtungen« des Schweizer Philosophen Jacob Burckhardt waren das Evangelium meiner Jugend. Dort heißt es: »Und nun ist die Macht an sich böse, gleichviel wer sie ausübe. Sie ist kein Beharren, sondern eine Gier und eo ipso unerfüllbar, daher in sich unglücklich und muss also andere unglücklich machen.«

# »Wir dürfen die Negativa nicht für das Ganze nehmen«

## Briefwechsel zwischen Dr. Peter Gauweiler und Rolf Hochhuth

München, den 18. Februar 2016

Lieber Herr Hochhuth,

danke für die Einladung Ihres Verlegers Thomas Röttcher, der mir die Druckfahnen Ihres neuen Buchs »Ausstieg aus der NATO – oder Finis Germaniae« geschickt hat und anregte, dass ich Ihnen schreibe. Ich fühle mich dabei ein wenig wie ein Muselmann, der lebenslang auf Glaubenstreue Wert gelegt hat und ein halbes Jahrhundert nach Erscheinen der »Satanischen Verse« wohlgesetzte Worte an den Verfasser dieses Welterfolgs richten soll und Übereinstimmungen nicht fürchten will und Unterschiede nicht verschweigen.

In einer schweizerischen Zeitschrift lese ich gerade Ihre Besprechung einer Gedichtsammlung der Hannah Arendt. Das Lyrikbändchen ist jetzt erst erschienen, 40 Jahre nach dem Tod der Philosophin. Der Verlag hat dazu geschrieben, dass wir nur von Dichtern Wahrheit erwarten sollen. Dem haben Sie in Klammern hinzugefügt: *»Es gibt ja stets viele Wahrheiten, die interessantesten widersprechen einander.«* Dies entspricht exakt meinen Empfindungen nach der Lektüre Ihres neuen Buches.

Zu dieser Ihrer Sammlung politischer Texte fällt einem als Erstes auf: Jede Seite, eigentlich jede Zeile ist zum Zwecke des Interessierens geschrieben. Der Leser bekommt alles, nur keine Langeweile. Ständig springen einen neue, wilde Gedanken an, und man will sofort scharf widersprechen. Kaum aber hat man sich über etwas furchtbar geärgert, muss man schon wieder zustimmen. Vor allem: Sie sind lagermäßig nicht einordbar, außer in dem unbedingten Willen, verstanden zu werden. Ein breites politisches Platznehmen zwischen allen Stühlen – das ist wirklich große Klasse. Der ganze Text in großmeisterlichem Deutsch, was Ihre Kritiker (und mich selbst) immer wieder sprachlos macht, weil man es selbst gern so könnte. Man kann dafür nur danken – gerade in einer Zeit, wo das Politische in Deutschland oft so funkelt wie ein nasses Streichholz.

Meine erste Öffnung für Ihre Texte liegt viele Jahre zurück. Es waren Ihre Aussagen über Ernest Hemingway, die mir durch einen Zufall in die Hände fielen (und nicht Ihre Entschlossenheit, hochgestellte Persönlichkeiten zu finden, um sie für große Verbrechen verantwortlich zu machen): »*Nun liest ihn schon der Jahrgang, der zur Welt kam, als Hemingway sich umbrachte. Und wir Alten, die wir ihn jetzt wiederlesen, entdecken in seinen Büchern, was wir als Jungen noch gar nicht suchten in ihnen, weil wir es selber hatten: Jugend. Tod, das Nichts, der Krieg, Altersängste – das ist alles ja da, auf jeder seiner tausend Seiten, aber ist nur da wie das Wasserzeichen in schwerem Papier; es drängt sich nicht auf, sondern es legitimiert nur die Heiterkeit, das Feriengefühl, den Blick auf Meere und in tiefe Wälder, die uns dieser Mann in seinen Büchern schenkte.*« (Rolf Hochhuth, 1977)

Besser konnte man es nicht ausdrücken, und ich zitierte Sie – das ist nun 25 Jahre her – in einem Text für die »Welt am Sonntag« über Charaktere wie Hemingway in der Politik. Der ehemalige baden-württembergische Ministerpräsident schrieb mir damals, warum es unbedingt Rolf Hochhuth sein müsse, den ich als Kronzeuge für meine Beobachtungen aufgerufen hätte ... Doch ich will jetzt im Nachhinein nicht illoyal zu Hans Filbinger sein. Und ich finde es gut, dass Sie im neuen Buch Positives über Winston Churchill äußern, dessen schicksalhafte Verstrickung in den Mord an General Sikorski Sie in Ihrem Stück »Soldaten« offen benannt hatten. Wie gesagt, die interessanten Wahrheiten widersprechen einander, zu jeder Anklage gehört auch die Verteidigung. Man sollte es nicht wie Marc Anton machen und nur überleben lassen, was Menschen Böses tun. Winston Churchill blieb ja auch nach dem Stück ein Sieger der Geschichte, was man von dem – jedenfalls von mir sehr geschätzten – Pius XII. nicht wirklich sagen kann, dem Gegenstand Ihrer berühmtesten Anklage.

Sie haben in Ihrem neuen Buch sehr überzeugend gegen die These einer Kollektivschuld argumentiert und dass die »Verhältnisse« oft missbraucht werden, um die eigene Untat vergessen zu machen. Vor einiger Zeit las ich über Dialoge und Kontroversen der Filbinger-Kinder und wie sie den Neuanfang des damals 32-jährigen Vaters nach 1945 bewerten. Was er in seinem zweiten Leben für die Familie und auch für das Land getan hat, das unter seiner Führung – wie zuvor unter Kiesinger – »Musterland« geworden war. Und wie diesen Mann nach eindrucksvollen Erfolgen mit einem Schlag Ihre »Juristen« dann doch wieder zum Verlierer machten, und mit ihm die ganze Familie in der fürchterlichen Debatte danach. Mehr einander widersprechende Wahrheiten gibt es nicht, und sie warten alle noch auf eine reflexive Gegenüberstellung, zwei Generationen danach. »*Sind Familien nicht ebenso schilderungswürdig wie Einzelne, die auf Godot warten?*«, schreiben Sie ja diesmal. Gut tut auch die Differenzierung, wenn man Ihre Betrachtung über den Jahrhundertentertainer Johannes Heesters liest, wo Sie den fahrlässigen Urteilen der Nachgeborenen entgegengetreten: »*Niemals selber in Versuchung geratene Generationen, wenn die überhaupt noch an das denken, was Vätern in Kriegen zugestoßen ist, verurteilen sie mit der Selbstgerechtigkeit der total Ahnungslosen.*«

Ich selbst war bei den Debatten über Ihre Werke in den späten 60er-Jahren mental meistens auf der anderen Seite, weil ich das Gefühl nie los wurde, dass bei Ihren Bewunderern zu viel mit der Wahrheit gelogen wurde. Insbesondere wenn der Beifall für Sie von den 68ern kam, die selbst unter den Bildern von Massenmördern durch unsere Straßen zogen. Im Text beklagen Sie ja wiederholt, wie schnell in Deutschland die Leute vertrauensselig und historisch ahnungslos werden, wie oft sie »*glückverdummt*« sind. Das trifft meine Empfindungen schon von damals. Auf der anderen Seite hat, was die 68er angeht, kein Geringerer als Kardinal Ratzinger viele Jahre später die »*Hauptberechtigung*« dieser deutschen Jugendbewegung darin gesehen, dass »*sie dem Guten in der Welt dienen wollten*«. Das gab mir als Contra damals zunächst einen Stich; da ich aber viele von ihnen kannte, persönlich wirklich gut kannte, musste ich mir eingestehen, dass der spätere Papst auch hier recht hatte.

Einen Widerspruch melde ich an, wo es im Buch um Friedrich Schiller geht. Natürlich finde ich es gut, dass Ihre Dramen die Herkunft von Schiller nicht verleugnen. Aber bei aller Liebe zum »Tell-Schuss« und was Tells Landsmann Jacob Burckhardt dazu schrieb: Der »Mord als Hilfsmittel bei Abwesenheit aller legalen Rechtsmittel« hat schon das Stück »Die Maßnahme« Ihres Kollegen Bert Brecht kaputt gemacht und ist Frucht vom verbotenen Baum. Ich bezweifle auch, dass Ernesto Guevara wirklich ein besserer Mensch war als Josef Ackermann oder Detlev Karsten Rohwedder. Letzterer war im Übrigen viel zu kurz bei der Treuhand, als dass man so hart über ihn urteilen dürfte.

Eine Waffe zur Verteidigung ist so wichtig wie ein Feuerlöscher, aber anhaltender politischer Erfolg kommt nicht aus dem Lauf eines Gewehrs. Schon Mandela wurde erst dadurch zu einem zweiten Gandhi und zum moralischen Sieger, weil er seine frühere Auffassung bezüglich physischer Gewalt aufgegeben und ins Gegenteil gewendet hatte. Martin Luther King veredelte die Sache der amerikanischen Schwarzen, weil er den Gouverneur von Alabama nicht erschossen hat, und es war Harriet Beecher Stowe, die einhundert Jahre zuvor diese Entwicklung unaufhaltsam machte – nicht durch Gewalt, sondern durch einen literarischen Welterfolg. Es stimmt also nicht, dass sich gewaltfrei nur Nichtigkeiten wie Rechtschreibreformen oder ob auch Frauen Fußballerinnen sein dürfen vollziehen. Irgendwie begibt man sich bei solch literarischen Lizenzen zum Töten in die Nähe der moralischen Begründungen von NATO-Kriegen unserer Tage – wie sie westliche Politsprecher mögen und vor deren moralischer Schieflage Sie ja eindrucksvoll warnen. Ich gebe zu, dass es der junge Friedrich Schiller vielleicht anders gesehen hätte.

Aber noch mal: Auch dieser Widerspruch ist nur Folge des Interesses, das Ihr Buch gefunden hat. Vielen Dank für die Besichtigung von »Ausstieg aus der NATO«!

Ihr Peter Gauweiler

\* \* \*

Berlin, den 27. Februar 2016

Lieber Herr Dr. Gauweiler,

bin so überrascht wie Ihnen dankbar, dass Sie mein brisantes Buch im Zeitgeist-Verlag mit einem Beitrag auszeichnen. Mich beschäftigt *sehr*, dass Kreml-Herr Putin im Januar 2015 bekanntgeben ließ, Berlin und Washington würden atomar weggemacht, wenn die Ukraine Russland angreifen sollte, denn das würde als ein Angriff der NATO gewertet – unter dem absolut blödsinnigen Vorwand, die Selbstständigkeit von Ukraine und Krim wiederherstellen zu wollen. Wie Altkanzler Schmidt richtigstellte, gibt es gar keine ukrainische Nation! Vielmehr soll der Ukrainer Chruschtschow aus Heimatliebe die innerrussische Grenzziehung vorgenommen haben. Uns Deutsche aber geht das weniger als einen Dreck an!

Verheerend, der Eifer, mit dem ausgerechnet die deutsche Regierung sich als nützlicher Esel vor den Karren der USA spannen lässt. Ohne jegliches *deutsches* Interesse ist unsere ekelerregende Presse! Ich machte vor Jahren den Aphorismus:

Diktatur – Einheits*partei*
Demokratie – Einheits*presse*

Noch nie scheint einem Deutschen klar geworden zu sein, dass unsere Befreier 1945 – ohne die Amerikaner wäre ja nie eine Invasion in der Normandie möglich geworden – inzwischen zur gefährlichsten Nation der Geschichte geworden sind, dank ihres *einmaligen* Glücks, auf dem eigenen Kontinent seit 150 Jahren keinen Schuss gehört zu haben. Dagegen hat den Russen des Braunauers Überfall 27 Millionen Menschen gekostet.

Ich freue mich sehr, dass Sie Churchill erwähnen, meine Lieblingsgestalt neben Bismarck in der Geschichte – allerdings viel folgenreicher als Weltfigur, während Bismarck nur deutsche Wirkungen hatte, allerdings dem Angloamerikaner ebenbürtig als großer Schriftsteller und dank seines unergründlichen Reizes als Mensch. Darf ich mir erlauben, Ihnen die letzte Fassung meiner Churchill-Ballade, der längsten, die ich je schrieb, mitzusenden:

Churchill

> *»Ich bin kein Journalist, der über Ereignisse berichtet;*
> *ich mache Ereignisse, über die Journalisten berichten.«*
>
> Winston S. Churchill

Günstling des Glücks,
im Schloss seiner Väter geboren,
begraben in dessen Park
zwischen den Eltern – nach 90 Jahren.
Der mehr Völker, Armeen, Schiffe *bewegt* hat;
mehr Seiten geschrieben, mehr Reden gehalten
als jeder – als jeder! – andere,
stirbt am 70. Todestag seines Vaters
nach dem Satz: »Es ist alles so langweilig ...«

Gefoltert auf Schulen, weil er nie zuhört
(einmal drei Jahre in der gleichen Klasse).

Denn er träumt. Träumt schon als Junge,
wovon *allein* er träumen wird neun Jahrzehnte:
unsterblich zu werden! Größer als Englands
– bisher – größter Seemann, größter Soldat:
Drake und Marlborough, seine *leiblichen* Ahnen.
Träumt er das, weil er es wird
– wird er das, weil er es träumt?

Wo nichts geschieht – *macht* er's geschehn!
Eromotorische Ruhmgier, doch wie er die sättigt,
rettet die Freiheit. Was Themistokles bei Salamis
für Hellas, leistet Churchill mit der Battle of Britain
für Westeuropa. Verweigert *allein* – ein Noah,
das heißt: Mann der Ruhe – Hitler den freien Rücken,
als der Paris schon besetzt hat,
zum Raubkrieg in Russland! Gewinnt im Atlantik.
Einziger Mensch, Sohn einer New Yorker Musical-Heldin,

Geliebte des Königs, dessen Selbstbiografie,
30 Bände, identisch wird mit der Weltgeschichte des halben
Jahrhunderts zweier erdballbewegender Kriege …
Sein *Stern:* Dass nicht sein Gegner ein Feind ist
wie hundert frühere, wie bisher Fürsten, Heerführer, Diktatoren
– sondern das Tier aus der Tiefe, der *Installateur*
von Auschwitz: *Den* überwunden zu haben
macht diesem EINEN und seinen Gefallenen
die MENSCHHEIT zum Schuldner.

Wenn es Dresdens Verbrennung auch nicht entschuldigt.
War criminal auch er, denn Gegner tauschen
Eigenschaften aus. Ermordet den Polen Sikorski,
seinen Gastfreund, um Stalins Rote Armee als Befreier
auch Warschaus von den Deutschen zu benutzen …
Doch *bleibt* Churchill der einzige Eroberer
überkontinentalen Zuschnitts, von Suez über Singapur

(am Rand der Vernichtung) bis zur Elbe,
der für das *eigene* Land kein Dorf *annektiert!*

Michelangelo in der Kunst, Churchill in der Geschichte:
*die* zwei Titanen. Obenauf in der Presse 70 Jahre. Glücklich
sogar noch privat trotz ererbter Melancholie, die er
den »schwarzen Hund« nennt.
Ausreißer, Ehemann, Vater und Trinker:
»Whisky mäßig, aber stündlich.«
Maler, Spaßmacher, Maurer.
Und was er schreibt, immer Chronik seiner selbst,
seiner Ahnen, erhält den Nobelpreis.

Und doch, letzter Seufzer,
weit jenseits der Achtzig, anvertraut
nur dem Arzt, Resümee
nach dieser Lebensstrecke ohne Beispiel,
was sagt er am Bettrand:
»Diese Welt!
– kein Mensch, der sie kennt,
würde sie jemals
freiwillig betreten.«

Nun zu drei Themen, die Sie laut Ihrem Beitrag sehr anders beurteilen als ich.
1.) Filbinger: Sie nennen ihn maßstablos in einem Atem mit Churchill. Verzeihen Sie, ein Vergleich wie zwischen einer Hand und einem Fingerhut: Churchill rettete mit Stalin Europa, Filbinger war
als Soldatenmörder – wissen Sie von *einem* anderen? –, insofern ein
Sadist, als er in britischer Kriegsgefangenschaft sich Gewehre bei den
ebenfalls sadistischen Engländern ausgeliehen hat, was es auch noch
nie in der Geschichte gab, um einen deutschen Mitgefangenen zu
ermorden. Oder kennen Sie ein zweites Beispiel, dass ein deutscher
Gefangener einen Mitgefangenen noch nach der Kapitulation er-

schoss? Nicht einmal von den in Nürnberg Gehängten Keitel und Jodl ist eine ähnliche Unmenschlichkeit überliefert wie von dem Soldatenmörder auf der Solitude!

Verräterisch auch und zu Filbingers Glück nie nachgezählt, weil deutsche Richter seit Kriegsende – fast alle selber Nazis gewesen – niemals einen deutschen Richter wegen Verbrechen zugunsten der Nazis vor Gericht stellten und weil die alliierten Richter sich 1945 niemals für Verbrechen Deutscher an *Deutschen* interessierten, sondern allein für deutsche Verbrechen an alliierten Gefangenen: Filbinger konnte vorgeben, er habe sein Todesurteil gegen den Matrosen Gröger vergessen. So witzig wie traurig dazu die Frage Egon Bahrs: »Wie viele Todesurteile muss einer gefällt haben, um eines vergessen zu können?« Deutsche beschimpfen vor allem deshalb die Nazis so sehr, um die Armee zu verschonen, denn es gab keine Familie, die nicht Angehörige unter den Soldaten hatte. Die Parteibonzen waren nie beliebt, die Wehrmacht wurde orgiastisch verherrlicht. Doch in Wahrheit hat die Hitler-Partei nicht 5 % der Menschen ermordet wie die ach so ehrenvolle Wehrmacht, die 22 000 Todesurteile durch ihre Filbingers aussprechen ließ.

Vergleich: Die kaiserliche Armee hat 1914–18 vierzig Soldaten an die Wand gestellt, die Amerikaner im Zweiten Weltkrieg nur einen einzigen. Filbingers Mordgesellen haben von ihren 22 Bataillonen 17 tatsächlich totgemacht, den Rest ermordet auf Zeit – in Strafkompanien. Dagegen zählt, was die Filbingers nach dem Krieg getan haben, als sie ausnahmslos über ihre Morde schwiegen – überhaupt nicht! Schlimm genug, dass einer im Bett starb, statt von Angehörigen seiner Opfer ermordet zu werden, wenn schon die schmutzige BRD-Justiz, viele Jahre lang noch identisch mit der der Nazis, ihre Ehrenpflicht mit Füßen trat, wenigstens für die Angehörigen der Opfer der Filbingergang Renten durchzusetzen. Dagegen soll Freislers Witwe eine Spitzenpension bekommen haben. Es sei ihr und ihren Kindern gegönnt, da sie immerhin den Anstand hatte, ihren Namen zu wechseln … Und wenn Sie schreiben, Herr Dr. Gauweiler, Filbinger habe Württemberg zum Musterland gemacht: Haben das nicht schon lange vor ihm der von Ihnen genannte Kiesinger und dessen Vorgänger getan?

2.) Zur Telltat: Berechtigt ist die natürlich nur dann, gibt es keine Alternative zum Meuchelmord! Sie wissen, Herr Dr. Gauweiler, wie ich: Hinsichtlich Hitlers gab es so wenig eine wie im Hinblick auf Marat – einen der ebenso kranken Amokläufer aus der Französischen Revolution. Sonst hätten die drei Attentäter, der schweizerische katholische Theologiestudent Bavaud, über den ich als Erster ein Buch veröffentlichte, der Protestant Elser, der vor jeder der 39 Nächte, als er an der Säule kniete, den Sprengstoff einzubauen, sich in einer Kirche die Legitimation dazu holte, und auch der Katholik Stauffenberg keinen Mord versucht!

3.) Zu Rohwedder: Anders als in meinem Stück »Wessis in Weimar« unterstellt, das ich noch wenig informiert schrieb, sprechen ja nun neue Quellen dafür, dass der Treuhand-Chef ebenso wenig von der RAF umgebracht wurde wie der Deutsche-Bank-Chef Herrhausen: Rohwedder wollte keineswegs die Ostzone so enteignen, wie es die Regierung Kohl dann getan hat mit ihrer Durchführerin Breuel, sondern er wurde umgelegt, ebenso wie Herrhausen, durch die Wirtschaft und die Banken. Einer seiner Nachfolger, der unabhängige Schweizer Ackermann, sagte öffentlich bei Maybritt Illner, als man ihm den Schuldenschnitt für Griechenland empfahl, den Herrhausen für die Dritte Welt forderte: »Dann ergeht es mir ebenso wie Herrhausen!« Ich unterstelle, dass Herr Ackermann wusste, wovon er öffentlich sprach.

Danke und herzliche Grüße,
    Ihr ergebener Hochhuth, der sich immer freut, sollten Sie anlässlich eines Besuchs in Berlin auch zu ihm kommen.

\* \* \*

München, den 1. März 2016

Lieber Herr Hochhuth,

danke für das schöne Gedicht und die unverstellte Antwort. Sie hat mich nochmals zum Nachdenken gezwungen und Erinnerungen an Debatten wachgerufen, an denen ich mich beteiligt hatte: Selbst als die erste Wehrmachtsaustellung zurückgezogen und der schlimmste Fälscher entlassen war, stand hinter allem der eigentümliche Schmerz eines jeden Deutschen über die beispiellosen Vorwürfe, die unser Land trafen und die nicht gefälscht, sondern begründet waren. Man bleibt doch in einer unerreichbaren Ecke seines Herzens traurig darüber, bis man stirbt.

Natürlich ist es völlig richtig, was Helmut Schmidt über die Sanktionen gegen Russland gesagt hat. Ich war im vergangenen Juli dabei, als Egon Bahr seinen letzten großen Auftritt in Moskau hatte, seinen letzten Auftritt überhaupt, bevor er starb. Er, engster Mitarbeiter von Willy Brandt, stellte das Russland-Buch von Wilfried Scharnagl vor, dem Wegbegleiter von Ministerpräsident Strauß: »Am Abgrund – Streitschrift für einen anderen Umgang mit Russland«. Bahr stellte das Werk gemeinsam mit Michael Gorbatschow vor, der uns damals im Hotel Baltschug sagte: *»Wir dürfen keine Zeit verlieren, damit diese Spaltung nicht weiter wächst, diese Entfremdung zwischen unseren Ländern, zwischen den Völkern und Kulturen. ... Ich möchte alle unsere Spitzenpolitiker aufrufen, Weisheit und Verantwortungsbewusstsein in der Wiederherstellung von Vertrauen und des Dialogs über die gesamte Agenda zu beweisen.«* Was die Medien angeht: Nahezu alle Vertreter der deutschen Pressehäuser waren bei diesem Termin in Moskau anwesend bzw. wussten davon: FAZ, SZ, Springer, die Öffentlich-Rechtlichen. Kein einziger Pressevertreter dieser Häuser konnte/durfte in Deutschland darüber etwas veröffentlichen. Es passte nicht zum weltweit angesagten Putin-Bashing. Später sagten sie einem dann ganz offen, sie hätten beraten, die Sache nicht zu bringen. Man muss sich das prozedural einmal vorstellen:

Sie haben in ihren Redaktionsklausuren abgewogen, wie eingebildete Verfassungsrichter ein Urteil gefällt und dann den Daumen gesenkt! So haben sie den Aufruf gegen die Sanktionen dieses eigentlich unglaublichen deutsch-russischen Trios ihren Lesern und Zusehern unterschlagen.

Und trotzdem: Kann man, lieber und sehr geehrter Herr Hochhuth, wirklich sagen, dass die Amerikaner immer noch »*das einmalige Glück genießen, auf dem eigenen Kontinent keinen Schuss zu hören*«? Hallen die Angriffe auf die beiden Türme und das Hauptquartier nicht bis heute nach, und haben sie nicht der ganzen Welt die große Verletzlichkeit Amerikas offenbart, wie zuvor nur noch 1962 Chruschtschows heimlich nach Kuba gebrachte Atomträgerraketen? Und haben die Amerikaner nicht vor den Augen der Welt vier von fünf Nachkriegskriegen verloren: Korea, Vietnam, Irak II und Afghanistan? Hinzu kommen die Investmentbanking-Verrücktheiten, denen Bill Clinton in den 90ern die gesetzlichen Freiräume schuf und deren Katastrophen zahllose Arbeitnehmer des Landes und die mittelständische Wirtschaft entreichert haben.

Trotzdem – das ist *mein* amerikanisches Paradox – halte ich die USA nicht für das »gefährlichste Land der Welt«, sondern, alles in allem, immer noch für das glücklichste. Wir dürfen die Negativa nicht für das Ganze nehmen. Ich bin gegen TTIP und hirnverbrannte Militärinterventionen, aber wie viel demokratische Kraft in den Staaten steckt, sieht man jetzt wieder von rechts bis links bei den Vorwahlen, an denen 70 Millionen Menschen aktiv mitwirken, allein bei der Kandidatensuche. US-amerikanische Universitäten sind die besten der Welt, gerade haben einhundert Forscher in Hanford die weltweit für unüberprüfbar gehaltenen Einstein'schen Gravitationswellen nachweisen können. Silikon Valley ist unerreicht. Und bei aller Skepsis gegen den »way of life«: Niemand in den letzten hundert Jahren hat so viele Menschen wenigstens für Stunden zum Lächeln gebracht wie Walt Disney. Henry Kissinger ist mit seinen 93 Jahren immer noch einer der klügsten Politiker

der Welt, und Rudolph Giuliani hat in New York den zerfallen-
den Metropolen des Erdballs gezeigt, dass und wie auch im 21.
Jahrhundert Städte wieder gesunden können. Im Russland-USA-
Vergleich hat der auch in Ihrem Buch hochgelobte Peter Scholl-
Latour recht, als er sagte, wir müssten Gott danken, dass wir unter
der Besatzungsmacht der Amerikaner gelebt haben und nicht der
Roten Armee.

Zu den drei Punkten, die Sie aufgeführt haben:

1. Die »Soldaten« werden nicht von mir, sondern in Ihrem Werks-
verzeichnis in einem Atemzug mit den »Juristen« genannt, jedenfalls
nah hintereinander, Sie haben sich die Hand und den Fingerhut als
Gegner ausgesucht. Und als junger Zeitzeuge der 60er- und 70er-
Jahre-Debatten empfand ich das literarische Denkmal für den deutschen Matrosen Walter Gröger (und in gewisser Weise auch für seine
Mutter) mindestens so schwer wie das für General Sikorski. Wenn
Sie beim Jüngsten Gericht Herrn Filbinger wiedersehen, können Sie
ihn ja, was sein »Vergessen« angeht, fragen, ob es bei ihm so gewesen
ist, wie schon von Nietzsche festgestellt: *»Das habe ich getan, sagt
mein Gedächtnis. Das kann ich nicht getan haben, sagt mein Gewissen.
Irgendwann gibt mein Gedächtnis nach.«*

Als es nach der Wende eine große (äußerst berechtigte) Empörung
über einen schlimmen Stasi-Schurken aus der Literaturszene namens Sasha Anderson gab und Wolf Biermann im »Spiegel« einen
riesigen Kessel mit glutheißem Pech über diesen Übeltäter goss, entgegnete an gleicher Stelle der russische Dissident Lew Kopelew zur
allgemeinen Überraschung: *»Sasha Anderson ist wirklich ein ekelhafter Typ, doch gesetzt, er verdiente den Galgen, möge er noch zehnmal
schlimmer sein, als er ist, ich hätte für den Henker und auch für den
Kadi, der das gerechte Urteil verkündet hätte, keine Sympathie fühlen
können, würde nie deren Freund sein können.«* Ich fand das nicht
unsympathisch.

2. und 3.: Wer entscheidet, ab wann es keine Alternative zum Meuchelmord mehr gibt? Ihre Beispiele des Franzosen und des Österreichers sind schlagend – aber das sind historisch exzessive Sonderfälle. Dass Sie in Sachen Rohwedder Ihre Aussage aus dem Stück »Wessis in Weimar« korrigieren, finde ich souverän. Zu dem, was Sie über Alfred Herrhausen schreiben, möchte ich mich nicht äußern – ein guter Freund, der leider tot ist, hat mir Ähnliches erzählt. Es sind nur Gerüchte. Aber die Wahrheit kommt an den Tag.

Kurzum: Ich weiß, Ernest Hemingway – von dem Sie mir leider nichts geschrieben haben – hat gerne vom »*Umlegen*« geredet und wer als Nächster dran sei. In Ihrem großartigen Stück »Tod eines Jägers« heißt es dazu aber auch: »*Scheiße, ich bin genauso gut dran, wenn ich tot bin, wie wenn ich weiter so eine Scheiße rede wie jetzt.*« Gewalt und Töten sind kein Mittel der Politik, und die ganze Schieflage, in der sich der Westen befindet, hängt damit zusammen, dass man seit der schändlichen Bombardierung von Restjugoslawien durch die NATO von diesem Tabu nichts mehr wissen will und als »Kollateralschäden« bagatellisiert.

Was die Enteignung der Ostzone angeht: Kohl hat die Ostzone nicht enteignet. Das hat die Sozialistische Einheitspartei Deutschlands getan. Unter Kohl wurde das geschundene Gebiet zwischen Ostsee und Erzgebirge, seine ruinierten Landschaften und Ortsbilder, wiederhergestellt, in weltweit bewunderter Weise. Ich bin als Strauß-Schüler kein bedingungsloser Adorant des Pfälzers, aber diese Ehre muss sein. Das heißt nicht, dass es bei dem eigentumsrechtlichen Hin und Her nicht auch fürchterliche Ungerechtigkeiten gab. Aber in summa war die Sache ein Erfolg. Über 50 %.

Niemand hätte – sagen wir, als 1978 die Filbinger-Debatte tobte – erwartet, dass der Schriftsteller Hochhuth den jungen Reaktionär Gauweiler zu einem Dialog einladen könnte. Dass dies im Jahr 2016 geschehen kann, ist schön genug, dass es aber in Hochhuths Büro

»gleich hinter dem Adlon« geschieht, war im Jahr 1978 eine Utopie – die wir hoffentlich bald wahr werden lassen.

Vielen Dank für die Einladung, und viel Erfolg für das Buch!

Ihr
Peter Gauweiler

P. S.: Ihr Churchill-Gedicht hat mich wirklich berührt. Es ist eine Ehre, es in Ihrem Brief an mich geschrieben zu sehen. Bei Ihrer Ode musste ich an »Archibald Douglas« denken und auch an ein anderes Gedicht, das Theodor Fontane verfasst hatte, am 31. Juli 1898, einen Tag nachdem der von Ihnen so gemochte Bismarck in Friedrichsruh gestorben war.

*Und kommen nach 3000 Jahren*
*Fremde hier des Weges gefahren*
*Und sehen, geborgen vom Licht der Sonnen,*
*Den Waldgrund in Efeu tief eingesponnen*
*Und staunen der Schönheit und jauchzen froh,*
*so gebietet einer: »Lärmt nicht so! –*
*Hier unten liegt Bismarck irgendwo.«*

Das neue Buch, das jetzt auf die Reise geht, ist voll von Ihren Empfindungen für den Eisernen. Aber ganz ehrlich: Ludwig der Zweite ist mir lieber. Wir Bayern hätten in der Rückschau gut auf 1871 verzichten können. Deutschland bleibt Vater und Mutter so oder so. Aber ein auf schottische Weise freieres Bayern im europäischen und deutschen Commonwealth ist eine Zukunftsoption.

* * *

Lieber Herr Dr. Gauweiler,

tatsächlich werde ich aufgrund Ihrer Erwähnung des Terrorangriffs auf die zwei Türme meine Aussage, dass die USA seit 1865 nie einen Krieg in ihrem eigenen Land hatten, ergänzen: Selbstverständlich teile ich Ihre Meinung, dass der Angriff vom 11. September 2001 ins Zentrum der USA eine Kriegshandlung ersten Ranges war – durchaus vergleichbar dem Terror japanischer Flieger auf Pearl Harbour am 7. Dezember 1941!

Trotzdem muss man vom einmaligen Glück der Amerikaner sprechen, denn keine andere Nation hat ein ähnliches: Dass sie erstens zwischen sich und jedem Gegner zwei Ozeane haben.

Und zweitens seit ihrem Unabhängigkeitskrieg bis zum 11. September 2001 kein Geschoss auf eigenem Boden hörten! Außer den 210 000 Gefallenen im Ersten und den 407 000 im Zweiten Weltkrieg, die also 617 000 Familien zu beklagen hatten – weiß Gott, mehr als genug! –, kennen alle anderen Weltkriege nur aus dem Kino. Sie werden zugeben, Herr Dr. Gauweiler, diese Opfer und die ihnen noch folgenden in Korea, Vietnam, Irak und Afghanistan – blieben vergleichsweise »familiär«, jedenfalls zynisch gemessen an den Renditen, die die Herren der USA, die Rüstungsindustrie, durch diese Kriege »eingespielt« bekamen!

Ich nehme keineswegs, wie Sie sagen, die »Negativa für das Ganze«. Nicht zu vergessen, ich entdecke eine große Übereinstimmung zwischen Ihnen und mir, weil Sie jene drei Zeilen von Nietzsche zitieren, die fast seine Schurkereien vom Übermenschen und seiner Albernheit *»Gehst zum Weib – vergiss die Peitsche nicht!«* entschuldigen:

> *Das habe ich getan, sagt mein Gedächtnis.*
> *Das kann ich nicht getan haben, sagt mein Stolz.*
> *Endlich gibt das Gedächtnis nach.*

Was Sie über den tragischen Herrhausen schreiben, hat mich tief gerührt. Nur teile ich keineswegs Ihren Optimismus, die Wahrheit komme noch je an den Tag – wieso sollten geschickte Mörder sich erwischen lassen, wenn selbst kleine Gauner wissen: Will ich morgen meine Frau oder die Steuer betrügen, lege ich darüber keine Aktennotiz in meinen Schreibtisch. Selbst vom Auschwitzer gibt es keine Zeile, dass er diesen Ortsnamen je gehört hat – dagegen hat Hitler von Hand drei Zeilen hinterlassen, unheilbar Geisteskranken dürfe »*der Gnadentod gewährt werden*«. Was dann Narren wie den englischen Halbjuden David Irving zu der Aussage verführte, vielleicht habe »der Führer« gar nicht gewusst, dass Himmler, Goebbels, Bormann die Juden tatsächlich totmachten.

Zu Ihrer erfreulichen Schlussbemerkung: Das musste auch ich erst lernen, dass nach 145 Jahren alles sehr anders aussieht – »Einheit« war für mich als Nordhesse nie ein Fetisch, ich bin nämlich jetzt wie Sie der Meinung, schrieb das auch längst, dass nie ein Junge aus München, Lübeck oder Trier 1870 vor Paris hätte fallen müssen, wäre Deutschland bei seiner Kleinstaaterei geblieben, statt durch Bismarck furchterregend für ganz Europa zu werden!

Nochmals herzlichen Dank für Ihre so gründliche Auseinandersetzung und Kritik mit und an meinen Texten!

Ihr Hochhuth

# Zum Autor

Rolf Hochhuth sorgt schon sein Leben lang gern für Aufruhr. Das bewies der heute knapp 85-jährige deutsche Dramatiker bereits mit seinem Debüt »Der Stellvertreter« (1963), worin er das Schweigen des Klerus, allen voran Papst Pius XII., gegenüber dem Judenmord anprangerte und die fehlende Bereitschaft der so mächtigen katholischen Kirche, sich der Hitler-Diktatur in den Weg zu stellen, dem braven Nachkriegsdeutschland vor Augen führte. Das Stück löste durch seine Schuldzuschreibung weltweit Protest sowie heftige Diskussionen aus und stieß die bis dahin schärfste Theaterdebatte der Bundesrepublik Deutschland an.

Es folgten weitere vielfach umstrittene Zeitstücke des neuen, von Hochhuth begründeten »dokumentarischen Theaters«, so benannt, weil er seine appellativen Dramen mit akribisch recherchiertem Belastungsmaterial anreicherte, ebenso die Prosa, ja selbst die Lyrik. Eine Auswahl der Veröffentlichungen: »Soldaten« (1967), »Eine Liebe in Deutschland« (1978), »Juristen« (1979), »Ärztinnen« (1980),

»Judith« (1984), »Täter und Denker« sowie »Alan Turing« (1987), »Sommer 14« (1990), »Tell gegen Hitler« (1992), »Wessis in Weimar« (1993), »McKinsey kommt« (2004), »Familienbande« (2005), »Heil Hitler« (2006), »Vorbeugehaft. Neue Gedichte« (2008) und zuletzt »Was vorhaben muß man. Aphorismen« (2012). Soeben erscheint ein weiterer Gedichtband: »Das Grundbuch – 365 Sieben- bis Zwölfzeiler« (2016).

Eines der Schwerpunktthemen des Autors ist die Zeit des Nationalsozialismus, vor allem widmet er sich der Erinnerungskultur für weniger bekannte Personen und Geschehnisse. Diversen Publikationen seit dem Jahr 1976 ist es zu verdanken, dass die beiden Hitler-Attentäter Maurice Bavaud und Johann Georg Elser nicht dem Vergessen anheimfielen. Auf seine Initiative hin entstand 2011 ein Elser-Denkmal in Berlin. Hochhuth selbst erhielt zahlreiche Auszeichnungen, u. a. den Kunstpreis der Stadt Basel (1976), den Geschwister-Scholl-Preis (1980), den Lessing-Preis der Freien Hansestadt Hamburg (1981), den Elisabeth-Langgässer-Preis (1990), den

■ *Das Theater »Berliner Ensemble«, gestern und heute*

Jacob-Burckhardt-Preis (1991), den Jacob-Grimm-Preis für Deutsche Sprache (2001) und dem Cicero-Rednerpreis (2002).

Geboren am 1. April 1931 im nordhessischen Eschwege, arbeitete Rolf Hochhuth nach der mittleren Reife und einer Buchhändlerlehre in verschiedenen Buchhandlungen in Marburg, Kassel und München. Von 1955 bis 1963 war er Verlagslektor bei Bertelsmann. Mit dem Eklat um Erwin Piscators Uraufführung des »Stellvertreters« schaute die Welt auf Berlin, Hochhuth war auf einen Schlag berühmt. Und er riss auch weiterhin *»ehrfürchtig geschlossen gehaltene Vorhänge«* auf (FAZ), was Konsequenzen hatte: 1978 musste der baden-württembergische Ministerpräsident Hans Filbinger zurücktreten, nachdem Hochhuth in der investigativen Erzählung »Eine Liebe in Deutschland« Hinweise darauf gab, dass Filbinger als Marinerichter noch in den letzten Tagen des Zweiten Weltkriegs Todesurteile gefällt hatte, Thema auch im Theaterstück »Juristen«. Mehrere Stücke wurden auch verfilmt, zuletzt »Der Stellvertreter« (2002).

Weniger bekannt ist, dass Hochhuth auch zahlreiche Gedichte, Erzählungen und Essays verfasst hat. Während so manche Kritiker ihm immer wieder zusetzten, hob Karl Jaspers hervor, dass Hochhuth *»die wesentliche Aufgabe des Schriftstellers«* erfülle, indem er *»unbeirrbar... die Moralität des individuellen Handelns«* einfordere. In der Tat mischte sich Rolf Hochhuth ins gesellschaftspolitische Tagesgeschehen ein und scheute vor keiner Auseinandersetzung mit den Mächtigen zurück.

1993 erwarb die von ihm begründete und nach seiner Mutter benannte Ilse-Hochapfel-Stiftung das traditionsreiche Brecht-Theater am Schiffbauerdamm, heute die Spielstätte des »Berliner Ensembles«. Inzwischen ist die Bühne an das Land Berlin vermietet.

Von 1963 bis Anfang der 1990er lebte Hochhuth in oder nahe Basel, heute wohnt er in Berlin. Er hat drei Söhne und ist seit 2009 in vierter Ehe mit der Buchhändlerin Johanna Binger-Hochhuth verheiratet.

## »Die Stimme der Kritik«

> *»Ein Zeitungsschreiber ist ein Mann,*
> *der seinen Beruf verfehlt hat.«*
>
> Bismarck

Kritiker sind wie Eunuchen:
wissen *genau*, wie man's macht!
Doch wenn sie selbst was versuchen,
*können* sie's nicht … Verkracht

als Existenzen, auf Bühnen nichts geworden,
nichts an Unis, als Komponisten, Maler, Autoren
– bleibt ihnen nur übrig: *Morden!*
Aus Selbsthass: Weil sie für nichts geboren.

# Literatur

Arendt, Hannah: Über das Böse. Eine Vorlesung zu Fragen der Ethik. München 2006

Arendt, Hannah: Vita activa oder vom tätigen Leben. München, Zürich 2002 und 2009

Bismarck, Otto von: Gedanken und Erinnerungen. Paderborn 2012

Burckhardt, Jacob: Mord als Hilfsmittel. Vorlesungsfragment aus den Jahren 1859/60

Carr, J. Revell: 13 Millionen Tonnen, 2500 Schiffe, 50 000 Leben. Hamburg 2004

Effenberger, Wolfgang/Wimmer, Willy: Wiederkehr der Hasardeure. Schattenstrategen, Kriegstreiber, stille Profiteure 1914 und heute. Höhr-Grenzhausen 2015

Fest, Joachim: Hitler. Eine Biografie. Berlin 1973

Irving, David: Hitlers Krieg. Die Siege 1939–1942. München 1985

Melville, Herman: Bartleby, der Schreiber. Eine Geschichte aus der Wall Street. Frankfurt am Main/Leipzig 2004

Picker, Henry: Hitlers Tischgespräche im Führerhauptquartier. Berlin 2003

Richter, Werner: Bismarck. Frankfurt/Main 1962

Savigny, Jean Baptiste Henri/Corréard, Alexandre: Der Schiffbruch der Fregatte Medusa. Berlin 2012

Scholl-Latour, Peter: Russland im Zangengriff. Putins Imperium zwischen Nato, China und Islam. Berlin 2006

Ueding, Gert: Schillers Rhetorik. Diss., Tübingen 1971

Walmrath, Lothar: Iustitia et disciplina. Strafgerichtsbarkeit in der deutschen Kriegsmarine 1939–1945. Frankfurt/Main 1998

# Bildquellen

| | |
|---|---|
| Klappe | Bildarchiv Rolf Hochhuth/Annette Bätjer |
| Seite 14 | Bildarchiv Rolf Hochhuth/Wolfgang Hiob |
| Seite 25 | Daveahl/Wikimedia Commons |
| Seite 28 | Library of Congress; www.kremlin.ru |
| Seite 33 | Verlagsarchiv zeitgeist Print & Online |
| Seite 45 | KlickingKarl/Wikimedia Commons |
| Seite 74 | Verlagsarchiv zeitgeist Print & Online |
| Seite 79 | action press/PUBLIC ADDRESS |
| Seite 82 | Verlagsarchiv zeitgeist Print & Online |
| Seite 86 | Verlagsarchiv zeitgeist Print & Online |
| Seite 89 | Verlagsarchiv zeitgeist Print & Online |
| Seite 99 | Verlagsarchiv zeitgeist Print & Online |
| Seite 108 | Verlagsarchiv zeitgeist Print & Online |
| Seite 125 | Bildarchiv Rolf Hochhuth |
| Seite 126 | Bildarchiv Rolf Hochhuth |
| Seite 130 | Bildarchiv Rolf Hochhuth |
| Seite 139 | Bildarchiv Rolf Hochhuth |
| Seite 142 | Bildarchiv Rolf Hochhuth |
| Seite 155 | Verlagsarchiv zeitgeist Print & Online |
| Seite 157 | Scott Anderson/Wikimedia Commons |
| Seite 171 | Wikimedia Commons |
| Seite 179 | Wikimedia Commons |
| Seite 184 | Wikimedia Commons |
| Seite 192 | Verlagsarchiv zeitgeist Print & Online |
| Seite 201 | Wikimedia Commons |
| Seite 205 | Verlagsarchiv zeitgeist Print & Online |
| Seite 220 | Bildarchiv Rolf Hochhuth/Felizitas Reuss |
| Seite 223 | Wikimedia Commons |
| Seite 236 | Verlagsarchiv zeitgeist Print & Online |
| Seite 240 | euroluftbild.de/Robert Grahn |
| Seite 305 | Bildarchiv Rolf Hochhuth/Michael Gottschalk |
| Seite 306 | Erik Kan |

Auch erschienen im Verlag zeitgeist Print & Online:

## Wiederkehr der Hasardeure
Schattenstrategen, Kriegstreiber,
stille Profiteure 1914 und heute
Von Wolfgang Effenberger
und Willy Wimmer

Gebunden mit Schutzumschlag, 640 Seiten, 150 Abb.
ISBN 978-3-943007-07-7

www.hasardeure.de